# 解读王朝

## 重臣卷

【全新角度思考历史
解密王朝宫廷风云】

韶华 亚方 邓荫柯 主编

孙宝镛 著

中国青年出版社

# 目　录

# 代序　关于《解读王朝》

我不是一个历史知识很丰富的人，从来也没有想过要当历史学家。但是我常常读些史书，想从历史的发展中寻找一些带有规律性的东西。这几年我从上古到清末，系统地读了些史料。使我吃惊的是，自西周以来近3000年的历史中，死于非命的帝王竟然那么多！占在位帝王的比例那么大！我便按朝代做了若干张统计表。其中一张是“死于非命的历代帝王比例表”。此表分为四栏：

一、纪元：自公元(前、后)××年至××年。

二、在位帝王：该朝从××帝至××帝，在位帝王共××代，亡于×朝。

三、该朝在位帝王平均享年(生卒年月不详者未计)。

四、死于非命的帝王数目、死亡原因及其在该朝在位帝王中所占的比例。

这几项统计，头两项前人作过，属于普及知识范畴，但后两项，就我所接触的史书，尚未见过。我列了二十几张各朝各代表和一张“总表”(因为夏商史料不全、不准，我是从西周开始统计的)。统计数字所表明的结果很令人吃惊：

一、从公元前1046年到公元1911年，共2957年。

二、从西周武王到清朝溥仪，共84个王朝，882个在位帝王。

三、在位帝王平均享年41.7岁。

四、在882个在位帝王中，有288个不得善终(被杀死、缢死、饿死、毒死)，占在位帝王的32.6%。也就是说，100个在位帝王中，有近1/3不得善终。其中有4个王朝100%的帝王被杀，有25个王朝50%以上的帝王被杀。帝王的平均寿命40来岁，可以说是短命鬼。

五、在被杀帝王中，有18个未成年帝王，占被杀帝王的7.4%。

帝王是权力的最高象征，掌握着举国的生杀大权，这么多在位帝王被杀，就不能不令人想一想有关“什么是历史”和“权力”的一些问题了。

令人深思的还有：这些被杀帝王中，按我们习惯认识的常理，应该是被农民起义军所杀。可是统计表明，他们基本上都是在宫廷政变的夺权斗争中互相残杀而死的。找来找去，找到了一个崇祯皇帝，是在李自成攻进北京时，上吊自杀的(只能算半个)。所以，我在“总表”的“附记”中说了一句：“被农民起义军杀死的极少，其比例小到可以忽略不计的程度。”这又为我们认识历史提供了一个新的思路。

“总表”有一个“附表”，即把在位30年、活到50岁以上的皇帝列了一个“长寿皇帝表”。按我掌握的资料，在历史上可以说寥若晨星，一共不到30个。我列了20个，并在一条“小注”中作了说明。

从此表可以看出：

凡是开国的、治国的、对人民实行“仁政”或“勤政”、重视文化的朝代，延续的时间都比较长，帝王平均享年高，被杀的少；凡是继位的帝王反复争权夺位的、荒淫无道的、压迫人民特别残酷的王朝，统治时间都比较短，被杀的帝王比例大，帝王大多是短命鬼。这也是一种规律。

统治和被统治是残酷的，统治集团内部之间的这种斗争也是非常激烈和残酷的。

其中还有值得思索的一个问题是：历史是怎么发展的？每次农民起义建立的只是一个新的封建王朝，战争之后无不哀鸿遍地，尸横荒野。倒是某个王朝统治比较稳定的时期，科学文化发展了，则会有一个被称之为“盛世”的时期。

在“非正常死亡表”中，还有三张“王子”、“后妃”和“重臣”的“非正常死亡表”。

在某一个皇帝在位时，如果不立太子，内部矛盾暂时潜伏下来，一旦要立太子了，即这种统治权力更迭时，皇帝与太子、皇子与皇子(因为皇帝的儿子很多)、拥立此皇子与拥立彼皇子继位的大臣派系之间，甚至王妃之间的斗争，便激化起来，使用的手段也特别毒辣、残酷。父子之间、母子之间、兄弟之间便互相杀将起来。但本表只统计在位皇帝的“非正常死亡”;如果把被杀的王子、王妃、大臣也统计在内(还有其他原因被杀的),那就太多了!纵观古今各朝各代,概莫能外。因此,后三张表统计都比较简单。因对方施展阴谋而“暴崩”的皇帝,史学家未证明是被杀的,也未计算在内。

制订了这些个“表格”后,我没想到发表,只是作为自己认识历史、思索权力的规律性的一个资料,有时也作为和二三好友谈话的题目。后来和一位文学界的朋友谈及此表,他建议我编一种套书。我本来有许多小说要写,可是,我觉得此事很有意义,自己也有兴趣,即组织几位又是史学家又是作家的朋友(即阎德荣、吴梦起、郎享伯、孙宝镛同志)着手编写,又过了一年多,编成了四卷书。

编写之前,我和这几位同志曾经商量了几个问题:

第一是读者对象问题。此书是作为史料写,还是作为文学作品写?我们认为,对象应该是最广大的普通读者,让他们通过此书了解历史和思索历史;不是为史学家提供资料——他们掌握有比我们还多的资料。要特别注重可读性、知识性和趣味性,力争达到雅俗共赏。

第二是文学性和历史真实的关系问题。第一要符合历史真实,但必须有文学性,有可读性。我们遵循的原则是:大事不虚,小事不拘。大事,即主要人物和主要事件,要符合历史真实;小事,即情节和细节,可以运用文学描写手段。或者叫作“以史为骨,以文为肉”。这是用文学手段写作历史题材作品的共同规律。

第三是选材问题,即多和少的关系问题。历朝历代的宫廷斗争,留下多少惊心动魄的故事!我们只能选择具有典型性和有特色的故事来写。如果悉数收录,那是百八十卷也写不尽的。

第四是篇幅问题,即大和小的关系问题。每个帝王,每段历史上的这类故事,都可以写成一部中篇、长篇小说,或者多集电视连续剧,如果尽情地这么写开了去,这不是本书所能做到的。所以,我们规定每个入选的故事写5000至1万字。每卷三四十个故事,约25万到30万字。

第五是求全和不全的关系问题。在近3000年历史84代王朝中，280多个帝王被杀，还有数不清的王子、后妃、重臣被害，而我们只选择几十个故事，显然不足以囊括历史。为补缺遗，我们在每卷后面列了一个“附表”，或可从中约略窥见全貌。

《解读王朝》的四卷分别为：

第一卷《帝王卷》，主要写历代帝王为夺取江山、巩固自己的权力，互相杀戮的故事，特别是内部宫廷政变中的自相残杀，是极其残酷的，本书第一卷的附表中，有18个未成年皇帝被杀，有的只当了一天皇帝就送了小命，可见内部的夺权斗争的激烈！

第二卷《王子卷》。权力这个东西是极其敏感的，历代王朝都是如此。平常矛盾还隐蔽着，每当要立太子时，即权力的转移时刻，矛盾便激化起来。要保这个太子登基和要推那个太子继位的各个派系，互相间便争得不可开交，大多以阴谋或血刃相见。因为他们权力的“运行机制”是世袭，是皇帝指定“接班人”，立长立庶有老规矩，但由于各种因素又不能尽行老规矩，或是由于实际威胁，或是由于猜忌多疑，于是便父杀子，子弑父，兄杀弟，弟杀兄，宫廷便笼罩在刀光血影之中，要说明的是：皇帝们的王子太多，不可胜记，其中被杀者数目不准，也无法像对在位帝王一样列出比例，后面的附表只能由斑见豹。

第三卷《后妃卷》。我国古代女人本来是不参政的。但后妃们一旦置身于权力的漩涡中，和立太子、当太后联系起来，也就卷入了权力斗争，有的成了牺牲品，有的则“比男人更凶残”，如吕后。也是因为皇帝们的后妃太多，被杀者难以列表，更算不出比例。如果算出来一定是个可怕的数字！但我们还是列了个“历代后妃非正常死亡情况表”。

第四卷《重臣卷》。俗话说“伴君如伴虎”，稍不小心，皇帝老儿就会要你的脑袋。况且不少重臣为了自己的利益，也参与了夺权斗争，被杀头、赐死的难以胜记。冤假错案不少，作恶多端该死者也不少。这一卷主要写他们的故事。

编就这四卷书，掩卷深思：权力这个东西像张魔椅，都想坐上去；坐上去为了保住它，什么道德、良心、父子之情、夫妻之义，全化烟化灰了，其残忍程度有时比对异族他国的敌人都凶。还觉得可悲的是：这些帝王们自己也读史书，殷鉴不远，但那魔椅总是驱使他们去重复这段历史，这里有什么不可抗拒的规律吗？

电视连续剧《唐明皇》的主人公——这个曾经开创“开元盛世”的李隆基也曾杀了自己的三个儿子，废了几个皇后，杀人者、被杀者都没有好结果，悲哉！

这套书分别由四位作家写作。文章的风格基本上是统一的，但也不免有些差别。我想，在一套书中，不求统一风格也好，若总是一个调子，会引起读者的“审美疲劳”。换换口味，可能更有兴味。

我是怀着浓厚兴趣提议编这套书的，和几位作家一起做了“总设计”，由我主编，荫柯和亚方同志任副主编。

在我制作第一卷那一部分“附表”的时候，曾经请教作家、清史研究家凌力同志和本书的另几位作者，为我作了校订，在这里表示感谢。

韶华

2008年8月28日于北京

# 立国功臣　殒身一旦
## ——伊尹

集市并不怎么热闹，稀稀拉拉有几个卖东西的，顾客就更少。伊挚看见一个卖鞋的人仰脸躺在鞋摊的边上，还用草帽扣着脸，嘴里哼着小曲："酷热的太阳，该死的太阳！你为什么还不灭亡？与你同归于尽，也是我的愿望。"伊挚走过去。那人以为来了主顾，就摘下草帽，看着伊挚。伊挚的脸黑黑的，头发乱蓬蓬地半遮着宽宽的前额，尖尖的下颏上长着密密实实的胡子，佝偻着腰，赤着脚。见他身上连一个装钱的褡裢都没有带，卖鞋的也就知道他是个不名一文的人了。

"你刚才唱的是什么歌？"伊挚用低沉沙哑的声音问那卖鞋人。

"哟，这个歌这么流行，你还不知道？在我们莘(shēn)国，几乎人人都会唱。听说，我们莘国的人也是从夏国的人那里学来的。"莘是夏朝的属国，在现今陕西省合阳县附近。

"你们怎么不喜欢太阳？没有太阳会一片黑暗。"伊挚问。

"我们当然喜欢太阳。可这首歌里说的太阳指的是夏桀。"那人小声说，"我们现在这么穷，还不是多亏了他!他为了玩乐，什么花点子都想得出来，那么多宫殿不够他用的，还要特意修一个倾斜的宫殿，叫什么'倾宫'。修个台子几丈高，叫'瑶台'。用红色的玉石装饰他的屋子，用白色的玉石修大门。他喝的酒有多少，谁也不知道，反正酒要装在大池子里面。他还用酒糟筑成长堤，叫什么酒池糟堤。他还抓人给他打仗，弄得我们地也种不上，只好做几双鞋来卖。可是这年头，有几个人穿鞋？看来，我要么去打仗，或者死在疆场，或者让人家抓去当奴隶，要么就得自卖为奴了。"

伊挚问："换个太阳就能好吗？"

"我看能好。你听说东方有个商国吗？他们的祖先是燕子生的——就是飞来飞去的小燕子。人家现在是越来越强大。听说,商国的王叫作成汤,可仁义了!有一次,他布下一张大网捕雀。他向苍天祷告说,让四面八方的鸟都到我的网里来吧! 后来,他想了一想,又说,哎呀,这不是把天下的鸟都捕尽了吗?于是,他让人把网的三面都打开了,只留下一面。他又重新祷告说,愿意向左跑的就向左跑,愿意向右跑的就向右跑。不听你的话的,那就到我的网里来吧!人们都说,成汤对禽兽都这样仁慈,何况对待人呢?他还诚心诚意地敬奉鬼神。所以,很多国家的人都向往商国。那里的百姓生活比我们安定富裕多了。连我们莘国也在讨好人家,这不,我们莘国的国君已经答应把女儿嫁给成汤了。据说,商国很快就要来迎亲了。我国的国君正在给女儿购买陪嫁的奴隶呢!”

其实,这些消息伊挚早就听说了。他想借这个机会挤进商国的统治集团,便来到了这里。卖鞋人的话更证实了他得到的消息,坚定了他的信心。他问清了王宫的地址,找了去,说明自己想卖身为奴。国王的管家看他能说会道,就收下了他。这样,伊挚就随着一大批男女奴隶,作为莘王女儿的陪嫁,来到了商国当时的都城亳(bó,在今河南省商丘市附近)。开始时他只是干一些宫内的杂务。他烧饭烧菜的技术很不错,有一天他用一只鼎烧肉汤,特意把鼎安放在成汤的必经之地。成汤回宫时,果然闻到了烧肉的香味,又循着香味找到了这只鼎和正在烧肉的伊挚。他情不自禁地说:“啊,好香的肉啊! 你用的什么办法把肉烧得这样香?”

“因为我用了上好的作料。这同您当国王一个道理:您要当好国王,不是也需要好的大臣帮助您吗? 好的大臣对于国王,就像好的作料对于肉一样的重要。”

一个奴隶的话当时并没有引起成汤的注意。但离开伊挚以后,他的话还是回响在他的耳边。这个奴隶怎么会有这样富于哲理的比喻?他一定不是一个一般的奴隶。成汤想了几天,觉得自己确实需要几个富于智谋的大臣,帮助他实现那尚未让他人知道的目标。他决定去找那个奴隶,就向莘夫人问清了他的姓名,让人到奴隶们住的地方去找他。可是找了几次,伊挚都没在,不是去打水,就是去买东西,等也等不回来。第五次,成汤亲自去找，总算找到了他。“我很想听一听先生对治国的看法。”

“国君可以分为九种。”伊挚并没有谦让，就开门见山地讲起来，“依靠严刑苛法来治国的，称法君；依靠自己的勤劳治国的，称劳君；靠平等地对待臣下来治国的，称等君；自己无力治理，而把大权授予大臣的，叫授君；独断专行，不听劝告的，称专君；自满轻敌，招致国破家亡的，称破君；治国不善，国内不能容，寄居在外的，称寄君；兵坚甲利，疆土稳固的，称为固君；还有一种是小孩子继承王位，由别人代行国王权力的，称为三岁社君。我希望大王您能从这九种国君中吸取长处和教训，成为一个受到国人爱戴拥护的能够富国强兵的国君。”

成汤觉得伊挚的看法确实很有独到之处。“常言说，看水，可以照见自己；看百姓，可以知道一个国家治理的情况。先生觉得这句话是否有道理？”那时，铜镜还没有出现，人们要看见自己的样子，只有拿水当镜子。

“大王坚信这句话，说明大王很英明。只有这样，您才能够听到各种反映，才能把国家里面那些贤能的人吸引到您的身旁。希望大王能够坚持下去。”

成汤说：“我想让先生做我的近臣，帮助我出谋划策。但是，如果你不能完成你的使命，我就会惩罚你，甚至要你的命，决不会宽恕。”从此，成汤就让伊挚做帮助他治理国家的大臣，官名“阿衡”。古代把掌握管理大权的人称为“尹”，从那以后，人们就把伊挚叫作伊尹。

成汤给伊尹的第一个任务是到夏国去。当时是夏朝，夏国是各个诸侯国的国上之国，夏的国王就是天子，也就是天下的统治者。其他各国每年都要派人到夏去进贡、复命，也就是报告本国的情况。伊尹执行的就是这个任务。到了夏国，他目睹了夏王桀的贪残无道，没有在夏国久留，便急急忙忙回到亳，向成汤报告了夏桀无道、百姓抱怨、诸侯不满的现状。这更加坚定了成汤伐桀灭夏的决心。

从那以后，伊尹总是在成汤身边，执行他的命令，或者为他出谋划策，逐渐开始了灭夏和夺取全天下的活动。距离亳不远，有一个小国叫葛。成汤以不祭祀祖先的罪名讨伐并灭掉了这个小国。正在这时，夏的一个属国昆吾趁夏桀荒淫、国力衰弱的机会，反叛了夏国。成汤与伊尹一商议，觉得时机到了。

成汤在亳的郊外集合了出征的队伍，举行誓师大会。他对大家发表了一篇著名的演说。他说："夏桀犯有许多罪行，天帝命令我们去讨伐他。我畏惧天帝，不敢不执行天帝的命令。夏桀坏到什么程度？百姓把他比作太阳，愿意和他这个太阳一起殒灭！希望你们大家能帮助我执行天帝的命令，去惩罚夏桀。我会重重地赏赐你们的，决不食言。但是，如果有人不遵守今天的誓言，我就罚他为奴，甚至处死，决不赦免！"他的这篇演说词一直流传至今，这就是《尚书》当中的《汤誓》。我们这里引述的只是它的一部分的大意。

"我是一名英勇的武士，大家就叫我武王吧！"成汤举起了手中的长钺(yuè)，"希望大家都是所向披靡的武士！"伊尹也举起长矛，高声喊道："让我们跟随我们的武王，去执行天帝的命令吧！"成汤和伊尹成功地鼓动起队伍的士气。商国的队伍便浩浩荡荡地向夏国进发。两支队伍在娀(sōng)遭遇。商军英勇冲杀，夏军没有还手之力。夏桀率军逃到鸣条，还是架不住商军的猛烈攻击。夏桀继续逃跑，一直跑到㚇(zōng)。夏军惨败，商军大胜。他们在㚇这个地方还缴获了求雨用的宝玉。因为它是权力和王位的象征，所以把它带回到亳。成汤还要把夏朝祭祀土地神的庙也迁到亳。这种庙称为社。伊尹说，夏的社是亡国的社，迁回去是不吉利的。于是作罢。夏桀逃到巢湖一带，死在那里。各地诸侯都来朝拜成汤，承认他的领导。夏朝从此就灭亡了。中国奴隶社会一个新的朝代——商朝从此诞生了。成汤就是商朝的第一代天子。这里提到的几个地名，由于年代久远，现在已经很难说出它确切的地点了。

由于伊尹在成汤夺得天下的过程中起了关键性的作用，成汤对伊尹非常尊重。他们也经常在一起谈论治理国家的方法之类的大事，也随便谈些日常的小事。

"我们得感谢天帝对我们商国的器重，要不我们怎么能得到天下呢？"有一次，成汤在踌躇满志的时候，无意间对伊尹说出这么一番话。

“我看，天帝也不是完全信得过的。他的脾气让人很难捉摸。我以为，我们商国能够夺得天下，主要是因为大王具备了纯正的道德。有了这种纯正的道德，才能得到天帝的信任。具有这种纯正的道德的，只有大王您和我伊尹。”

“先生的意思，有了道德，就可以赢得天下了？”成汤对伊尹的话很感兴趣。

“我说的是纯正的道德。”伊尹说，“这种品德要始终如一，要坚持不懈，要天天进步。大王现在刚刚成为天子，这一条就更重要。选择大臣，要选择忠直善良的人，要谨慎地考察，必须是能同大王通力合作的人。其实，善也没有固定的标准，纯正，始终如一，这就是标准。如果一位国王能够做到这一点，他的臣民就会赞美他说，‘多伟大的国王啊！有着多么纯正的道德的国王啊’！有了这样的国王，是臣民的福分，他们的生活就能永远美好。”后来，伊尹把这段谈话整理成一篇文章，叫《咸有一德》，就是都应该有纯正的道德的意思。这篇文章也保存在《尚书》中，流传到今天。

成汤继承王位十七年后，灭了夏，成为商朝的天子，当了十三年天子后去世。古代的继承方法是兄终弟及制。就是哥哥死了，传给二弟，二弟死了，传给三弟，最后一个弟弟死了，再传给哥哥的长子。成汤的长子叫太丁，死在成汤的前面。就由伊尹做主，让太丁的二弟外丙当了天子。可是外丙只在位两年，也死了。又由太丁的三弟中壬做天子。中壬也只当了四年天子就死了。伊尹就立太丁的儿子，也就是成汤的长孙太甲当了天子。

太甲很年轻，朝政大权实际上掌握在伊尹的手中。伊尹也担负着教导天子的责任。在太甲继位后第一次祭祀成汤的仪式上，伊尹就教训太甲说：“太甲，你的祖父是受天帝的旨意取得天下的。他用宽厚代替暴虐，使得天下千百万人怀念他。”其实，伊尹总讲这样的话，翻来覆去，太甲早就烦了。可是伊尹却照讲不误。“有的人整天在宫中听歌观舞，纵酒无度，这叫巫风；有的人贪图财物，贪图女色，打猎游乐，这叫淫风；还有的人轻慢圣贤的话，拒绝忠告，疏远有德行的老者，乐于同顽皮幼稚的人在一起，这叫乱风。这里讲了三种不良风气和十种过错。谁犯了这三风十过，就要受到惩罚。”

太甲在心里说:哼,什么忠告、老者,不就是让我听你的吗? 他脸上那种不耐烦的神情是不言自明的。

伊尹用手拍打着荐席说:“太甲,你不要不耐烦。你要把这三风十过牢牢地记在心里。你若是一个有德的国君,是全国的幸运;你若是一个无德的国君,就会亡国!”

伊尹越是教训太甲,太甲就越是不服,有时好像故意同他作对似的。太甲继位不到三年,伊尹就派人把他押送到远离亳城的桐宫关押起来。由他自己代行天子的权力,成了实际上的天子。

太甲被关押在桐宫七年。随着年纪的增长,懂得的事情也越来越多,对伊尹的仇恨也与日俱增。在亳城的宫中,也有很多人暗地里忠诚于太甲,认为他才是真正的天子。太甲在桐宫也逐渐结识了一些忠于他的人。有一天,他从桐宫跑出来,潜回王宫,联合忠于他的人,杀了伊尹,把伊尹的家产分作两半,交给他的两个儿子。太甲重新当上天子。

不过,关于伊尹的死还有另一种说法。伊尹放逐了太甲,只是代行天子的职责。他还是利用一切机会教导太甲。做了好几篇文章,讲道理给太甲听。太甲也认真听取伊尹的教导,改过自新。伊尹见太甲改过了,就亲自到桐宫把他接了回来,把王位交给他。太甲不辜负伊尹的教诲,成了一个贤君。伊尹继续辅佐太甲。商朝的政治从此又出现了清明的局面。伊尹也活了很久,活到一百多岁,直到太甲的儿子沃丁继位后才去世。沃丁用天子的礼仪埋葬了他。还说他死后大雾三天,似乎上天也在哀悼他。伊尹在商朝各时期,在统治集团和百姓中都享有很高的声誉。相信这种说法的人认为太甲杀伊尹的说法是很荒谬的。

那么,哪一种说法才是真实的呢?说他被杀的,是《竹书纪年》。它是一本编年史,这本书的身世很坎坷。它大约成书在战国时代。“秦火”(指秦始皇焚书坑儒)以后,这本书就不见了。可是在晋朝的太康年间,有人盗掘战国时代魏襄王的墓,掘出了这部书。有些学者收集了那些竹简,加以整理,重新流传起来。但这部史书在南宋以后又消失了,只是在其他一些著作中保留着被引用的片断。后来，有些学者把这些片断又整理出来，但无论如何也没有原书完整了。

说他接太甲回宫重新为王的，是《史记》。《史记》是汉代大历史学家司马迁所作，信誉度很高。《史记》成书晚于《竹书纪年》，但司马迁生活在距“秦火”不远的时代，他很可能没有见过《竹书纪年》。当代史界相信这两种说法的人都有，都能讲出很多理由，至今好像也没有取得一致意见。其实，在取得新的证据之前，这是很难断定谁是谁非的。我们这本书不是历史教科书，而是一部历史故事。所以，我们把这两种结局都奉献给读者，让读者们自己去探索它的答案吧。

# 变法革新　惨遭车裂

## ——商鞅

“如果先生有什么不测，由谁来辅佐寡人才好呢？”魏惠王俯身站在丞相公叔痤的病榻边上，看着病危的公叔痤。

“我的中庶子公孙鞅，虽然年轻，但是有奇才，大王完全可以把这个重任交给他。”公叔痤断断续续地讲完这几句话，喘着粗气，看着惠王的脸。

惠王听了公叔痤的建议，只是用鼻子哼了一声，便不再说什么了。公叔痤的屋子里一阵让人难以忍受的沉默，两人都很不自在。惠王觉得这样沉默下去实在尴尬，就说：“寡人告辞了。”

公叔痤一把拉住魏惠王的手，对周围的人说：“你们都退下。”等屋内只剩下他们两个人的时候，公叔痤小声地、慢慢地说：“如果大王不能重用公孙鞅，就请大王一定要杀掉他！千万不能让他离开魏国。”惠王会意地点了点头。

公孙鞅原来是卫国人。因为他是卫王的妾生的孩子，所以在卫国并没有什么地位。他自小就喜欢申不害的刑名之学，觉得只有像申子说的那样循名责实（名实相符），赏罚分明，才能使国家富强，雄霸于世。他读了很多这方面的书，也颇有自己的见解。后来，他来到魏国，给魏国的丞相公叔痤做了中庶子。这是一个管理家族事务的官。最近，因为公叔痤病重，他没有远走，只是在自己的屋子里看书。这时，有一个仆人来到公孙鞅的屋子，说：“大人有请公子。”

“公子”，公孙鞅虽是妾所生，但毕竟是卫国宗族的本家，所以人们对他还是以公子相称。公叔痤对公孙鞅说：“今天，惠王亲自来看我，问谁可以代替我当丞相。我向他推荐了你。”公叔痤停下来，喘息一阵，又面有愧色地说:“惠王没有答应。我装作首先替他考虑的样子,对他说,如果大王不能重用公孙鞅,就要把他杀掉。这回,他却答应了。所以请公子立即逃离魏国。惠王很快就会派人来抓你了!”公孙鞅拉着公叔痤的手,说:“大人,是你收留了我,培养了我,使我有了进一步学习的机会。大人待我恩重如山。我怎能在大人病重的时候,离开大人去逃命呢?”

公叔痤急得浑身颤抖,喘得更加厉害。他用力伸出手,推着公孙鞅说:“公子,逃命要紧,讲不了那么多了。”

公孙鞅却很冷静。他对公叔痤说:“既然惠王没有采纳大人的意见重用我,那么他也不会采纳大人的意见杀掉我。请大人放心。”公孙鞅的判断是,惠王之所以不肯重用我,是因为他不知道我的价值。因此,他不会觉得我的存在会对他构成什么威胁。这样,他也就没有必要杀我了。公孙鞅的判断是正确的。

惠王回宫后,对左右说:“这个老头子,病得糊涂了,竟然向我推荐他手下的一个乳臭未干的毛孩子当丞相。太没有道理了,真滑稽!”他觉得为此去杀掉这个年轻人也是不值得的。当然,这时的公孙鞅也已经快三十岁,并非小孩子了。但魏惠王瞧不起年轻人,仍把他看成是一个小孩子,既不想重用他,也犯不着杀害他。

公孙鞅不是不想离开魏国。了解他的丞相公叔痤死了,魏惠王又不了解他,不肯重用他。他留在魏国,自己的志向是没有办法施展的。如果魏王真的了解了他的价值,仍旧不肯重用他,他的生存就会真的面临危险。他在等待和寻找机会。有一天,一个经常同他一起研究刑名之学的年轻学子对他说:“最近,秦国的献公死了。新继位的孝公想恢复秦国在穆公时代的威风,扩大秦国的疆土,下令在全国寻找贤才。公子何不去试一试?”公孙鞅说:“这正是我的一个好机会,可是我怎样才能见到孝公呢?”那人说:“我家原来住在楚国,我父亲有一位朋友姓景,叫景监。这个人现在在秦国做官,很受孝公的信任。他很爱才,你不妨去找他,请他向孝公推荐你。”

公孙鞅经过长途跋涉,进入秦国境内。他的想法被证实了:和周围的国家比较起来,秦国还相当落后。纵横交错的阡陌,也就是用土在田间修成的小路，把土地分成一块一块的，这里显然还在实行井田制。每块田里都有一个无精打采的农夫在劳作。有些人的脚上还带着沉重的桎，这是一种木制的刑具。时而还可以看见一个拿着鞭子的人坐在高处，监视着干活的人。在走近秦国的首都栎阳（在今陕西省凤翔县南）的时候，他还看见一个市场，人们在那里交换一些东西。但同魏国的市场比起来，这里并不怎么热闹。公孙鞅曾经研究过秦国的历史和发展。二百五十年前，秦穆公打败了西方少数民族——西戎的不少部落，使秦国的版图扩大到上千里。但秦国毕竟离中原的经济中心比较远，经济比较落后。其他国家已经陆续实行按亩计算租税的时候，秦国还在广泛地实行井田制呢。二十几年前，秦献公夺取政权后，实行了一些新的制度，废除了用人殉葬的制度，允许小生产者在市场上交换自己的产品，还建立了户籍制度。既然新国王秦孝公愿意招揽贤才，他公孙鞅在秦国就有可能一展自己的才华，干出一番事业。

公孙鞅拜见了景监，景监果然热情地接待了他。特别是当公孙鞅讲述了自己的抱负和主张之后，景监更加有兴趣。他说："孝公新即位，颇有抱负，很想让秦国从他掌政的时代开始富强起来。我想，你的这些主张能够打动他。明天我就向孝公禀报你的要求，争取让他接见你，你亲自同他谈。"

没过几天，孝公果然召见了公孙鞅。孝公看公孙鞅挺年轻，也有点不太重视他。其实，这一年孝公只有二十一岁，比公孙鞅还小十来岁。"听景监说，你对富国强兵很有一些主张，能不能说给我听一听？"

"我想同大王讲一讲帝王之术。"公孙鞅兴致很高，这是他第一次向王公宣传自己的政治主张，一定要说服秦王采纳自己的治国方略。公孙鞅从黄帝讲起，想一直讲到周代的十几位天子。当他讲到舜帝如何躲过继母的迫害时，发现孝公闭上了眼睛。他叫了一声："大王。"孝公睁开眼睛，用手点一点，说："你往下讲，我听着呢。我喜欢闭着眼睛听人说话，习惯了。请先生不要在意。"公孙鞅又兴致盎然地讲了下去。当他讲到尧帝如何将帝位禅让给舜帝的时候，却听到了孝公的鼾声。他沮丧地愣在自己的荐席上，走也不是，不走也不是，只好呆呆地坐着。

等了差不多有半个时辰，秦孝公终于睁开了眼睛，说："你讲完了吗？你讲的这些道理我都听到了，让我再仔细考虑考虑。"

第二天，秦孝公见到景监的时候，很生气地说："你介绍的这个人给我讲了些人人都知道的事，有什么意思？再说，他讲的这些事年代也过于久远。要想成为黄帝、尧帝、舜帝那样的帝王，也不是几年几十年能够办得到的。作为一个好的君主，谁都希望在他当政的时代就能为自己的国家干成一些事情，成就一番事业。谁能等几十年上百年，去当什么三皇五帝？真没有意思！"景监回来后批评公孙鞅说："你给孝公讲了什么？他一点也不感兴趣！"公孙鞅说："我给他讲三皇五帝治理天下的办法。"景监用手指点着公孙鞅，说道："这一类的书他不比你读得少，怎么会引起他的兴趣呢？"景监觉得，公孙鞅想讲的东西还没有表达清楚，就这样半途而废太可惜。他又找孝公说："公孙鞅还没讲到精彩的地方，大王就睡着了。请大王继续听他讲，保证越听越爱听。"

过了几天，秦孝公再次会见了公孙鞅。公孙鞅这回讲的是周文王、周武王如何取得天下的事。秦孝公又睡着了。

第三次会见的时候，公孙鞅向秦孝公分析了晋文公、齐桓公称霸诸侯的原因。这一次，孝公没有睡着。公孙鞅回来后对景监说："我第一次同孝公谈帝道，他不感兴趣；第二次同他谈王道，他还不感兴趣；第三次同他谈霸道，终于引起了他的兴趣。我估计，他还会找我谈的。"过后，孝公果然对景监说："先生介绍来的这位客人确实不错。我还可以同他再谈几次。"

第二天，孝公急不可耐地派人把公孙鞅请到宫中，请他继续谈他的看法和主张。

公孙鞅说："如果一位国君想称霸天下，就必须使自己的国家富强。而使国家富强的最根本的办法，就是发展农业生产。要发展农业生产，就不但要保证土地不荒芜，而且要大量开垦荒地。特别是像秦国这样地广人稀的国家，大量开垦荒地不但有必要，而且也是可行的。"

"先生说得很对。我们秦国的荒地有的是，要是能把它们都开垦出来，我们的粮食就会很多;粮食多了,就能打胜仗。可是,"孝公说到这里,挺起身,向前凑了凑,说道,"可是,我们秦国的人口也少,没有力量去开垦荒地呀!"

古代人坐的方法与今天不大一样。那时没有凳子、椅子之类的坐具,人们都是"席地而坐",就是在地上铺一张"荐"或"席",与今天的坐垫类似。人就坐在荐席上,姿势也与今天不同,多半是用双膝跪在席上,臀部落在两个脚跟上。有时激动了,或表示对对方的尊敬,便把臀部抬起来,这叫"长跪"。今天,孝公由于激动,不时地采取"长跪"的姿势。公孙鞅看孝公听得有趣,也就说得更加有劲。

"让老百姓去开垦荒地有很多办法。"顺便说一下,我们这里所说的"百姓"用的是今天的意义。因为,今天说的百姓是指社会上的普通群众,即社会上的大多数的民众。而在古代,"百姓"一词还有另外一层意思,就是指各种官吏,即"百官"。

"请先生介绍一二。"孝公又长跪了一把。

"比如,提高各级官吏的办事效率,使他们办理公务不拖拖拉拉。这样,那些心术不正的官员也就没有办法到老百姓身上去盘剥渔利,去纠缠百姓。农民也就有了足够的时间,开垦荒地也就有可能了。再比如,不鼓励普通百姓做官,这样,他们就不会只重视读书而轻视农业。百姓不重视读书,就愚笨,就不善于交往,这样,当国家鼓励农业的时候,他们就不会懒惰,就会用力去开垦荒地。"

"对,不能让普通百姓去读书。孔夫子创办学校,搞什么'有教无类',教了三千多位弟子,有什么用途?"孝公又长跪了一把,"还有吗?"

"当然有。大王还可以设立重刑,实行连坐,就是让居民互相担保,一人犯罪,别人也要跟着受刑。这样,那些性格急躁的人就不会那样好争,那些强硬的人也就不会总去打官司,那些懒惰的人也就不会游手好闲,那些喜欢大手大脚的人也就不会奢侈浪费,那些心地不善良的人也就不会轻易为非作歹。这五种人少了,开垦荒地的人也就多了。"

公孙鞅越讲越有劲,秦孝公越听越爱听。由于不断地长跪再坐下,孝公不知不觉地往前窜动。忽然，孝公“哎哟”叫了一声。公孙鞅赶忙停止讲话，问道：“大王怎么了？”原来，孝公的膝盖离开了荐席，被砖地磨痛了。这时两人都注意到，日头已经偏西，时候不早了。孝公说：“今天就到这里。明天你还要来讲。”就这样，公孙鞅给秦孝公讲了好几天。景监吃惊地问公孙鞅：“你给孝公讲了些什么，说对了他的心思，让他这样高兴？”公孙鞅说：“我这回给他讲的是强国之术，他特别爱听。”“你没建议他做些什么吗？”“我建议他改变祖宗之法，实行新法，就叫作变法革新！”景监高兴地说：“好一个变法革新！只有变法革新，秦国才能充分发挥自己的长处，避开自己的短处，走上富国强兵的道路。小子，这回咱们秦国有希望了。”

秦孝公通过同公孙鞅长时间的交谈，了解了这个年轻人的确有与众不同之处。他讲的道理不但新颖，而且深刻，切中时弊。如果用他的办法来治理国家，国家肯定会有起色。对他提出的变法革新的主张，孝公也很有兴趣。他想，穆公时代，虽然秦国比过去强大了许多，但还是没有实现称霸中原的目标，只是在西戎地区的几个少数民族中树立起自己的霸权。以后几代国王的掌政时期，秦国有时内乱，有时天灾，经济总也发展不起来，就更谈不上称霸的事了。他多想在自己的时代里让秦国富强起来，实现称霸的目的呀！因此，他决定留下公孙鞅，给他一个“大夫”的官职，让他准备在秦国实行变法。

公孙鞅忙碌起来。他调查秦国的情况，起草律令，研究实施这些律令的方法，一直准备了两年多的时间，总算准备得差不多了。

秦国一些旧贵族开始时听说一个毛孩子来到了秦国，要搞什么变法，没有把他当作一回事。可是，当他们听说公孙鞅已经起草好了律令，很快就要在秦国发布实施，这才引起了他们的重视，并且联合起来，反对变法。

秦孝公三年，也就是公元前359年的一天，孝公召集公孙鞅、甘龙、杜挚三位大夫开会，商讨实行变法的事。孝公说：“一切为国家的江山考虑，这是做君主的本分。建立法制，管理百姓，提出自己对管理国家的意见，这是臣下的任务。现在，我想改变一下祖宗传下来的治理国家的办法，也要改变一下过去的礼制，以教导百姓。可是，我又很担心天下的人都议论我，对我们的变法有意见。”

“我听说，”公孙鞅见孝公停了下来，就说，“做事情不坚定，就不能取得成果；对自己干的事疑神疑鬼，就不可能有什么功效。大王应该尽快打消对变法的疑虑，不要怕有人说东道西。并且，见地高远的人办起事来，总是违背世俗的陈腐观念；有独到见解的人也常常被人认为是傲慢不驯服。所以，常言说，愚蠢的人只知道按常规办事；智慧的人才能预见即将发生的事。有一位叫郭偃的人说过，正确的理论往往不合于俗；能够办成大事的人并不是每件事都同大家商量的。法，本质上是保护百姓的；礼，是为了办事时有一定的规矩可依。所以，对于圣人来说，只要能够使国家强盛，就不要顾忌过去如何；只要对百姓有利，就不必遵循往日的礼法。”

“对！”孝公赞成公孙鞅的意见。

“不对！”老臣甘龙气急败坏地说，“我听说的道理同公孙大夫所说的却大不一样。圣人教导百姓，是不能改变方式的。智慧的人治理国家，是不能改变固有的办法的。如果现在实行变法，改变了秦国历来的治理国家的常规，大王肯定会受到各方面的议论。”

公孙鞅说：“先生所说的话有点陈腐。一般的人安于旧的习惯，墨守书卷，只相信书卷上的话。他们当官，只知道成规旧律，超越了成规旧律，他们就不知道什么了。请大家回顾一下，夏、商、周这三个朝代，治理国家的方式是不一样的。晋文公、齐桓公、楚庄王、吴王阖闾、越王勾践这五位诸侯，取得霸主地位的方法也是不同的。所以，聪明的统治者善于制定法律，而愚蠢的统治者却限制应用法律。好的君主能够随时修改礼法；不合格的君主却拘泥于现成的礼法……”

“人们常说，没有百倍的利益，不能改变方法；没有十倍的好处，不能改变器具。”杜挚打断公孙鞅的话，说道，“我还听说，遵循古代的方法，不会有过错；沿袭旧日礼制，不会走邪路。希望大王认真考虑。”

“前世留下的教导各不相同，哪里有什么一定不变的古法？一代一代的帝王都不是前一代帝王的重复，哪里有什么一成不变的礼制？神农、伏羲的时代，对犯罪的人以教育为主，不设死刑；黄帝、尧、舜的时候，设立了适当的死刑;周代的文王和武王都是根据当时的实际情况建立的法制。所以,我认为,治理天下,不能总是用一定的方法,要发展自己的国家,不能总是拘泥于古代的模式。商代的汤王、周代的武王都是因为没有墨守古代的方法而兴起的,夏代和商代却是因为不肯改变古代的礼制而灭亡的。希望大王不要怀疑动摇!”

听了公孙鞅的这一席话,孝公点头称是,并说:“公孙大夫说得很对。让别人议论去吧,我不再二心不定了!我任命公孙鞅为左庶长,主持变法的工作。”于是,孝公批准了秦国变法的第一个法令——《垦草令》,即关于开垦荒地的法令。轰轰烈烈的秦国变法就在旧臣的一片反对声中正式开始了。

公孙鞅制定了一系列的法律法令。如户籍法和连坐法,规定老百姓五户为一伍,十户为一什,互相担保。一人犯法,同伍或同什的人都要受到制裁,这就叫连坐。知道本伍或本什内有人犯法而不告发,受腰斩。告发的,与杀死一个敌人受同样的奖励。窝藏罪犯的人,同投降敌人的人受同样的处罚。为了鼓励生产,增加户口,还规定百姓家如果有两个成年兄弟而不分家,就要多缴纳一倍的赋税。为了鼓励英勇杀敌,规定立军功的要按功升官。为了私事而斗殴的要受刑罚,但如能努力耕种取得明显成绩的,就可以免去所受的刑罚。为了抑制经商,规定从事“末业”,即商业、手工业的人,要同因为懒惰而受穷的人一样,罚做官家的奴隶。王族的人,没有军功的,则不记入王族的属籍,等于不让享受优惠待遇。对于统治阶级内部的人,也明确规定了等级制度,按等级享受土地、房屋、奴仆的数量和服装的档次。有功的人享受荣华,无功的人即使富有,也不得享受荣誉。在这些法令正式公布之前,公孙鞅先干了这样一件事。

有一天,栎阳的人发现南城门附近立起一根三丈高的大木桩。木桩上写着字,说谁能把这根木桩挪到北门去,就奖励十金。那时的“金”有时指黄金,有时也指铜(赤金)或铁(黑金),它们都可做货币使用,并且都很贵重。百姓看了,有的说:“骗人,哪有这样的好事?”有的说:“这些年来,官家说话有几回是算数的?”所以,谁也没有理会。第二天桩子上的字改了,由奖励十金改为奖励五十金。重赏之下必有勇夫。有个小伙子说:“不算数就算我白干。”就把木桩挖出来,埋到北门附近。官家果然奖励他五十金。搬木桩的小伙子乐得直蹦高,围观的人个个后悔不迭。他们说:“早知道官家说话算数,我早就搬了!这笔奖励哪能让他得了去!”

等到这件事在全城乃至全国都传得沸沸扬扬时,公孙鞅就正式公布了他制定的各项法令。

这些法令公布还不到一年,就有上千人从各地来到栎阳“上访”,纷纷反映新法实行起来对他们很不利。公孙鞅答复他们说:“你们先回去,再实行一段时间看看。”

这时,太子犯了法。上上下下的眼睛都盯着公孙鞅,好像在说:“看你这回如何处置?”公孙鞅对孝公说道:“法令能不能行得通,关键就在这上头。”孝公说:“难道还要处罚太子吗?”公孙鞅说:“太子是未来的国王,当然不能处罚太子。但是,太子年轻,这件事的主要责任在太子的老师公孙贾的身上,所以应该处罚公孙贾。”孝公觉得这倒是一个可以接受的方案,就同意了公孙鞅的意见。于是,公孙鞅下令,处公孙贾黥(qíng)刑,就是在他的脸上刻上字,再用墨把字迹涂黑。太子的另一位老师公子虔也被判了刑。这件事使秦国的上上下下更加相信秦国变法的决心,使得人人不敢违犯法令。但是这件事也使公孙鞅狠狠地得罪了太子,成为他后来悲剧的导火线。

十年后,秦国的百姓看到了变法的好处。那些十年前来栎阳反映新法不好的人又纷纷来都城,说新法很好,对百姓很有利。公孙鞅却下令把这些人全部扣下来,发配到边远地区,并且向百姓宣布理由说:“难道国家的法令也是可以任人评论好坏的吗?”此后,秦人就只知道执行法令,既不违抗,也不评论。

秦国的国力逐渐强大起来,秦孝公很高兴,便任命公孙鞅为大良造。这是秦国最高的官职,相当于丞相,掌握军政大权。公孙鞅有了军权,立即就率兵进攻魏国,包围了魏国的安邑城,安邑的守将向秦国投降。公孙鞅率军凯旋而归。

公孙鞅又派人在咸阳修筑宫殿。孝公十二年，就是公元前 350 年，秦国把国都迁到咸阳，并且再次发布了一些变法措施。如禁止父子兄弟同室而居，以便促使户口的增加。平掉农田中的阡陌，从而表明了井田制的终结。在全国设立三十一个县，县的长官叫作令或丞，这就等于取消了各种封侯的势力，加强了中央的集权。统一权（秤砣，即重量的单位）、衡（容量的单位）、丈、尺（长度单位）。这些措施促使秦国的国力很快强盛起来。连名存实亡的周天子也派人给秦孝公送一些祭祀用的肉，祝贺秦国的强大。不过，这已经是孝公去世、惠文王继位、商鞅遇害以后的事了。各国诸侯也纷纷派人前来表示祝贺。

孝公二十一年，就是公元前 341 年，传来了齐国田忌、孙膑大败魏将庞涓于马陵的消息。公孙鞅觉得这是破魏的极好时机，便对孝公说："魏国是我们秦国的心腹之患。大王您如果要称霸诸侯，必须向东发展，而魏国就是我们向东发展的一道障碍。今后，不是魏国吞并秦国，就是秦国吞并魏国。魏国马陵之败后，各国都背叛了它，我们可以利用这个机会伐魏。打败了魏国，秦国就可以向东发展，制伏诸侯！这是大王称霸天下的绝好时机。"

"那好，"秦孝公同意了公孙鞅的建议，"我就派你为将军，率军伐魏。"这是公元前 340 年的事。

两军对阵以后，公孙鞅探知魏军的统帅是公子卬（áng）。二十年前，当公孙鞅还在公叔痤门下当中庶子的时候，就认识公子卬，两个人的交往还比较频繁。公孙鞅就派人给公子卬送去一封信。信中说："当年，你我曾是朋友，如今却成了敌军的将领。也没有办法，我们都是各自为自己的主人嘛！但是，我又不忍心我俩之间互相攻击。我想邀请公子来我营中饮宴，然后罢兵，使秦、魏两国相安无事。不知尊意如何？"公子卬信以为真，参加了这次宴会。谁知饮宴之间，秦军的伏兵冲入宴会的帐内。公孙鞅说："请公子勿怪。你我各为其主，今天我们就讲不得交情了。"公孙鞅不费吹灰之力就活捉了公子卬，又趁魏军既无准备又无统帅的机会，向魏营大举进攻，魏军大败。这时的魏国刚刚大败于齐国于一年前，国库空虚，国力薄弱，无力与秦国为敌，便派人与秦国谈判，同意把黄河以西的大片土地割让给秦国。为了躲避秦国的锋芒，还把国都迁到比较靠东的大梁。损失惨重的魏惠王捶胸顿足地说："我最遗憾的是，当初没有听公孙痤的话。"公孙痤临终前曾建议魏惠王，要么重用公孙鞅，要么杀了他。

公孙鞅凯旋而归，在咸阳受到秦孝公的热烈欢迎。孝公兴致勃勃地说："大良造自辅佐寡人变法以来，日夜辛劳，使我秦国国力日强。近几年又屡立战功，围安邑，擒公子卬，是我们秦国的大功臣！因此，我决定把商城封给公孙鞅为汤沐邑。" 汤沐邑就是天子或诸侯封给亲属或功臣的地方，这个地方及这个地方的收入都归受封者所有。从此，人们就称公孙鞅为商君。后世多称他为商鞅。

公元前338年，就在商鞅十分得意，举行宴会庆贺胜利的时候，有个叫赵良的人却从宴会上把他拉到一边，对他说："商君可记得《尚书》中的一句话，'恃德者昌，恃力者亡'？靠恩德治理国家的人会兴盛发达；靠强力治理国家的人会走向灭亡。您这些年正是靠强力来治理国家的，我觉得您的危险就像早晨的露珠那样，不会等太久的时间了。难道您不想要延年益寿吗？所以，我劝您急流勇退，回到商地去种菜吧。并且，您还应该劝孝公起用那些被斥退了的老臣。这样，您或许能够更安全一些。"商鞅觉得，赵良是代表那些反对变法的守旧势力对他进行威胁，并没有理会他。

虽然赵良是代表反对变法的守旧势力在讲话，但他对商鞅危机的分析却是符合实际情况的。秦国的变法，本质上是新兴的封建地主阶级同没落的奴隶主阶级的殊死斗争，所以它的过程是不会和和平平的。况且，商鞅的变法又是比较全面的。你想，他要"开阡陌"，废除井田制，那些靠井田制过惯了舒舒服服的生活的奴隶主们会满意吗？他实行郡县制，就等于取缔了受封的奴隶主们割据一方的权力。再说，商鞅在变法的过程中又一点不留后路，采取了一些很严厉的手段，他是不可能不树敌的。就说太子吧，那是未来的国王，谁也不敢得罪的，可是他却敢认定太子有罪。太子的两位老师都受过他的处罚。特别是公子虔，第二次犯法的时候，商鞅竟治他以劓刑，割掉了他的鼻子。这两个人能在太子面前说商鞅的好话才怪！商鞅毕竟是地主阶级的代表,他对老百姓也是很苛刻的。上千名农民(也许还有地主呢)来首都对他表示支持,他竟把人家给流放了。

也该商鞅倒霉。他被封为商君不久,孝公就一病不起,一命呜呼了。于是太子继位,他后来被称为秦惠王。

秦孝公的死对商鞅确实是个打击。他正在相府里独自喝闷酒的时候,有人匆匆来报:“大人,大事不好。”商鞅无精打采地问:“什么事?”“公子虔等人向新大王告发大人谋反!大王已经派人来抓大人了,很快就到。”商鞅早已料到公子虔这些人不会给他好果子吃,但他没有想到政变会来得这样快。他没有来得及带上从人、财产和家属,就匆忙地逃离相府。

天黑了。商鞅找家客店,想住下。店主人不认得商鞅,对他说:“商君有法令,规定没有证件的人要抓起来。”商鞅仓皇出逃,哪里带得证件?再说,他正在逃亡之中,有证件也不能暴露自己的身份。他只好说:“我的证件在外面的行李里面呢。”乘机溜出去继续逃。他一面逃,一面自叹:“哎,这就是我制定法令的结果!”他逃到魏国。在边境上,就有人认出他来。魏国人对他说:“你还有脸到魏国来?你忘记你是怎样背信弃义,欺骗公子卬,使他至今还关押在秦国回不来?”商鞅一听,话头不对,又赶忙往回逃。逃到商邑,在那里召集一些亲信,打算进攻郑。他一动用武力,秦惠王更有了证明他谋反的证据,便派大军围剿他。在离郑还有三百里的渑(miǎn)池追上他,并杀了他。

秦惠王觉得还不解恨,下令把他的尸体拉回咸阳车裂。就是用五辆马车分别拴上他的头和四肢,然后驱马猛拉,把人撕碎。接着,惠王又下令杀了商鞅的全家。

## 六国相印 不免一死

### ——苏秦

苏秦躺在厚厚的草席上。他的胸部被刺客刺穿了，幸好没有刺穿心脏，要不然他当时就死了。他一动不动地躺着，稍一活动，胸口就撕心裂肺般地疼痛。他也说不出话来，一口痰卡在嗓子眼，他又无力把它吐出来，只好任它在那里制造呼噜呼噜的声音。旁边的人小声议论着："怕过不去今天了。"有人急忙去给齐湣(mǐn)王报信，湣王乘车来到苏秦的客舍。苏秦见了齐王，也许是激动，也许是回光返照，竟断断续续地说出了几句话："大王，我知道……您……正在缉拿……凶手，谢，谢大王。我没……没几天……活头了。我死后，就请大王……把我在闹市上……车裂了吧。"齐湣王明白苏秦的意思，说："请先生安心养伤，我会全力捉拿凶手的。"齐王怕苏秦太累，说了几句安慰的话就回宫了。

苏秦嘴上不能说什么，但心里却在不断翻腾，他一会儿羞愧，一会儿骄傲，一会儿悔恨，一会儿满足。往日的经历不断地在他的脑海中再现。

年纪轻轻的苏秦却步履蹒跚地走在回老家洛阳的小路上。他不愿意走大路，一是大路绕远，他实在是走不动了。人打不起精神的时候，干什么都累，更何况长途跋涉。二是大路上人多，他这个样子，怎么见人：脸又黑又瘦，衣服破烂不堪，鞋底已经磨穿，脚底磨出了血泡。他低着头，唯恐有人发现他。他思绪万千。苏秦兄弟五个，一个赛似一个地聪明。有的书上说苏秦是老五，可有的书又言之凿凿地说他下面有两个弟弟，所以我们就假定他是老三吧。哥几个都想当大官，出人头地。那时的人要想当官，首先要读些书，学会讲一些道理，然后就四处游说。如果有人对你讲的道理表示赏识，他就会给你一份工作，也许还会把你留在家里充当一名"士"，或者叫食客。苏秦听说齐国有一个老先生，住在一个叫作鬼谷的地方，专门研究当时七雄，也就是齐、楚、燕、韩、赵、魏、秦七个国家的强弱及发展趋势，这七个国家应该如何处理自己同另外六国的关系，以及如何发展自己削弱别人，被人称为纵横家。这位老先生就用自己的住地给自己起了个号，叫作鬼谷子。那时，还有一个名义上的“天子之国”——东周，在洛阳一带苟延残喘。而年轻时代的苏秦就生活在东周。为了实现自己的宏愿，苏秦告别家人，到齐国去寻找鬼谷子，拜他为师，学习纵横家的道理。学了几年，他以为自己已经学有所成，就告别了鬼谷子，四处游说。他找了很多诸侯贵族、高官显要，可是谁也不肯接纳他。没人收留他，也就没有饭吃，所以他只好重归故里。

就像一个隐身人走进家门，一个二十多岁的汉子回到家里，竟没有人“看见”他。他来到嫂子的织布机前，拱手说道：“苏秦拜见嫂嫂。苏秦离家数年，嫂嫂的身体还是这样好！”嫂嫂的织机依然在呱嗒呱嗒地响，连节拍都没有发生任何变化。也许是因为苏秦自己说话底气不足，嫂子根本就没有听到。哥哥、弟弟也都各干自己的事情，有的看他一眼，点点头，算是看到他了，有的头也没点一下。妻子低着头，不知是羞愧还是鄙视，也不肯理他。他只觉得自己浑身上下一点力气也没有了。

苏秦回到自己的房间，只想在席上躺一躺。可他那张破烂的席上灰尘有铜币那样厚，上面满是老鼠们寻欢作乐的足迹。妻子的席是干净的，可他的衣服又太脏，怎好往上躺？他左右开弓，狠狠地扇了自己两个耳光，然后一头扑到自己那满是积尘的席上，扬起了一团尘雾，像雷雨天的黑云一样扩大、翻腾。反正衣服已经脏得同灰尘一个颜色了。他太难过了，想哭，哭不出来；他太疲倦了，想睡，又睡不着；他太烦躁了，想挥一挥胳膊，可胳膊扬起的灰尘呛得他直咳嗽。他静静地躺了有一个时辰，又突然跳起来，发疯似的翻他那几个破箱子。里面只有被绳子捆成一卷一卷的木简，那是他以前抄下来的书，也有一些是祖上传下来的。他打开一捆，看看书名，又捆上。就这样，打开又捆上，有的还看几行，回忆一下内容。当他打开一捆已经旧得不成样子的书时，眼睛突然亮了起来。那头一条简上写着的书名是《阴符》,这是西周时代传下来的古书,传说还是周公写的呢。他看了几行，高兴地自言自语道:“有了这部书，我就可以去说服现在的一些国王了！”他一抬眼,看见妻子倚在门柱上看着他,就来了精神,大声喝斥道:“还不去给我拿换洗的衣服？看这屋子让你搞得多脏！”在这个家里,现在只有妻子可以做他的出气筒。妻子趁苏秦换衣服的时候,对他说:“哥哥、嫂子总在我面前说,我们周国的风俗是添置产业,务工经商,可以获得两成的利益。他们说这才是正经事。他们还说你不务正业,你又不争气,我在家里仰人鼻息,几乎承担了全部家务,哪里还有时间收拾屋子?你回来了,也好,以后就在家干点正事吧,我也有个依靠。”

妻子说得这么凄凉,苏秦也很惭愧。但他说:“我既然已经走上了读书这条道,就只好走下去了,现在已经无法回头了。”

从此,苏秦整天坐在家里,哪儿也不去。破木箱就是他的书案。那木简的背面和侧面都已经被他的手磨得发出红色的亮光。正面的字迹被磨掉了,他又重新描上。晚上,就就着那暗淡的油灯一直读到深夜。读着读着,打了个盹,头重重地撞在破木箱上。为了不再撞头,他找来一条绳子,拴在房梁上,然后再用这条绳的下端拴住自己的头发。那时的人是不剪发的,男女都是长发,只是梳理的方式不同。第二天吃饭的时候,哥哥吃惊地问他:“秦弟,你的脚怎么啦,为什么这么多血？”他看了看,平淡地说:“没有什么,碰破了点皮。”其实,那是昨天晚上吊起头发后,还有时打盹,他就找来把锥子,在自己的大腿上猛刺。我们说过,古人的“坐”是跪坐,臀部落在足跟上,所以大腿上的血就流到脚上了。

你也许会问,这部书有多长,这么读还读不完?其实,那时的书上万字就算大部头的了,一天读一部是没有问题的。但苏秦不完全是读,而是揣摩。读了一段,他就设想很多问题,设计很多情况,再作出各种解答。他不仅仅是读书,用我们今天的话来说,他是在认真地研究。

想到这里,苏秦似乎忘记了伤口的疼痛,脸上露出一丝笑容,这一段“头悬梁,锥刺股”的奋斗历史确实使他感到骄傲和欣慰。没有这一段刻苦奋斗的历史,也就不会有他以后的成功。

护理苏秦的人看出他的嘴唇在动,就问他:“先生,您想说什么吗?”这一问,反而把半昏迷状态的苏秦给唤醒了。是的,刚才在那种如醉如痴的状态中,在对自己奋斗史的回忆中,在想到成功的时候,他想说出一个字:“难!”成功来得太不容易了。

当他再次觉得自己学有所成的时候,他就不顾家人的反对和挽留,开始了他的第二次游说生涯。他最先想到的是他自己的东周国。他去求见周显王。显王身边的人都听说过苏秦这个人,听说过他几年前周游列国,游说诸侯,竟没有一个人肯留他,狼狈而归。没有等苏秦说到紧要处,就有人打断他说:“先生还年轻……”苏秦明白了他的意思,他们轻视他,不给他阐明自己观点的机会。他悻悻地离开了东周国。

他知道,经过商鞅变法以后,秦国正在强大起来,秦国吞并天下的雄心已经可以看得很清楚了。在苏秦看来,秦国也确实有这个希望。于是,他又向西走。那时,最高级的交通工具是马车。苏秦是坐不起马车的。开动双脚,就是他的交通工具。

公元前337年,苏秦到了秦国。正赶上秦孝公去世,秦惠王继位。惠王刚刚继位,很想听听各方面关于治国强兵的意见。正在这时,苏秦求见,惠王也就接见了他。苏秦说:“秦国在七国中间具有得天独厚的条件。它四面都有严密的保护——陇山、渭水、函谷关、黄河、泯江等等天然的屏障环抱着秦国。秦国又有着丰饶的土地——西有汉中,南有巴蜀,北有代、马,这都是天府之国啊!”汉中相当于现在陕西省南部的部分地区,巴蜀是指现在四川省的大部分地区,代在当今河北省的蔚县一带,马在当今山西省朔县一带。这些地方都是秦国这些年从外国手中夺取过来的。那时候,这些地方都是非常富饶的,这对增强秦国的国力起了很大的作用。苏秦接着说道:“秦国的老百姓非常地勇敢,他们受到的军事方面的教育也比别的国家强。所以,秦国完全有条件吞并其他六国,像三皇五帝那样统治整个天下。”

苏秦本想用这番话打动秦王，谁知秦惠王无动于衷。他冷冷地说："如果一只鸟的羽翼还没有丰满，它是不能高飞的。如果两块木板的纹理还没有搞清楚，是不能把它们黏合到一起的。并且，我国在去年刚刚处决了商鞅，对那些能言善辩的说客还很不放心。"秦惠王给了苏秦一个明确的信息：秦国不能任用苏秦。

苏秦离开秦国，只能折回向东。他的心情有多沉重，他自己也无法描绘。几年前的四处游说以失败告终。可是，在他经历了千辛万苦得难以比拟的努力奋斗之后，难道他苏秦还是找不到赏识他的人，难道他还是得不到一展雄才的机遇？他迈不动腿，走不动路，他不知前面的道路该怎样走，他不知道自己的下一站应该是哪里。

在一家简陋的旅店里，苏秦对自己的主攻方向进行了认真的分析。中原必然要走向统一，而在七国之中，有能力统一六国的只有秦国。因为在商鞅变法以后，秦国的国力大大增强，军队的战斗力也大大加强了，接连打了好几个胜仗，已经从邻国夺取了很多土地。而这几个邻国多半只有招架之功，而无还手之力。所以，他决定去帮助秦国实现统一。可是秦国却不容留他。那么，他怎么办？他又分析了一下形势：秦国要并吞六国，不可能不在六国中树敌。从这一点上说，六国的利益是一致的，因此六国有可能联合起来对付秦国。只是没有一个人或一种势力给六国穿针引线。如果能把六国一致的地方揭示出来，让他们联合起来抵抗秦国的统一，也是一定大有文章可做的。那么，我苏秦何不来干这件事情呢？鬼谷子老师不是教给我纵横之术吗？有横就有纵，对，我就来做这件合纵的事情吧！这里离赵国最近，于是，苏秦又满怀信心地向赵国走去。

赵国的肃侯不肯接见他。这里得说明一个问题：当我们说到各国国君的时候，为什么有的叫"公"，有的叫"王"，有的叫"侯"呢？周朝统一天下以后，实行"分封诸侯"的办法来治理天下。就是把周天子的亲属、功臣封到一个地方去，这个地方就是诸侯的"国"，这里的老百姓就是他的子民，这里的财政收入都归他自己。然后，他每年再拿出一部分给周天子进贡，在政治上听天子的指挥。诸侯的等级是不一样的，共分"公"、"侯"、"伯"、

“子”、“男”五等爵位，公国的国王有时称“公”，侯国的国王有时称“侯”。当然，有时，下面的人也把他们称为“王”或“大王”。赵国的丞相是赵肃侯的弟弟，号称“奉阳君”，肃侯就打发奉阳君接待苏秦。尽管苏秦对赵国抱着很大的希望，但奉阳君对他的话却并不感兴趣。

弥留之际的苏秦的脸上再次显出痛苦的表情。他经历的失败太多了。然而，困难、挫折、接二连三的失败，反而练就了苏秦百折不回的性格。他抱定了一条信念：我的政治主张总会有人接受的。不一定找大国，能够从一个较小的国家突破也是可以的。于是，他又向燕国走去。

在燕国，他也没有受到必要的礼遇。燕文侯拒绝接见他。好在他在燕国遇到了一位熟人，有了暂时寄居的地方。那位熟人挺讲义气，拿出一百个铜钱给苏秦说：“这一百个钱就给先生做活动的费用吧。”然后，苏秦隔一段时间就去求见一次燕王，这次拒绝了，下次还去。足足等了一年，燕文侯终于同意接见苏秦了。等待的一年是漫长的。但这一年也给了苏秦充分的时间了解燕国的情况，使他有了比较充足的根据说服燕文侯。

“我希望大王能够对燕国的力量和地位有充足的信心。”苏秦开始了他的谈话。“燕国，东边与朝鲜、辽东接壤，北边与林胡、楼烦为邻。”林胡和楼烦都是古代北方的少数民族，分布在从山西省北部到内蒙古自治区一带。“西边挨着赵国的云中、九原，南边有滹沱、易水与邻国相隔。”云中和九原都在山西省榆林地区附近。滹沱河和易水都是在今河北省西部的河流。“地域也足有两千多里，军队有几十万人，战车六百，骑兵六千。存粮可以用好几年。燕国可以说是个天府之国。并且，这些年来，燕国平安无事，百姓安居乐业，没有外国的侵犯，没有大的战斗。这是为什么呢？因为燕国有赵国作为屏障保护着它的南面。这些年来，秦国与赵国发生了五次战争，秦国胜了两次，赵国胜了三次。由于秦国与赵国相争，所以燕国才能躲在后面不受侵犯。秦国如果要进攻燕国，要经过一千多里。就是占领了燕国的城市，也很难守得住。但是，如果赵国要进攻燕国就不一样了。用不了十天，赵国的几十万大军就可以抵达燕国首都的城下。所以，我认为大王外交的重点不在千里之外的秦国，而在百里之内的赵国。大王应该与赵国联合起来，一致对付秦国。这样，燕国就会安全无患了。”燕文侯说：“先生说得倒是不错。我们燕国确实是个小国，西面有强大的赵国，南面有强大的齐国。”苏秦乘机插上一句说：“我们可以把天下的各国都联合起来，共同对付秦国嘛！”燕文侯觉得，如果苏秦真能说服赵国、齐国合纵，那对燕国是十分有利的，就说：“如果先生要去进行合纵的活动，我们燕国就算一份。”于是，燕侯送给苏秦一些车马、金钱、布帛，支持他的合纵活动。

苏秦这一次出去，同以前可大不相同了。不但有了钱，不那样寒酸了，而且最大的不同在于，这一次他是以燕国的使者的身份到各国去访问的，而不仅仅是个人的游说活动了。他到了哪个国家，人家也不大好拒绝接待他了。

他从燕国出来的第一个目标就是他刚刚离开一年的赵国。这也是距离燕国最近的一个目标。这一年，赵国也发生了一些变化。原来接待苏秦并对他的话不感兴趣的奉阳君已经去世。这一次苏秦又是以燕国使臣的身份到赵国来，所以赵肃侯亲自接见了苏秦，两人进行了长谈。赵肃侯继位不久，还是一个很年轻的国王。

“天下无论做官的，还是平头百姓，都很尊敬您，”苏秦很懂得国王们的心理，他们都愿意听奉承话，“很长时间以来，他们还都愿意听您的教导，向您陈述自己的看法。虽然以前奉阳君忌妒大王，又不愿意多做事情，弄得宾客不敢向您陈述自己的一些看法，但现在奉阳君已经去世，大王您又可以直接与普通的士人和普通的百姓亲密无间地交谈了。难怪赵国的人都说大王爱民如子。”苏秦有意停顿了一下，赵肃侯很得体地充分利用了这个机会：“寡人向来愿意与民同乐。”

“秦深知大王仁慈，所以愿意把自己的愚见进奉给大王。为大王考虑的根本问题，就是让百姓安定。选择友好的国家，是使百姓安定的一个重要因素。如果赵国把齐国和秦国都树为自己的敌人，百姓就很难得到安定。如果靠近秦国反对齐国，或者靠近齐国反对秦国，百姓同样不会得到安定。如果大王您能听我的一句话，我保证让燕国向您奉送出产优异皮毛的地方,齐国向您奉送盛产鱼盐的大海,楚国向您奉送盛产柑桔的土地,韩国、魏国、中山国都能向大王进贡奉献。"苏秦看出来,赵肃侯被他的话吸引住了,直勾勾地瞅着苏秦,希望他讲下去。苏秦进一步分析,指出如果赵国与秦国友好,秦必然设法削弱韩国、魏国。如果与齐国友好,齐国必然设法削弱楚国和魏国。魏国被削弱了,就会把黄河以西的土地割让给秦国,这就会使赵国与西方的交通被隔断。楚国如果被削弱了,赵国就会失去一个牵制秦国的力量。当秦国因为削弱了这些国家而强大起来的时候,就会反过来把矛头指向赵国。"到那时,战争就要打到邯郸城下了!"苏秦的这句话是颇有几分恫吓力的,这使得赵肃侯不寒而栗,因为邯郸就是赵国的首都。

"赵国是秦国以东最强大的国家。北方的燕国是个弱国,不足为敌。而受秦国威胁最厉害的就是赵国。但是,秦国为什么不敢出兵进攻赵国呢?因为有韩国和魏国在赵国的后面。那么,如果让秦国削弱韩国和魏国又会怎样呢?当这两个国家支撑不住的时候,就必然向秦国臣服。没有韩国和魏国在后面,赵国就会大祸临头了。"

"那么,先生可有什么良策?"肃侯这回是真心讨教了。

"我看了一下地图。六国的地方是秦国的五倍。我又计算了一下,六国的兵力是秦国的十倍。如果六国联合起来共同对付西方的秦国,肯定能打败秦国。那些主张联合秦国的人都提出割地给秦国的意见,大王可要慎重考虑。"

肃侯说道:"我怎会愿意割地给秦国呢?那只是不得已时才能考虑的办法。"

苏秦觉得他的话确实起作用了,就接着说:"我建议大王把韩、魏、齐、楚、燕、赵六国的力量联合起来,把六国的元首和将领召集到洹水之上,立誓结盟,签订条约。如果秦国进攻楚国,齐国和魏国就派出精锐部队支援楚国,韩国断绝秦国的粮道,赵国渡过黄河和漳河,燕国坚守常山之北。如果秦国进攻韩国和魏国,楚国就断绝秦国后路,齐国派精锐部队支援赵国,仍可渡过黄河和漳河,燕国守住云中……如果六国中有人不遵守这个条约，其余五国就有权共同讨伐它。这样，六国联合起来对付一个秦国，秦国怎敢越过函谷关一步？赵王您不是就可以因为这次会盟而称霸于诸侯了吗？”

赵王确实被苏秦的方案打动了：“寡人年轻，接手管理国家的时间也很短，我还很少听到这样能够使国家得以发展的计划。既然先生有护卫天下的决心，寡人愿意以寡人的国家加入合纵！”

赵王下令拨给苏秦一百辆车、五千镒黄金、一百对白璧、一千匹锦绣，去邀请诸侯赴会。苏秦此行更加不比从前，就是与从燕国出使赵国时的气势相比，也已经大大地不同了。

这时，正是秦国商鞅变法取得重大成功的时候，虽然商鞅已经被杀害，但秦国的力量却得到了很大的发展，连偏安在洛阳的周天子也特意向秦国赠送了祭祀用的肉，以表示对秦国强大起来的祝贺。秦惠王派兵东进，夺取了魏国的雕阴等地，虎视眈眈地看着东方各国。苏秦担心秦国进攻赵国，便首先来到韩国，面见韩宣王。他同游说其他几个国家时用的方法一样，先肯定韩国的强大和优势以及韩国人民的英勇无畏，以帮助韩国确立自己的信心。接着，他说道：“韩国这样强大，大王您这样英明，如果向秦国低头，侍奉秦国，全韩国都会感到羞耻，全天下都会讥笑大王的。”苏秦观察了一下，觉得韩王似有所动，就进一步说道：“大王如果服从了秦国，秦国肯定会要求韩国拱手向秦国让出宜阳等城池。这一次大王答应他了，下次他还会有新的割地要求。如果给他，他的要求不断，给到何时是个尽头？如果哪一次不给他了，那么就会得罪于秦，以前给他割的地等于白割。大王的土地是有限的，可是秦国的要求却是无限的，这同花钱买怨恨和祸患是一样的，等于没有发生战争而给人家割让了土地。有句俗话，‘宁为鸡口，不为牛后’。鸡口再小，处处领先；牛尾巴再大，时时落后。如果大王向秦国让步了，他给您的待遇再好，也是牛后。像韩国这样强大，像大王您这样贤明，如果被人讥为牛后，您不感到耻辱吗？”

韩宣王听罢苏秦的话，涨红着脸，瞪大了眼睛，以手按剑，长叹一声说道：“寡人虽然没有什么能力，但决不会向秦国屈服！先生既然是奉赵王的指示前来邀请我国联合行动，我们韩国一定参加！”

苏秦又用类似的方法说服了魏襄王、齐宣王、楚威王。至此，六国全同意参加联合抗秦，这就是历史上有名的合纵。六国一致推举苏秦为纵约长，即主持合纵工作的首领，并任命他为本国的丞相。所谓“佩六国相印”就是指这件事。于是，苏秦成了名扬天下的大人物。苏秦完成了联合六国的使命，急着赶回赵国，向赵王禀报此行的情况。

苏秦的车队浩浩荡荡，在他们还没到达洛阳的时候，各国就派了使节准备在这里迎送，规模不亚于迎送哪一个国王。在洛阳苟延残喘的东周显王听说了，有点害怕。因为不久前他还给秦王送礼，祝贺秦国的强大。现在各国联合起来抗秦，本来也是符合他的心愿的，但他怕苏秦因为他前一段的表现而瞧不起他。于是，他就派人到洛阳城外远远地去迎接和慰问。

刚刚接待完显王这一批迎接队伍，随行人员又跑过来报告：“报苏丞相，前面有几名百姓伏地跪接，我们怎么劝也不走。他们还自称是丞相的亲属。”苏秦想，这一定是他家的人来迎接他来了。他急忙下车，向前跑去。到前面一看，打头的是他的嫂子，跪伏在地上，脸贴着地面，蹭得满脸是土，后面的是他的几位哥哥、弟弟和弟媳。因为他的嫂子不肯起来，那些人也都跪着不起来。苏秦也顾不得男女授受不亲了，伸手去拉嫂子起来。好说歹说，嫂子总算起来了，别人才跟着起来。但谁也不敢抬头看他一眼。弟媳低着头为他端来了一盘他们能够找到的最好的食物送给苏秦吃。苏秦只好强吃了几口，然后问嫂子：“嫂子为什么会这样前倨后恭？”就是问她为什么先前待他那样傲慢，现在又是这样的卑躬屈膝。嫂子一听这话，急忙又跪下，脸又伏在地上。苏秦一把拉住嫂子，说：“嫂嫂千万不要这样。”嫂子这才说出话来：“这次弟弟回来，身居高位，又很有钱。”

苏秦长叹一声，说道：“我还是我。可是，当我富贵的时候，亲属畏惧我；当我贫贱的时候，亲属们鄙视我。连自己的亲属尚且如此，何况别人呢？”他又对嫂子说：“听您弟媳说，嫂子那时希望我置点产业。如果我当时接受嫂子的意见，在家乡买两亩地，那我现在会怎样呢？”他令下人从他拉财物的车中拿出一千两金子，对哥哥说：“这些黄金就请哥哥分给亲戚们吧。"

车队继续前行。又走了不多远,苏秦忽然发现路边拥挤着的看热闹的人群中有一个人很面熟,正仰着头看他呢。他叫停了车,把那人喊过来说:"先生还认得我吗?"那人胆怯地说:"不敢认。"苏秦说:"我是不会忘记先生的。您是燕国人。当年我在燕国的时候,先生还借给过我一百个铜钱。先生这一百个铜钱使我渡过了难关。"他又让从人拿出一百两黄金,交给那人说:"这些钱是我还给先生的。请先生一定笑纳!"凡是当年在苏秦困难的时候帮助过他的人,他都给了报答。

苏秦回到赵国,被赵肃侯封为武安君。

苏秦把六国合纵的条约抄一个副本,派人送给秦国。这使秦王很恼火,但又无可奈何,除了准备聘请说客实行连横以破坏六国的合纵之外,别无他计。但这需要假以时日。所以从这以后,十五年之内,秦军没有敢越过函谷关一次。六国也就安定了十五年。

六国的联合只是他们利益的暂时一致。其实他们谁都想削弱别人,扩大自己。他们之间的矛盾才是根本的。再深一步讲,中国要实现统一,这是历史的大势。而苏秦进行的合纵工作恰恰是抗拒这一历史的潮流的。这就是苏秦的悲剧的根源。

秦国决不会甘心六国的联合,采取了一系列的措施破坏合纵。秦国派一个叫犀首的人出使魏国,以把阴晋这个地方送给魏国为诱饵,拉拢魏国。阴晋就是后来的华阴县。秦国要求魏国与他一起伐赵。魏国果然联合齐国向赵国进攻,合纵受到了严重的破坏。赵王对苏秦很不满意,几次埋怨他没有履行纵约长的职责。苏秦请求出使燕国,设法报复齐国。

秦惠王又把自己的女儿嫁给燕国的太子。不久,燕国的文侯死了,太子继位,称为燕易王。齐宣王就趁这个机会进攻燕国,攻占了十个城池。燕易王对苏秦说:"当年,先生来到燕国,是先王给你钱,给你派车,让先生到赵国去,这才成就了合纵事业。现在在纵约内部,齐国先进攻赵国,接着又进攻燕国,难道先生不怕天下的人笑您无能吗?"

苏秦很惭愧,说:"请大王派我去齐国,我为大王要回这十座城池。"苏秦到了齐国，拜见齐王。他先按礼节拜了两拜，然后俯身说道：“庆贺大王喜得城池！”没有等到齐王回话，他又抬起头来说：“臣为大王的不幸深感悲痛！”他这一贺一吊，把齐王给搞愣了。“先生先是庆贺，接着又吊唁，不知是何意？”苏秦说：“我听说，人们再饿，也不会吃乌头。”乌头是一种草药，有毒，现在叫附子。“因为吃了乌头，当时是觉得饱了，可是不一会儿，药性发作，就会把人毒死，这同饿死又有什么两样？现在，燕国虽然弱小，燕王却是秦王的女婿。大王为了贪图十座城池这一小利，却与强大的秦国结下仇怨。大王吃下这十座城池，无异于吃了乌头。”

齐王的脸色立刻就变了：“那我该怎么办？”

“把这十座城池还给燕国。燕国没有费力气就收回了十座城池，当然会非常高兴。秦国知道是因为自己的缘故让燕国得到十座城池，也一定大喜过望。这样，大王丢掉的是仇恨，得到的却是友好的邦交。燕国和秦国都会听从大王的话。秦国要是能听大王的，那么天下还有谁敢不服从大王您呢？大王是用十座城池，换得称霸天下的结果。”

齐王听了这番话，点头称是，便归还了燕国的十座城池。

在燕国，有人听说苏秦说了这么几句话，就为燕国要回了十座城，很是忌妒，就在易王面前说苏秦的坏话：“苏秦这个人，当着这位国王这样说，当着那位国王又那样说。反复无常，靠出卖国家取利取胜。这种人很可能会反叛作乱。”燕王听信了这些话，在苏秦回到燕国之后，燕王就不再任命他官职了。

苏秦求见燕王，说：“当年，我只是周国的一个平常百姓，对于燕国没有丝毫的功劳，先王却对我十分礼敬。这一次，臣为大王说退了齐兵，要回了十城，应该对我更亲才是，大王反而免去了我的官职。我想，一定是有人在背地里诋毁我。”燕王支支吾吾，说不出什么。

“我听说了，有人攻击我不讲信用。可是，我的不守信用不正是为了大王您吗？我把老母安排在家里，不正是为了能够在外为大王奔波吗？假如有一个人像曾参那样孝顺，一个像伯夷那样廉洁，一个像尾生那样守信用，大王觉得如何？”

燕易王说:“寡人若能得到这样三个人,也就足够了。”

“那好,”苏秦说,“假如我像曾参那样孝顺。曾参为了孝顺母亲,不肯在外留宿一夜,他能够为大王奔波于六国之间,实现合纵的目的吗?假如我像伯夷那样廉洁。伯夷宁可饿死,也不肯当周国的臣民。我是周国的人,我能出来为大王去搞合纵吗?假如我像尾生那样守信用。尾生因为与女友在桥下约会,河水暴涨的时候也不肯离去,以致淹死在桥下。如果我像属生那样僵硬,我怎样说服齐王退兵、退回十城呢?臣明白,臣正是因为忠信才获罪的。”

燕易王说:“先生是不忠信的。哪里有因为忠信反而获罪的呢?”

“有一个人在外地做官。他的妻子在家里与人私通。当那人快回来的时候,与他的妻子私通的男人说:‘我们怕是不能长久了吧?’那妻子却说:‘没有关系,我已经做好了毒酒来迎接他。’那人回来了,妻子就让他的妾端毒酒给他喝。妾如果把酒给男人喝,就会毒死自己的丈夫;不给他喝,就会暴露妻的阴谋。妾假装昏倒,洒泼了酒,结果被丈夫打了五十鞭子。妾洒了酒,既保全了丈夫,又保全了妻子,自己却挨了五十鞭,难道这能说明忠信无罪吗?很不幸,我就很像那个妾。”

苏秦的这段话果然打动了易王,又把官职还给了苏秦。

苏秦在燕国受到一些人的攻击,做不了什么事情。易王的母亲还很年轻,刚刚守寡,有点守不住。用我们今天的话来说,就是爱上了苏秦,两人有了关系。这事让易王知道了。易王不但没有怪罪自己的母亲和苏秦,反而待苏秦更好了。但苏秦还是觉得这种事难免杀身之祸,就对易王说:“我这样在燕国闲待,对燕国也没有什么用处。如果我到齐国,却能在齐国帮助大王做些事情。”燕易王同意了。

就这样,苏秦假装在燕国得罪了易王,逃到齐国。齐宣王把他当作客卿来对待。

不久,宣王死了,继位的是湣王。苏秦建议湣王厚葬宣王,以表明孝心。还要扩建宫室,以表明大王一切顺利。苏秦的本意是想通过厚葬和扩建宫室消耗齐国的力量,从而有利于燕国。但这时,年纪不大的燕易王也去世了，燕哙被立为王。他对苏秦的工作并不介意。苏秦也无法考虑回到燕国去了。

苏秦留在齐国，又使齐国的一些大臣担心会在齐湣王面前与他们争宠，便买通一个刺客，刺杀苏秦。苏秦受了重伤，凶手却逃脱了。

回忆的波涛还在苏秦的脑海中翻腾，但浪尖已经越来越低。渐渐地，渐渐地，变得风平浪静。苏秦也最后地闭上了眼睛。

苏秦死后，齐湣王果然按苏秦的意思，在闹市上将他的尸体车裂，并且当众宣布，苏秦是燕国的奸细，死有余辜。杀害苏秦的凶手找到官府说，是他杀了燕国的奸细，要求给予奖励。齐王下令处死了这个杀害苏秦的凶手。这个消息使燕国的人人心大快，认为这是给苏秦报了仇。这一来，又暴露了苏秦与燕国的关系。因而齐国颇有些怨恨燕国和苏秦。

后来，苏秦的两个弟弟苏代和苏厉继承哥哥的事业，继续进行合纵的工作，也取得了一定的成功，在诸侯中享有很高的声誉。但由于中国统一的大势是不可阻挡的，秦国还是在苏代、苏厉死后，一个个地灭亡了六国，实现了中国的统一。

# 位极人臣　终被放逐

## ——吕不韦

常言说，“三句话不离本行”。吕不韦一说话就爱谈做买卖。他今天有点喜不自胜，没话找话地问自己的父亲：“父亲，你说农夫种地能有几倍的利益？”他父亲有点莫名其妙，说：“多则十倍。”“那么，贩卖珠宝玉器呢？”“大约能有百倍的利润吧。”“如果拥立国王，安定国家，能有几倍的利益呢？”“哎呀，那得有无数倍的利益呀！”

吕不韦是濮(pú)阳的商人。那时的濮阳离现在的河南省濮阳县不远。他向父亲提出这样的问题，可不是无的放矢。他是赵国数一数二的大商人，做买卖发了大财，家资累万。但中国古代轻商，商人钱再多也没有什么政治地位，受人蔑视。吕不韦不甘心，总想找机会改变这种地位。现在生意做大了，他就把家迁到赵国的首都邯郸。最近，他在一个朋友家里见到一个名叫异人的人，使他兴奋不已。回家后，就向父亲提出了这个问题。他说：“父亲你看，当一个农夫得成年累月地劳作，吃苦受累，还得忍饥挨饿。可是，如果能够立国定君，它的恩泽几辈子也用不完哪！我认识了一个人，那真是奇货可居！我现在就要去办一件这样的大事。”

那么，异人到底是什么人？他为什么能使吕不韦这样兴奋？他要办什么大事呢？

异人是秦国太子安国君二十几个儿子当中的一个。安国君有多个妻妾。其中最受宠的一个被立为正夫人，号为华阳夫人。但华阳夫人没有生儿子。异人在二十几个兄弟当中排在中间，不引人注意。他的生母夏夫人又不受宠爱，所以他也就不受人重视。在安国君这些儿子当中，要排列继承顺序的话，异人不是最后一个，也差不了多少了。秦国为了向赵国表示友好、坚守信义，要派一个人到赵国去当人质。好事轮不到异人头上，这个差使他却逃脱不了。于是，异人就成了秦国的人质，住在赵国的邯郸。秦国向赵国派人质，并不是真想遵守信义，不过是一种姿态。有机会的时候，秦国还是不断地进攻赵国，杀人略地。你想，在这种情况下，异人在赵国能有好日子过吗？

就在异人无计可施、闷闷不乐的时候，吕不韦找到了他。吕不韦虽然政治上没有地位，但他的富有毕竟还是很有名的。在吕不韦作过自我介绍之后，异人也就知道他是谁了，只是不知道他来此的目的。他不大客气地说："先生有何贵干？"

吕不韦知道，像异人这种人，尽管穷愁潦倒，却是死要面子。在一个没有社会地位的商人面前，摆点架子是很自然的。所以，吕不韦对他的傲慢也没有在意。吕不韦神秘地眨了眨眼睛，看着他的屋门说："公子，我能让您的门变得高大！"

"还是先让先生您自己的门高大起来，我再借先生的光，让门高大起来吧。"异人对吕不韦的话题一点兴趣也没有。

"不，公子现在还没有明白过来。必须先让您的门高大起来，我的门才能高大。"

异人从吕不韦的神情当中看出，他确实有什么重要的事情要谈，并且他也预感到，这事对他自己也一定是有好处的。于是，他让仆人递给吕不韦一块荐席，说："先生请坐。"然后使了个眼色，让仆人退下。

"公子有个异母的哥哥，叫子傒(xī)，是吧？他的母亲在内宫颇受宠爱，他很可能被立为安国君的太子，从而今后继承整个国家。可是公子您呢？您的母亲不受宠爱，您自己又托身在一个态度难卜的异国。公子不但没有力量与其他二十几位公子争立太子，而且一旦秦、赵双方背弃了以前的协约，公子的生死存亡就很难预料了。"吕不韦有意地收住了话头。屋子里很长时间无声无息。

虽然这是异人心里早已想到的事，但从吕不韦的口中说出来，他还是觉得有点毛骨悚然。他急不可耐地问道："先生可有良策？"

吕不韦知道自己卖的关子起了作用，有意沉默了一会儿，然后慢慢说道:“请公子按照我的计策办事,我就能够让您回到秦国,得到秦国。我知道公子没有多少钱,没有办法给必要的人送礼。我吕不韦虽然也穷,但我愿意拿出千两黄金,并为您到秦国去游说。争取说服安国君和华阳夫人,让华阳夫人立公子为嫡子。”嫡子就是直系的、正夫人生的儿子。吕不韦的意思用我们今天的话来说,就是要让华阳夫人把异人过继过来,算作她的亲生儿子。

异人听了这话,真是感激不尽。他忘记了吕不韦是一个没有政治地位的商人,而他却是一个地位显赫的秦国公子,立即给吕不韦跪下叩头,然后说:“如果先生的计划得以实现,我愿意把秦国分一半给先生,与先生共享秦国!”

当天,吕不韦就派人给异人送来五百两黄金,作为他结交宾客的费用和日常的花销。同时,他自己又拿出五百两黄金,购买各种珍宝奇物,亲自西去秦国。他先给华阳夫人的弟弟阳泉君送上一些贵重的礼品,然后求见阳泉君。经过自我介绍之后,吕不韦单刀直入,劈头就说:“阳泉先生,您是华阳夫人的亲弟弟,可是您在华阳夫人的面前应有死罪,不知您自己知道不?”这一句话就把阳泉君给说愣了:“在下确实不知,还望先生指点一二。”

“先生的罪过就在于没有长远之计。现在,您是享尽了荣华富贵。您门下的人都是高官厚禄,可是子傒的门下却很少有人做大官。您的仓库装满了珍珠宝玉,您的马厩里养的都是些高头大马,您的后房中到处都是美女。可是,您是否考虑过,昭王年事已高。一旦老人家有什么不测,由子傒当太子,以后又进一步登王位,那么先生您岂不是危如累卵吗?有一种蘑菇叫‘朝生’,您知道吗?它早晨生出来,活不到晚上。您的寿命恐怕不会比‘朝生’长多少吧!”听了这番话,阳泉君大汗淋漓,几乎吓得发抖。吕不韦见他的分析击中了阳泉君的要害,接着说道:“我有一条计策可以让您永远富贵,您的安全像泰山一样稳固,绝无危亡之患。”

“请讲!”几乎没等吕不韦把话说完,阳泉君就催促他说出自己的计策。

“昭王年事已高,安国君继位已不是很久远的事情了。一旦出现这种情况，假如子傒被立为太子，华阳夫人的门前恐怕就会长满蓬蒿。现在，有几个人不是趋炎附势的呢？如果发生这样的事情，难道不是您阳泉君的罪过吗？”

“罪过，罪过！”阳泉君心服口服，“请问先生，我该如何去做？”

“异人是一位贤才，他结交的朋友、宾客各国都有，却被秦国丢弃在赵国。在国内，在宫中，又没有一位受宠爱的母亲替他说话。他思念华阳夫人，经常为此流泪。现在，他每天都站在家门前望着西方，希望能够回到秦国来。常言说，靠姿色取悦于人的，颜色衰老，宠爱也就结束了。现在安国君对华阳夫人是很好，可是华阳夫人没有儿子。如果华阳夫人现在把异人请回来，立为自己的儿子，那么对于异人来说，等于是本来得不到国家却得到了；对于华阳夫人来说，本来没有儿子却有了儿子。这样一来，安国君在，华阳夫人受到尊重。一旦安国君不在世了，她立的儿子就可以为王，她也就不会失去势力了。树木不在自己繁华的时候把树干长起来，就会渐渐地消失在树林里。夫人一旦色衰爱弛，想说一句话恐怕也不好使了。刚才我交给您的礼物，那是异人送给您的。另外一些，还请您转交给华阳夫人。”说着，吕不韦又让仆人抬上来一些礼物。

阳泉君把礼物转交给华阳夫人，并说：“这是异人从赵国给姐姐带回来的礼物，请姐姐收下。”

华阳夫人大吃一惊：“怎么，异人还能惦着我？”

“岂止是惦着，他每天想姐姐想得直流泪。”阳泉君把吕不韦的话又添油加醋地对华阳夫人说了一遍。华阳夫人说：“这个主意太好了！”

这一天，华阳夫人见安国君回来，就落下泪来。安国君忙问：“夫人，可是我慢待了你？”华阳夫人说：“太子对我的厚爱，我怎能不知？不幸的是，我至今也没有生儿子，等我老了怎么办？”安国君最心疼华阳夫人，见华阳夫人流泪，心里就受不了。他说：“夫人的意思是？”“我听说异人这孩子非常好，从赵国回来的人都夸他。我想把他立为我的嫡子，不知太子是否能答应？”华阳夫人想做的事，安国君岂有不答应的？他还把自己同意华阳夫人立异人为嫡子的话刻在玉符上，交给华阳夫人作为凭证。于是，华阳夫人就立即派人到赵国去接异人回国。

因为异人是秦国的人质，赵王不同意放异人回秦国。吕不韦又求见赵王，对他说："秦国太子安国君的华阳夫人打算立异人为嫡子。听说大王不想放他回国，我以为，大王留下异人，对赵国并没有好处。假如秦国想灭亡赵国，不会因为赵国有他这样一个人就放弃计划，大王留下一个人质也不会起作用。况且，秦昭王年事已高，一旦去世，大王您手里有一个异人，就能保证保持与秦国的关系吗？大王如果放异人回国，并且送他厚礼，表示赵国不背叛秦国，保存了两国的友好关系，将来对赵国一定会有好处的。"赵王觉得吕不韦讲得有道理，就送厚礼给异人，派人护送他回国。

吕不韦当然要陪着异人回国。在回国的路上，吕不韦把他最近通过调查掌握的有关华阳夫人的情况详细地讲给异人，教给他讨好华阳夫人的方法。异人见吕不韦前一段的活动有了这样明显的效果，便对吕不韦的话深信不疑，言听计从。

华阳夫人听说异人就要回来了，也很高兴，让仆人把给异人准备的房舍打扫得干干净净。当异人真的出现在她的面前的时候，她却大吃一惊：异人竟然穿着一身楚国的服装。这使华阳夫人喜出望外。原来，华阳夫人是楚国人。她见异人穿着楚服，备感亲切。当异人跪在安国君面前拜过父亲后，又跪在她的面前行母子之礼，并甜丝丝地叫一声"母亲大人"的时候，华阳夫人如醉如痴。她一把扶起异人，说道："我的儿，为娘想死你了。看我儿这身楚国的打扮，真漂亮！我的儿，你今后就叫子楚吧。""子"是那时对男子的美称，实际上是等于把异人叫作楚。异人立即跪下再拜："谢母亲大人赐名！"从此，异人就改名叫子楚。安国君说："子楚，你这几年身在赵国，不知是否还每天诵读诗书？你给我背诵一段诗，怎么样？"子楚羞愧地说："儿前几年花用窘迫，赵国又看管得严，没有师傅教诲，所以不大会背诵诗书。"安国君说："这也怪不得我儿。今后，就请吕不韦当你的老师吧。"子楚和吕不韦当然很高兴，于是子楚当场拜吕不韦为师。几天后，华阳夫人举行了一个隆重的仪式，正式立子楚为自己的嫡子，还赏赐给子楚大量的钱财。

子楚对安国君说："父亲当年也曾在赵国做人质，所以赵国的贵族当中，有很多人都认得父亲。您回国以后，他们都盼望着能与您保持交情，但父亲您从未派人去问候他们，因此他们一定对我国存有戒心。在这种情况下，我觉得我还是回到赵国为好。"

安国君觉得子楚很有见地，后悔自己过去为什么没有发现自己还有这样一个好儿子，他对子楚的好感也就与日俱增。他同意了子楚重新回到赵国的意见。子楚回到赵国后，受到赵国的欢迎。特别是他受到安国君的信任，现在又有了钱，已不再是以前在赵国时的那副寒酸样子，因此赵国的贵族们，甚至包括其他国家的人，对子楚都另眼相看了。

吕不韦的第一步计划可以说是顺利地实现了，他又在精心地安排下一步计划。

吕不韦是个商人，那些舞榭歌台是他经常出没的地方，那些歌姬舞女他也是比较熟悉的。有一个姓赵的舞女，不但能歌善舞，而且相貌出众。吕不韦把这个姓赵的舞姬买下来，与她同居。过了一段时间，吕不韦估计赵姬有了身孕。有一天，子楚到吕不韦家喝酒。喝到高兴的时候，吕不韦令道："让赵姬出来，给公子献舞。"那赵姬用长袖掩面，像一阵轻风一样从后屋飘了出来。子楚一见她走路时那娉娉婷婷的身姿，就已经飘飘欲仙了，待那赵姬舞将起来、唱将起来的时候，那子楚已是六神无主了。在赵姬献舞的整个过程中，子楚几乎没有眨一下眼睛。

饮宴直到深夜。子楚起身告辞的时候，借着几分酒劲，小声说道："老师，能不能……让我把赵姬带回去，让她陪我几天……"

"什么？"吕不韦怒目圆睁，用手指头指着子楚，"你，你……"子楚见自己第一次把老师给激怒了，也不知如何是好。这时，只见吕不韦低下头，放下手，自言自语地说："哎，谁让我一心为了公子，几乎要倾家荡产呢！"他又抬起头，对子楚说："公子，既然您这样喜欢她，我就把她送给公子吧。公子可要知道，在我的这些妻妾当中，赵姬可是我最得意的一个。公子把她带回去，可一定要好好地对待她呀！"

就这样，子楚高高兴兴地把赵姬带回自己的家中，每天饮宴歌舞，形影不离。赵姬初来时,并没有说自己已经有了身孕。三个月后,她对子楚说:“公子,我为你怀了孩子。”子楚别提有多高兴了。十二个月以后,赵姬生下一个男孩,取名为政。因为秦王姓嬴,这孩子就叫作嬴政。他就是后来的秦始皇。

因为《史记》上明明白白地记载着吕不韦是知道赵姬怀孕以后才把她送给子楚的,所以很多人都认为秦始皇是吕不韦的儿子。司马迁写《史记》的时候,似乎也在暗示这一点。但笔者对这一点却不能不有所怀疑。以那个时代的科学技术水平,吕不韦要知道赵姬怀孕,少说也要在她怀孕一两个月之后吧。赵姬是在被送给子楚十二个月以后生的嬴政。所以,这时赵姬“怀孕”少说也得有十三四个月了。大家都知道“十月怀胎”的事实。早产的现象是有的,晚产几天的事也发生过,但晚产三四个月,似乎不大可能。所以,笔者认为,秦始皇不大可能是吕不韦的孩子。

秦昭王五十年,也就是公元前257年,秦昭王不顾自己的孙子在赵国当人质,派兵进攻赵国,包围邯郸,赵国非常危急。赵王十分气愤,要杀子楚。子楚急忙找吕不韦讨主意。吕不韦拿出六百两黄金,送给看守他们的赵国士兵,他们才逃出来,一直逃回秦国。赵兵又要杀子楚的妻子和儿子。因为赵姬在邯郸的大户人家当过舞女,便带着孩子藏在那大户人家中,才幸免于难。以后,赵姬就带着年幼的嬴政在赵国躲了几年。

秦昭王五十六年(公元前251年)秦昭王死了,太子安国君继位为王,后世称为秦孝文王。孝文王刚继位,就立了华阳夫人为王后,子楚为太子。赵国见子楚成了太子,就派人找到赵姬和她的儿子嬴政,并把她们母子二人护送回秦国。孝文王在位上只活了一年,第二年,孝文王元年(公元前250年),孝文王就死了,太子子楚继位为王,后世称为庄襄王。庄襄王的养母华阳夫人被尊为华阳太后。他的生母夏姬被封为夏太后。吕不韦被任命为丞相,还被封为文信侯。他的封地在洛阳附近,有十万户。

又过了三年,庄襄王三年(公元前247年),庄襄王也死了。年仅十三岁的嬴政继位为王。吕不韦被任命为相国,号称仲父,含义类似于后世所说的义父。他除了没有国王的名号之外,拥有至高无上的权力。秦国的权柄实际上是操在他的手中。当年的赵姬被尊为王太后。赵姬这时虽然成了太后，但年纪刚刚三十出头。尽管她有享受不尽的荣华富贵，可毕竟是年纪轻轻的就守了寡，有点受不了这种冷清。正好吕不韦出入后宫很方便，他们两个过去又有过同居的关系，现在就时不时地私通起来。

吕不韦通过实施自己的计划控制了秦国的大权，真可以说是位极人臣。他又通过政治上的得势，在经济上也发了大财。他拥有十二个县的封地，仅家奴就有上万人。

也许吕不韦自己也认为嬴政是他的儿子，所以看不出他有夺取嬴政权力的迹象。并且，他为秦国统一天下做了很多事情。还在庄襄王刚刚继位不久的时候，东周的国君策划与其他诸侯联合起来对付秦国。庄襄王派吕不韦去镇压。吕不韦率兵消灭了东周，把东周并入秦国的版图，使早已名存实亡的“周天子”在形式上也不复存在了。

吕不韦一心一意要为秦国扩大疆土，为秦国统一天下打下坚实的基础，并实现统一天下的目标。秦国在商鞅的时代进行变法，至今已经一百多年了。它已经从一个在七强中处于落后地位的国家，变成了一个可以与六国相抗衡的、有一定经济和军事实力的国家，在一定程度上还超过了六国。但在秦孝公和庄襄王的时代，“战国七雄”谁能统一全中国，形势还不是很明朗。吕不韦决心利用自己掌握秦国大权的时机，让秦国进一步强大起来，统一全中国。因此，他在致力于发展秦国的经济、军事实力的同时，还不断地蚕食邻国，扩大秦国的版图。

就说向东北方向的发展吧。这几年秦国已经夺取了属于赵国的榆次地区，在这里设立了太原郡。它还想进一步向东挺进，把整个的黄河以西都吃掉。为了夺取赵国的土地就要孤立赵国，吕不韦决定同在赵国东北边的燕国发展关系，对赵国形成包围的形势。于是，他派刚成君蔡泽出使燕国。蔡泽在燕国进行了三年的工作，燕国终于把太子丹派到秦国当人质，表示愿意发展两国的友好关系。为了控制燕国，吕不韦想派一个人去燕国，帮助燕国同秦国一齐攻赵。派谁去呢？他想到了张唐，便去找他，请他相燕。张唐却说：“当年，昭王曾经派我伐赵，因此跟赵国结下了仇。赵国悬赏，抓着我的，赏给一百里的土地。我如果去燕国，必须经过赵国，因此有所不便。”张唐拒绝了吕不韦的派遣。

吕不韦从张唐那里回来，郁郁不乐。在给吕不韦管理家务的人中，有一个小孩叫甘罗，只有十二岁，是前代右丞相甘茂的孙子。甘罗看吕不韦长吁短叹的，就问：“相国大人为什么事这样不高兴？”吕不韦说：“我让张唐相燕，他却不肯去。”甘罗对这件事略有所知，便说：“我去说服张唐。”吕不韦斜了他一眼，说：“我去说都不行，你一个乳臭未干的毛孩子，怎么能说这个大话？”甘罗却说：“大人，您不知道项橐七岁的时候就难倒了孔子，成了孔子的老师吗？我已经十二岁了，大人让我试试嘛！为什么没让我试试就说我不行呢？”吕不韦无可奈何地应付道：“那你就去试试吧。”

甘罗见到张唐，第一句话就问道：“先生的功劳有没有武安君的功劳大？”武安君是秦将白起的封号。白起在昭王的时代，是一位著名的大将，后来被丞相范雎陷害而死。张唐说：“武安君攻无不克，战无不胜。他攻占的城池不计其数。我可没法跟他比。”甘罗问：“大人确实觉得自己不如武安君吗？”“确实。”甘罗又问：“应侯在秦国受到了信任，但有没有比文信侯更受信任呢？”应侯就是范雎，原是魏国人，后来受到陷害逃到秦国，取得秦昭王的信任。张唐说：“应侯受到的信任怎能比得了文信侯！”“大人确实认为文信侯更受信任吗？”“确实。”

“当年，应侯派武安君伐赵，武安君表示为难。他很快就在离咸阳七里地的地方被绞死了。现在，文信侯派大人去伐燕，大人也推脱不去，我真不知道大人会死在什么地方。”甘罗说完就闭上眼睛，看也不看张唐。

张唐听了这话，突然站起来，叫来仆人：“快给我准备车马、路费。”他转过身对甘罗说：“我就是因为你这个孩子的话才去的！”

张唐出行的日期确定后，甘罗又找到吕不韦，说：“请相国借给我五辆车，我要先到赵国去替张唐疏通一下。”吕不韦觉得甘罗说话的口气很大。可是，有了说服张唐的先例，吕不韦也确实不敢轻视这个毛孩子了，便果真借给甘罗五辆车。

虽然甘罗还是个孩子，但他毕竟是名臣之后，所以赵王听说甘罗到赵国来当使节，便到城外去迎接他。甘罗见了赵王，拜过之后，甘罗问："大王有没有听说燕国派太子丹到秦国为质？""听说了。""有没有听说秦国派张唐去相燕？""听说了。"

"这两件事表明，秦、燕两国互相表示忠诚。这两国互不相欺，就会联合起来进攻赵国。所以，大王现在的处境很危险。其实，秦国的目的很简单，就是要得到土地以扩大河间这一带地方。如果您能送给我五座那儿的城池，我就能劝说秦国退回燕国太子，并且联合赵国去攻伐燕国。"赵王为了赵国自身的利益，立即答应割给秦国五座城池，使秦国扩大了河间地区的范围。秦国果然送回了燕国太子。赵国派兵攻占了燕国上谷一带的三十六座城池，并把其中的十一座拱手送给了秦国。

吕不韦觉得，甘罗虽然是个年仅十二岁的孩子，但却办成了一件大事，不费一兵一卒就使秦国得到了赵国和燕国的大片土地，是一个很了不起的人才，便任命甘罗为上卿。

战国时代，一些贵族有养"士"的风气。"士"是一些有一定知识或技能的人，多数是读书人，寄居在贵族家中，为人家干些事情，有时就是白吃饭，所以这些人又被称为"食客"。吕不韦既然已经封侯，他就不仅在财产上富甲天下，而且在政治上也确确实实地进入了贵族的行列。他也养了很多的士，他的士各种类型的都有。

那也是一个百家争鸣的时代，各家各派纷纷著书立说，阐明自己的政治观点。吕不韦经过十几年的奋斗，觉得统一天下只是时间的问题了。可是，统一之后如何保持住政权却是个大问题。他对自己的食客们说："取得统一全国的胜利已经不是很难了；而要保持这个胜利，却不是很容易的事情。"他必须考虑使统一全国后的秦国长治久安的策略，必须把自己在秦国实行的政策形成理论，以便更好地治理统一后的大帝国。他召集他的食客当中那些善于写作的人，按照他的规划和意见写成一本书。这部书分八览、六论、十二纪，共二十多万字。吕不韦在成书之后，经过反复修改，重新抄写，编辑成册。此后，他又把全部书简张挂在咸阳城门外，并宣布，谁能对这本书改动一个字，就奖励一千两黄金。结果，没有一个人能领取这笔奖金，因为它确实是没有废话，“一字不易”的。这部书被称为《吕氏春秋》。

有人说，《吕氏春秋》的观点比较杂。其实，这正说明这部书融合了各家之言，取长补短。这本书本身就说：“物固莫不有长，莫不有短。”任何事物都各有自己的长处，也都有自己的短处。应该“假人之长以补其短”，就是以人之长补己之短的意思。它还说：“天下无粹白之狐，而有粹白之裘，取之众白也。”世界上并没有纯白的狐狸，却有纯白的狐皮大衣，因为可以把众多狐狸身上的白色皮毛集中起来。治理国家也要兼采各家之长。比如在生产的问题上，《吕氏春秋》就一反过去重农轻商的主张，认为各业都应该发展，“农攻粟，工攻器，贾攻货”，就是农民种植粮食，工人制造工具，商人贩卖货物。《吕氏春秋》一直流传到现在，是我们研究战国时代经济、政治、文化、历史等等各个方面的重要古籍。

这时的吕不韦是秦国实际上的君主，一切都由他说了算。秦王嬴政的母亲也同吕不韦自己的妻子差不多。但他又觉得这个赵太后有点过于淫荡，以后他同赵太后的关系万一暴露了，对自己会很不利的。吕不韦的食客中，有个人叫嫪毐(lào'ǎi)，长得很漂亮，也很会来事。嫪毐有一辆车，是用桐木做的车轮，走起来发出一种很奇特的声音。有一天，吕不韦与嫪毐同乘这辆车从赵太后门前经过。赵太后觉得声音有点怪，就出门来看。见是吕不韦与一个漂亮男子同乘一辆车，那男子十分引人注意，就请两位到自己宫中做客。说话间，吕不韦见赵太后向嫪毐频送秋波，就推说自己有事，先退一步。赵太后自然很是乐意。

一个时辰后，有人向吕布韦报告，在后宫抓到一个陌生人。吕不韦心里明白，这人一定是嫪毐，便下令说：“这人竟敢擅自潜入后宫，这还了得！快把行刑官给我叫来。”行刑官来后，吕不韦厉声对他说道：“方才捉到一个擅自潜入后宫的人，请你立即给他施以腐刑！”腐刑是一种割掉男子生殖器的残酷刑罚。那行刑官见吕不韦冲他直眨眼，明白他还有话要说，就在众人退下之后，低声问道：“相国还有什么吩咐？”吕不韦也低声说：“刀下留情。”

行刑官懂得了吕不韦的用意，在行刑的时候，只在嫪毐的大腿根割了两刀，弄得嫪毐鲜血淋漓，人们还以为他真的动了刑。吕不韦再次来到太后宫中的时候，没等进门，太后就厉声喝道："滚回去！"吕不韦没管那套。进屋后，仆人们很知趣，都自动地退了下去。吕不韦低声说："太后息怒！""你们男人也这样爱吃醋？""太后放心。嫪毐只是受了点皮肉之苦，并没有真的受到腐刑。我是为太后的长远考虑，只能如此。"赵太后听了这话，方才转怒为喜。吕不韦笑嘻嘻地凑过去说："没有我，太后哪里会有今天？"

伤好后，嫪毐特意拔掉胡子，说话也假做细嗓，人们都以为他真的受了腐刑。吕不韦对他说："你不是爱往后宫里溜吗？我成全你，就让你在太后宫中当一名宦官吧。"从那以后，赵太后整天地同嫪毐在一起淫乐。赵太后经常赏赐嫪毐财物。他很快就发了大财，有家奴几千人。后来，赵太后有了身孕，怕被人看出来，她就贿赂一个巫师，授意给她卜一课，也就是算一卦。那巫师说："太后近日应该躲一躲灾星，否则会有灾难降临。"于是太后就搬出咸阳，住到雍城的大郑宫去了。她在那里同嫪毐生了两个孩子。他们两个在一起，一直混到秦王政九年。这时的嫪毐有点忘乎所以了。有一次，他同人家喝酒，争吵起来。他说："你们以为我是谁呀？我是大王的继父！"当时就有人跑到秦王那里告密。秦王政立即下令逮捕了嫪毐。嫪毐是个假宦官，一检查就露馅了，又经不住拷打，很快就招供了实情，并且也供出了吕不韦在这件事中起的作用。

秦王政已经长大了，这年已经二十多岁。他对自己身后有一个"仲父"指手画脚，使自己不能行使一个国王应该拥有的全部权力已越来越反感。嫪毐案件的败露，给了秦王政一个极好的机会。这年的9月，秦王下令夷嫪毐三族，就是把嫪毐及其父族、母族、妻族所有的人全部杀掉，还杀了赵太后同他生的两个孩子。连嫪毐家的食客、奴仆也都给流放到蜀，就是现在的四川。还把太后从大郑宫送到雍城的咸阳宫软禁起来。

对于吕不韦，秦王本想也一起杀掉，但转念一想，他毕竟帮助父亲庄襄王取得了王位。那些宾客、官僚、辩士等等也不断替他求情。于是，秦王仅仅免去了他相国的头衔，命令他"就国"，就是回到自己在河南的封地去。不久,秦王又把自己的母亲赵太后从雍城迎回咸阳。

一年后,各国的使者、宾客还是不断地来给吕不韦说情,有的还请他到别的国家去做官。秦王政担心时间长了会有变化,就给吕不韦写了封信,说:“先生对秦国究竟有多大的功劳,给先生封了河南的十万户做汤沐邑?先生与秦国有什么亲属关系,竟称为仲父?我现在命令你带着全家搬到蜀地去。”

吕不韦怎敢不搬?在流放的路上,吕不韦越想越觉得自己没有活路。秦王现在不杀他,以后也会杀他。于是,吕不韦便喝毒酒自杀了。

# 秦宫厮杀　玉石俱焚

## ——李斯　赵高　蒙恬　蒙毅

宽阔的驰道，西指咸阳。驰道上飞奔着一列车队。这是秦始皇的车队。往常，皇帝的车队从这里经过时，总是不紧不慢，斯斯文文。今天可不同，车速出奇地快。难道温凉车中的皇帝就不怕颠簸吗？是的，往日那样威武的始皇帝今天确实已经不怕颠簸了。几天前，秦始皇在巡行途中得了病。昨天，当车队路过沙丘（在今河北省广宗县）的时候，他就驾崩，死了。不过，知道皇帝已死的人很少，只有丞相李斯、中常侍兼行符玺令（就是负责掌管皇帝印鉴的官）赵高、秦始皇的小儿子胡亥和几个皇帝的贴身宦官知道。

"谁把这个消息走漏出去，立即正法！"李斯恶狠狠地说道。为了防止因皇帝驾崩在外地而产生的不测，李斯作出了这个决定。停车时，如果谁要向皇帝奏事，就同以前一样，奏事的人跪在车前，隔着温凉车的帷帐奏报，由皇帝在车内作答。现在不同的是，由一位宦官代为"传达"。因为皇帝病了，这是大家都知道的。

车队经过邯郸的时候，李斯又对一个宦官吩咐道："皇上想吃鲍鱼。你到城里去多买些鲍鱼来，放在皇上的车中。"这里说的鲍鱼其实指的是咸鱼。

在车队等候买鱼的时候，中常侍赵高把李斯拉到道边，小声问："丞相，你买鲍鱼做什么？又腥又臭。"李斯也小声说道："现在天这么热，死人很快会发臭的。"

"丞相果然很有心计。"赵高又向前凑了凑，"丞相，皇上驾崩之前曾留下一封遗诏。"

"在哪里？"李斯一惊。皇帝有了遗诏，很多事情就好办了。

“现在胡亥手中。”

“遗诏怎么说？”

“让公子扶苏把军队交给蒙恬，速回咸阳参加葬礼。”公子扶苏是秦始皇二十多个儿子当中的长子。原本早就应该被立为太子，但因为他几次提出与秦始皇不同的意见，被秦始皇派到北部边境监督蒙恬与匈奴作战去了。“这封遗诏是皇上让我代笔写成的。招他回来的目的，显然是要立他为太子，继承帝位。不过，究竟立谁为太子，恐怕就要由你我说了算了。”

“不要讲了！这是亡国之言，不是臣子所应议论的问题。”李斯颇有些生气。

“丞相，我请您想一想，论能力，您有没有蒙恬强？论功劳，有没有蒙恬大？论谋略，有没有蒙恬深远？论各方面的关系，有没有蒙恬好？论信誉，有没有蒙恬高？”

赵高的这“五论”，像五个巴掌猛击在李斯的额头上。他想了半天，反问赵高道：“先生是指责我在这五方面不如蒙恬吗？”

“丞相，我虽然是个地位低下的宦官，但因为我的文章写得好，也在皇上身边管事二十多年了。至今我还没有听说有哪位丞相、君侯受封以后能保持两代以上的，相反，很多人因为各种原因被诛身亡。”李斯没有说什么，但鼻子尖却渗出了汗珠。赵高知道自己的话起作用了，就把话题一转：“丞相对皇上的这些孩子应该有所了解。公子扶苏是一个刚强、坚毅、勇敢、诚恳待人的人。如果他即了位，肯定要用蒙恬为相，而您决不会在丞相的位置上干到底，这是很明显的。我受皇上的指示，当胡亥的老师也有好几年的时间了。这孩子仁慈宽厚，不贪财，爱交朋友，口齿虽然不太灵活，但很有心计，有礼貌，尊重人。在他的二十几个兄弟中，还没有谁能比得了他。我们应该立他为帝才是。”赵高说话的时候，不但把声音压得很低，而且眼珠子贼溜溜地扫视着四周，看是否有人走近他们。其实，赵高自己心里清楚胡亥的为人，但为了实现他的计策，他不得不美化胡亥。

“我李斯是奉皇上的指示和上天的命令办事的，为什么要这样干？”

“安，可以转化为危；危，也可以转化为安。当您的安危如何还不知道的时候，何谈今后的富贵？”

“我李斯被先帝从一个普通百姓擢用为丞相，还封为通侯，连子孙都有很高的地位，享有丰厚的俸禄。先帝把国家存亡的重任放到我的身上，我怎能辜负他？忠臣是不怕死的，我们必须忠于我们各自的职守。请先生不要再说这种让我犯罪的话了。”

“圣人办事情没有一定之规，要随机应变。现在天下的安危就决定在胡亥身上。”

“当年，燕国废太子申生，立奚齐为太子，结果三世不得安宁；齐国的公子纠与兄小白争王位，结果小白被立为王，成为齐桓公，而公子纠却被杀身亡；商纣王杀比干等亲属，不听人劝，招致亡国。这些事例都说明，逆天行事、违背祖宗的意旨就会惹来杀身之祸。我也是个人，我怎能逆天行事呢？”

这时，买鲍鱼的人回来了。赵高急忙恶狠狠地说：“走哪条路，你回去好好想想。”赵高看李斯摇摇晃晃的，就伸手把他扶到车上，然后回到自己的车上。车队又匆匆前行。

赵高很得意。二十多年来，他忍辱含羞，卑躬屈节，不就是为了这一天吗？他心里的仇恨感又强烈地躁动起来。他母亲的丈夫犯罪受了腐刑，全家被没为官奴。赵高是母亲后来生的几个私生子之一。因为是奴婢的孩子，哥几个自小就被阉割，在王宫中当宦官。后来，秦始皇听说他有力气，还通晓律法，就让他当了宦官中间官位最高的中车府令。名为官，实际上不过是皇帝的高级奴才。他借这个机会，暗中结交年幼的公子胡亥，教给他一些律法方面的知识。用潜移默化的手段，使胡亥的性格按他的需要发展，同时还让胡亥觉得他赵高是关心胡亥。所以，他同胡亥的关系很不错。但奴才是很不好当的，动不动就会获罪。有一次他犯了死罪，秦始皇让上卿蒙毅——大将军蒙恬的弟弟处他死刑。但不久，秦始皇又觉得他能说会道，死了可惜，就赦免了他，让他当胡亥的老师。他把仇恨深深地埋在心底，暗中寻找报复的机会。秦始皇的死使他觉得机会来到了。秦始皇知道自己不行了，但没有想到自己会死得这样快。所以，他只口授赵高，写信给长子扶苏，并没有安排其他事情。但赵高并没有让驿使把信送走，而是自己扣了下来。秦始皇断气的当晚，他就钻进胡亥的车，对他说："皇上驾崩，没有留下遗嘱把孩子们封为王，却给扶苏写了一封信，让他立即回京办理他的后事。如果扶苏回来，肯定就得由他继位为帝。而你却没有受封，一块土地都没有。你打算怎么办？"

"常言说，'明君知臣，明父知子'，父皇这样的安排一定有他的道理，我也不好说什么。"胡亥觉得，尊重父皇的安排是天经地义的。

赵高两眼直盯着胡亥："不对！现在，天下落入谁的手中就取决于你、我和李斯。你要想一想，是让人家臣服于你好，还是让你臣服于人家好？"赵高的手拍打着车厢板，急不可耐地说："是让人家管制你好，还是让你管制人家好？这不是明摆着的吗？"

"废兄立弟，是不义；不遵守父皇的旨意，是不孝；不具备条件却硬要去干，是不自量力。这三件事都是不道德的，会让天下人不服。不但要危害皇家的天下，甚至要危及性命。这事可干不得。"

"汤武杀了他的君主夏桀，天下说他这是义举。顾小忘大，以后必受害，犹豫不决，以后必后悔。办事果断，鬼神都躲着你。这件事肯定成功，希望你按我的主意办！"

胡亥长叹一声，说："唉！父皇尸骨未寒，丧礼还没举行，我怎能干这种事情呢？"但他的心里还有另一层想法：赵高的主意确实是为了我好。

"公子，时间啊，时间啊！我们来不及等待了。"

"那就按先生的意思办吧。"胡亥终于同意了赵高的意思。于是，就有了赵高同李斯刚才的那段谈话。李斯虽然还没有明确表态，但赵高相信他会同意的。

李斯的心情无法平静。

现在，他可以说是位极人臣，没有什么人能够比他更富贵的。他的儿子娶的都是皇帝的女儿；他的女儿嫁的都是秦始皇的儿子。他的大儿子李由被任为三川守，是高级的地方长官。李由回咸阳探亲，李斯在家摆酒为儿子接风，听到消息的上层官员都来祝贺，李家门前停了上千辆车。他的富贵确实已经达到了极点。这是他苦心经营几十年的结果。

他本是楚国上蔡(在今河南省上蔡县附近)的平民百姓,年轻时在郡里当一名小吏。有一次,他见厕所里的老鼠吃的东西很脏,看见人就怕得不得了。一会儿又到仓库去,看到那里的老鼠吃的东西非常干净,一个个吃得肥肥胖胖,看见人也不知道害怕。他深有感触地想:两个地方的老鼠,生活条件这样不同,是和他们所处的地位密切相关的。人也一样,好与不好,就看他处在什么地位上。他要改变自己的地位。他听说大学者荀卿从齐国来到楚国,被任为兰陵令。荀子对孔子学说颇有研究,却又不拘泥于孔子学说,认为人性本来是恶的,要用礼义来矫正才行。李斯觉得,在这乱世之秋,荀卿的主张一定有用途,便投奔荀卿,拜他为师。后来,韩国的韩非也来了,他们就共同学习。学成后,韩非说,他是韩国人,要用自己的知识为韩国效力。李斯觉得韩非太迂腐。当今天下,只有经过商鞅变法的秦国才有希望。“虽然我是楚国人,可是楚国没有什么希望。”于是,他对荀卿老师说:“现在是大国争霸的时代,说客很有施展自己才能的天地。我不想错过这样的机会,我也不想总是处于卑贱的地位。因为最让人瞧不起的,就是卑贱,最让人感到悲伤的,就是穷困和没有出路。卑贱和穷困都不是我的愿望。因此,我要到秦国去,说服秦王,实行我的政策。”荀卿没有阻拦他。

到了秦国,正赶上庄襄王死了,年少的嬴政继承王位。从送葬的队伍中,他看出来文信侯吕不韦是秦国当前炙手可热的人物。他便寻找一个有利的时机,叩响了吕不韦家的红漆大门。吕不韦听了李斯讲的一番大道理后,觉得他还挺有头脑,就把他留下来,作为自己的一个“舍人”,也就是门客。经过几年的努力,他逐渐取得了吕不韦的信任,还被吕不韦任为“郎”,就是国君的侍从官。由此,李斯可以经常地接近秦王了,从而也有了向秦王进言的机会。这时的秦王政已经懂事,逐渐有了过问政事的要求。有一次,他让李斯给他谈一谈对秦国与六国关系的看法。

“做事要善于掌握机会。”李斯实际上是抓住了一次向秦王进言的机会,他必须向秦王提出惊人的见解,“当年,我们秦国的穆公曾经称霸诸侯,可是却没能灭亡诸侯,这是为什么呢?因为那时的诸侯都还很强大,周王也还有一定的影响。所以,相继出现了五位霸主,并且他们都得以尊崇周王作为自己的口号。但是,自秦孝公实行变法以来,情况发生了很大的变化。一是周室逐渐地衰落下去,在诸侯中已经没有多大的影响力。而诸侯之间互相兼并,在秦国以东只剩下了六个国家。二是秦国已强大起来,不断地取得对六国作战的胜利,至今已经六代了。对于秦国来说,六国诸侯就像是秦国的郡县一样。秦国拥有两个有利的条件,一是自身的强大,二是大王您的贤能。以这两个条件去消灭诸侯,就犹如清理锅灶那样容易。统一天下,成就帝业,现在是万世难得的机会。现在不把握住这个机会,平定六国,就会让诸侯缓过气来,使他们能够重新强大,联合起来对付秦国。那时,您就是像黄帝那样英明,也无能为力了。"

年轻气盛的秦王一心想吞并六国,李斯的话特别对他的口味。

李斯被秦王政任为长(zhǎng)史。秦王根据李斯的建议,派使臣携带重礼游说诸侯。对于肯同秦国友好的名士,就用厚礼拉拢;不肯与秦国友好的,就杀掉他。还千方百计挑拨各国君臣之间的关系。并且派名将率兵压在边界上。李斯的计策连连得手,秦王很重视他,并任他为客卿。"卿"是政府的高级官员,"客"是外国来的意思,比本国土生土长的官员更受敬重。

在秦王政九年,就是公元前238年,嫪毐事件暴露。第二年,吕不韦被免去相国的官职。这时又发生了一件"郑国风波"。郑国是个人名,其人是韩国人,是一位治水的专家。韩国为了削弱秦国的力量,派郑国以个人身份到秦国游说,建议秦国修一条水渠,发展农业生产。秦国接受了郑国的建议,开凿了一条从云阳到洛河的水渠,长达三百余里。就在这条渠即将修成的时候,有人揭发这是韩国削弱秦国的阴谋。秦王要杀郑国。郑国说:"韩国派我来的是真。可是水渠修成后,农业生产得到发展,这就不是削弱秦国,而是增强秦国的力量。"秦王觉得郑国说得有理,就没有杀他,并让他完成了这一伟大的水利工程。这条被后世称为"郑国渠"的水利工程,在世界上也是很有名的。但这件事刚被揭露的时候,秦王很恼火,有人乘机挑拨说:“外国到秦国来的人都是为了他们本国的主子。应该把他们都赶走。”秦王正在气头上,就同意了这个意见,下了一道《逐客令》,要把在秦国做官的外国人都赶走。李斯当然也在被逐之列。

秦王的这道命令显然是不明智的。李斯给秦王写了一封信。信中列举了秦国历史上四位著名的外国人,为秦国的强大作出了杰出的贡献。指出《逐客令》的作用是把百姓赶走,让他们去帮助敌国;把宾客赶走,让他们去发展诸侯。是把自己搞空虚了,又在诸侯中埋下了仇恨。这封信很有说服力,脍炙人口,流传至今。这就是有名的《谏逐客书》。秦王看了这封信,也很受感动,便撤销了《逐客令》,恢复了李斯的官职。

五年后,韩非也到秦国来了。李斯很了解韩非的爱国思想和杰出的能力,他陷害了韩非,除去了自己的一个潜在对手。不久李斯又被升为廷尉,直到秦王政二十六年(公元前 221 年),秦统一六国,嬴政成了中国统一大帝国的皇帝。在这中间,李斯的功劳是很大的,因此被秦始皇任为丞相。

这时候,有人建议秦始皇仿效周武王,把儿子和功臣封到各地去当王。在讨论这一议案的时候,大臣们全都支持。唯独李斯力排众议,指出现在已经不是周初的时代,分封诸侯只能造成互相攻击、互相仇恨的结果,对于统治天下是很不利的。秦始皇同意了李斯的意见,避免了一次历史的倒退。

李斯还在春秋时代已经流行的大篆字体的基础上加以简化,对不同的写法加以统一,形成了一种新的字体,叫作小篆。秦始皇还把这种字体公布天下,形成了秦朝的“书同文字”。秦始皇经常到全国各地去巡视,李斯都跟随左右。走到重要的地方,秦始皇都要刻石立碑,称颂自己的功勋。这些碑文很多都是李斯写的。

秦始皇统一中国八年后,有一个叫淳于越的人又一次提出分封诸侯的建议,并且说,不按古代的方式来统治天下是不可能长久的。秦始皇让大臣们讨论,李斯进行了坚决的抵制。他指出,三皇五帝的统治都不是沿袭前代的统治方法。陛下创立的伟业亘古未有,更不可能沿袭前人。那些陈腐的儒生们动不动就用古代如何来非难陛下,以图达到惑乱人心的目的。他们还利用古代的书籍私自办学。他们要么在心里否定陛下的政策，要么在人前公开地议论。如果让他们这样下去而不加以禁止，就会影响陛下的威望。因此，他建议把天下的各种书籍，除了医药、算卦、种树等类的书外，一律烧掉。再有胆敢私藏诗书或谈论诗书的，一律处以死刑。李斯的这些意见很符合秦始皇的心思，因此他很快就批准了李斯的建议。于是，一场企图烧毁整个中国古代文化的大火便在中国大地上燃烧起来了。这场罪恶的火几乎割断了古代中国与后世的联系，对中国文化造成了一场毁灭性的打击，至今还给我们留下万千的谜与遗憾。好在"野火烧不尽"，我们的先人还是用各种方法保存下来一些古代典籍。但这同浩繁的中国古代文化宝库比起来，还是太少了。这就是秦始皇和李斯写在中国历史上的无法磨灭的一笔罪孽——焚书。

当然，李斯在自己的回忆中并没有把焚书看得那么严重。他是把这些作为他的功绩来回味的，否则秦始皇怎能这样赏识他，给他这样高的荣耀呢？

是的，他的荣耀确实太高了。自古以来，有几人能与他相比？"丞相能用我的计策，就会长期封侯，世世享受尊荣，有福有寿。否则，就会祸及子孙。"赵高的话又在他的脑海中激荡起来。是的，如果扶苏当了皇帝，肯定会让蒙恬当丞相的。蒙恬的功绩、蒙恬在各层人士中的威望、蒙恬与扶苏的关系，甚至蒙恬的家世，都是他李斯不可比拟的。

蒙恬的祖父名叫蒙骜，在秦昭王时代就是上卿，在庄襄王时代为秦国攻城略地，屡立战功。蒙恬的父亲蒙武是秦始皇时代的裨将，也是战功显赫。秦始皇二十六年，蒙恬也当上了将军，大破齐军，为秦始皇最后完成统一中国的大业立下了汗马功劳，官拜内史。当时，中国北方的少数民族都被叫作"胡"。秦始皇三十二年，蒙恬率三十万大军进攻胡人，把黄河以南的土地全部并入秦国的版图。蒙恬还派人把以前各国修的长城连接起来，从甘肃的临洮一直修到辽东，形成一道坚固的北方屏障。他在北部边疆战斗了十几年，匈奴等少数民族都很惧怕他，保证了北方边疆的安宁。因此，秦始皇很器重他。他的弟弟蒙毅也很受秦始皇的信任，官至上卿。兄弟二人一内一外，没有人敢同这两个人争高低。

秦始皇三十六年，他最信任的两个方士原说能给他讨来不死之药，却在诽谤秦始皇之后逃之夭夭。这时，秦始皇接到很多报告，说他派去寻找不死之药的方士们花了大量的钱，却没有什么成果。他大为恼火，下令捉拿方士之类的读书人拷问。这些人互相告发，受到牵连的有四百六十多人。秦始皇把这四百六十多人全部活埋。公子扶苏对秦始皇的这种做法不赞成，对他的父皇说，这些读书人读的都是孔子的书，现在天下初定，如果杀这么多人，恐怕会造成社会的不安定。秦始皇听了扶苏的话勃然大怒，就把扶苏派到北部边疆去监督蒙恬的军队。这一年多，蒙恬与扶苏的关系很不错。

如果公子扶苏继承帝位，丞相的位置显然就是蒙恬的了。那么，他李斯又往哪里去？想到这里，李斯有点不寒而栗。他长叹一声，自言自语地说："唉，在这乱世之中，既然不能为公正而死，又怎能指望靠公正保护自己呢？"他下定了决心，决定按赵高的主意办。

在到达咸阳之前，赵高、胡亥、李斯三人找了个机会，经过一番密谋，毁掉了秦始皇原来的遗诏，重新伪造了一份给丞相李斯的遗诏，要求立公子胡亥为太子。还伪造了一封写给公子扶苏的信。并立即派胡亥的一个客卿，带着几个武士，骑快马日夜兼程赶到扶苏和蒙恬所在的上郡(在今陕西省延安、榆林一带)，把假信送给扶苏。

扶苏听说父皇捎信来了，非常高兴，急忙拆开这封信的泥封，取出里面写在绢上的信。看完了信，扶苏的眼泪立即就流下来了。因为父皇在信中一反过去的期望和鼓励，反而通篇都是对他的指责。"你与蒙恬戍边十余年，消耗了大量的兵力和物力，却没有建立一点功劳。"其实，扶苏是在秦始皇三十六年到北边的，所以只有一年多的时间。不过，蒙恬在这里的时间倒的确是不短了。信中还指责扶苏几次上疏诽谤父皇。"今赐剑一把，请你自裁。"自裁就是让他自杀。又说："蒙恬与公子在外，不知纠正公子的错误，是不忠的表现，赐死。兵权移交给副将王离。"扶苏抬头看了一眼送信的人，那人果然双手捧过一把利剑。扶苏接过来，转身走进自己的里屋，举起剑就要往自己身上刺。蒙恬及时赶到，一把拉住扶苏的手，说："陛下现在不在咸阳。他过去并没有立过太子。陛下派我率三十万大军守边，以公子为监军。这是非常重大的使命，你我怎么能凭一封信就自杀呢？公子应当亲自派人去问问陛下，如果得到了陛下的肯定，我们再死不迟。"扶苏是一个很老实的人，他一点也没有考虑这封信的真实性，对蒙恬说："父皇恩赐儿子一死，还有什么必要去问呢？"他趁蒙恬一心研读这封信的时候，把剑刺入了自己的心脏。蒙恬则表示还要请示一下陛下，然后再死不迟。来人就把蒙恬抓起来，关到阳周（在今陕西省子长县北）的狱中。

胡亥派来的人完成了任务，立即返回。他们在临近咸阳的地方迎到了皇帝车队。赵高、胡亥、李斯三人听说扶苏已死，大喜过望。因为他们最担心的就是蒙恬的三十万军队，如果他真的保护扶苏杀回咸阳，后果是很难设想的。于是，李斯下令车队加快速度。他们在第二天就赶到咸阳。

他们先把温凉车赶到渭河南岸的信宫，关闭宫门，由赵高安排宦官把秦始皇的遗体装殓入他生前就已准备好的棺椁之中。与此同时，他们又急急忙忙赶到甘泉宫，召集大臣。李斯站在皇帝的御座旁，宣布道："先帝陛下巡行途中，不幸染恙，不治而崩。"染恙也就是得病。"先帝临终留有遗诏：公子胡亥，聪明仁孝，立为太子，并承继帝位，为秦二世皇帝。"

读罢假遗诏，李斯又说道："国不可一日无君。现在，就请太子登基！"已经安排好的宫女扶着胡亥慢慢地登上皇帝的宝座，并由赵高给他带上新制的皇冠。早已跪在陛阶之下的大臣们山呼万岁。就这样，胡亥就在赵高、李斯的阴谋之中当上了皇帝。

赵高对蒙毅当年奉秦始皇的命令要治他的罪仍旧怀恨在心，就对秦二世造谣说："先帝早就想立陛下为太子，就是蒙毅总向先帝说陛下不行。他知道陛下好，有能力，所以才反对陛下当太子的。我看，陛下不如把他杀了，以绝后患。"这时，蒙毅正在代（今河北省蔚县）祭祀山川，秦二世就派人到代把他抓了起来。

两个月后，秦始皇的灵柩被正式安葬于已经完工的秦始皇陵中。秦二世皇帝胡亥说："先帝后宫的后妃，凡是没有生孩子的，也不宜让她们归家，就让她们全部从死吧。”从死就是殉葬。秦始皇陵已经修了二十多年，工程浩大。不但装满了珍宝奇物，还设置了许多机关，防止有人盗墓。设计、建造这些工程的工匠也因为知道底细，全部被封埋在墓中。

赵高的一块心病还没有完全放下。一是蒙毅，虽然抓了起来，可是还没有杀掉；二是蒙毅的哥哥蒙恬，也还关押在阳周。他欲除掉这兄弟二人而后快，就不断地在秦二世面前编造这两个人的坏话，怂恿秦二世杀掉他们。秦二世的侄子子婴虽然还不到二十岁，但对赵高的做法却有自己的看法，他对秦二世说：“过去有些国王随意诛杀大臣，后果都不好。蒙氏兄弟是秦国的功臣，我看杀了他们也会产生不良后果。”秦二世说：“你还是个孩子，知道什么！”他派御史到代，传达他的话说：“当年先帝要立朕为太子，你反对。丞相认为你这是不忠，应该夷三族。朕不忍心，就赐你自己死吧。”蒙毅说：“大臣们平时是见不到公子的，我怎么能阻止陛下当太子呢？英明的统治者是不杀无罪之人的。”使者并不负责传达他的话，看他不服，就乘机把他杀了。

秦二世又派一个使者到阳周，对蒙恬说：“你是个罪过很大的人。你的弟弟蒙毅也犯了大罪。”蒙恬说：“我们蒙家有功于秦，已经三代。臣率三十万大军在外，要背叛是很容易的。我自知必死而不背叛，就是因为我家世世代代忠于秦国。”他长叹一声，说道：“我有什么罪过呀！”说罢，吞药自杀了。

胡亥当了皇帝，当然要感谢赵高，便任赵高为郎中令，对赵高言听计从，大事小情都找赵高讨主意。继位不久，秦二世就对赵高说：“朕年轻，刚刚继位，老百姓还没有服从我。先帝在时经常巡行，以显示自己强大的力量，让海内的人都折服。现在如果我不出去巡行，悄无声息，是不是显得我太软弱了？”赵高当然支持他巡行。秦二世就在第二年，由李斯陪同，到东部各郡县巡行。秦二世也仿照秦始皇那样，凡是有秦始皇刻石的地方，他也刻石立在旁边，称颂他自己的功德。李斯、冯去疾等随行大臣提出了意见，认为在秦二世的刻石上也应提及始皇帝的功德。秦二世虽然不得不勉强同意了，但对大臣敢于给他提出这样的意见耿耿于怀。

回到咸阳以后，他背地里对赵高说："大臣对我不太服从，各地官吏也都有很强的势力，各位公子也必然与我争天下，这可怎么办呢？"为了巩固住轻易到手的权力，胡亥开始向赵高讨教了。

尽管这里只有他们两个人，赵高还是把声音压得很低："臣早就想同陛下商量这件事了。只是陛下不说，我更不敢说。先帝的大臣都是几代的功臣、贵族，他们的势力代代相传。他们对陛下当上皇帝，心里很不服气。对我们在沙丘的谋划，他们也心存怀疑。我赵高出身低贱，所以他们对我也是表面听从，内心其实不服。现在，陛下已经登上宝座，应该利用这个机会……"

"怎么办？"秦二世急不可耐了。

"实行严法苛刑，还要实行株连。严重的，还要诛灭三族。从而，可以把各郡县的守、尉当中有罪的都杀掉。这样，就可以让天下的人都知道陛下的威严，还可以把陛下认为不适合的人、看不惯的人全都除掉。现在不是文质彬彬的时候，而是要靠强力来解决。陛下，我是冒着掉脑袋的危险说这番话的，希望陛下不要迟疑。"

"要是杀得太多，靠谁来支持我们？"

"这好办。陛下可以收罗那些过去做过官的人。现在地位低贱的，让他高贵；贫穷的，让他富裕；疏远的，亲近他。这样，我们不就有人了吗？有了这些可以受我们支配的人，我们的地位就安稳了。"

"好！就照你说的办！"秦二世很赞成赵高的意见。

从这时开始，那些大臣和先帝的公子们开始了倒霉的日子。凡是过去与胡亥、赵高关系不好的，因为一点理由就被杀掉了。距现在西安市不远，有个地方叫杜。那里住着六位先帝的公子，全被秦二世给杀光了。其中有三位公子被关押在内宫，因为找不到合适的理由杀他们，晚死了几天。后来秦二世派人，以"不臣"为理由，要他们自杀。"不臣"就是没有臣服于秦二世。其中有一位叫将闾的公子问来人："宫廷的礼节，我们没有不遵守的；宗庙的规矩，我们没有违背的；陛下问我们的问题，我们没有答错的，我们什么地方不臣了？"来人答不上来，就说："我只是奉命而来。"将闾高声喊道："天哪，我没有罪！我没有罪！我没有罪呀！"喊罢，拔剑自杀了。其他两位公子也只好含泪自尽。

在咸阳的十二位先帝的公子也全部被杀。在杜的十位公主也全部被磔(zhé，杀死并支解肢体)而死。这时，在秦始皇的二十个儿子中，除了胡亥，就只剩下一个公子高了。他原想逃跑，但又怕被夷三族，牵连无辜，就主动给秦二世上疏，要求给先帝殉葬，把自己葬在先帝皇陵的旁边。秦二世同意了公子高的请求，还赏给他十万钱，做安葬的费用。

这时虽然没有战争，可是从咸阳到各地一片杀声，大臣们人人自危。

秦二世除掉了自己所有的兄弟姐妹，觉得没有什么后顾之忧了，应该讲一讲享乐了。他就对赵高说："人生在世，就像快马跨过一条窄缝那样时间短暂。现在，我既然已经当了皇帝，就应该尽情地享乐，这样才能使秦朝的天下长治久安，也使百姓快乐。我要一辈子快快乐乐的，你说行吗？"

"这才是一位贤明的君主所应该过的日子。昏乱的君主才不这样子呢。"赵高听秦二世对他提出这样的要求，打心眼里高兴。

"先帝因为嫌咸阳的宫殿小，所以才修建了阿房宫。可是未等修成，先帝就驾崩了，没有继续修下去。如果我们今天不继续修，就等于表示先帝修得不对。我们重新修建阿房宫，就可以向四外的野蛮国家表示我们的强大，从而使他们不敢轻举妄动。"赵高毫不迟疑地对秦二世的计划奉承了好一阵子。

阿房宫的工程重新开始了。秦二世还抽调五万士兵护卫咸阳，又养了大量的狗马禽兽用以娱乐。民工、军队和禽兽要消耗大量的粮食，国库的储备不够，秦二世就下令三百里以内产的粮食百姓不得自己食用，一律调到咸阳。

秦二世和赵高很快就折腾得民穷财尽。百姓活不下去了。于是，在秦二世元年，暴发了陈胜、吴广的农民大起义。各地响应的不计其数，有的还自立为侯为王，很多地方都举起了反秦的义旗。

李斯觉得自己身为丞相，国家出现了这样严重的局面，他是有责任的，便千方百计地想谏止秦二世的严刑苛法和重修阿房宫。但秦二世整天玩乐，李斯根本就见不到他，只好上疏谏止。秦二世看了李斯的上疏，很生气，就让赵高代笔，给李斯回了一封信，说："如果一个帝王连自己都不能过得快乐，他怎能治理好天下呢？因此，我愿意尽情地玩乐，永远享有天下。你能把我怎么样？"李斯一看，秦二世竟然这样不客气地说话，就有点害怕了，因为他有一个把柄握在秦二世和赵高的手中。

李斯的长子李由是三川守。"三川"，那时指黄河、洛河、伊河三条河流，李由就在这里当郡守。农民起义的队伍曾经打到这里，李由打了败仗。后来，大将军章邯打退了起义军，才把这个地方夺回来。这时有人讥讽李斯说："大人身为丞相，怎么能让强盗这样猖狂？"那时，官家把农民起义都叫作强盗。这事让李斯很害怕。所以，尽管是秦二世得以立为皇帝的功臣，可他在秦二世面前却硬气不起来，只好对秦二世采取阿谀的办法。因此，他又给秦二世上了一封疏，对秦二世进行了肉麻的吹捧，说他实行严刑苛法，那是他的英明贤能。

秦二世读了李斯的第二封疏文，乐不可支。从此，使用刑罚更加残酷。结果，大路上随处可见受过各种刑罚的残疾人。谁杀人越多，就越被秦二世视为忠臣。街市上到处可见堆积的尸体。秦二世高兴地说："这样下去，谁还敢作乱？"

赵高更是借机报私仇，任意杀人。他怕受冤枉的人向秦二世控告他，就问秦二世："陛下可知道天子为什么高贵吗？"

"为什么？"秦二世直勾勾地看着赵高。

"那是因为大臣们面见天子的时候都要跪着，不能抬头看天子，只能听见天子的声音，看不见天子的面容。因此，天子越是让大臣们看不见，就越高贵。陛下还年轻，说话做事难免有什么不足之处。如果让大臣们看见了，听见了，就会给他们留下笑柄。如果陛下尽量地不让大臣们见到，就避免了这个问题。这样，他们就会觉得陛下更加神圣了。"

秦二世本来就懒于朝政，听赵高这样一说，就更不上朝了，整天在后宫玩乐，朝政大事就交给赵高去处理。赵高听说李斯要面见秦二世，有事禀告，就对李斯说：

“现在群盗如此猖獗。可是皇上还征发徭役，修阿房宫，收罗大批的狗马之类的没有用处的东西。我想谏止，可是我的地位又太低，皇上不听我的。这应该是丞相您的职责。您为何不见一见皇上呢？”

“我早就想见皇上了，”李斯对赵高的话信以为真，“可皇上不上朝，总在深宫里待着，我也见不到他呀！”

李斯这话正中赵高下怀。“若是丞相真想见皇上，我找个机会跟皇上说说。”

有一天，赵高看秦二世正和几个宫女玩得高兴，就打发个人传话给李斯说：“皇上现在有空，丞相可以奏事。”李斯忙不迭地整理好衣冠，赶往甘泉宫。下车后，跪在内宫门外求见秦二世。秦二世说：“告诉他，朕没时间。”李斯听了，心想，我多求几遍，他就见了。还是不断地求见。到了第三回，秦二世急了：“我平常有时间了他不来，今天我玩得这么痛快，他却一个劲地求见。丞相是不是看我年轻好欺负啊？”

“这样可不好，陛下！”赵高小声说，“沙丘的事，他可是参与谋划的。现在，陛下已经当了皇帝，而丞相富贵的程度仍旧如此。听说，他是想让陛下给他封王封土地。”

“丞相怎敢有这样大的野心！先帝不是早已反对分封了吗？这还是他的意见呢！”

“陛下不问，奴才还真不敢说。丞相现在可不比从前了。他的长子李由是三川守。陈胜是他的老乡，所以这班强盗才这么大胆。强盗路过三川郡的时候，李由有意放过……”赵高又向前凑了凑，“奴才听说，他们与强盗之间多有书信往来，不知道都说了些什么。我们做奴才的哪里敢问？再说，丞相在宫外，权力比陛下还大……”

“啊，是这样，我说丞相这么大胆呢。把他抓起来——不，”秦二世也动了点心眼，“先派人去调查一下他们与强盗勾结的事。”

这事传到李斯的耳朵里。他见不到秦二世，就上疏揭露赵高，并说：“陛下如果不除掉赵高，恐怕以后会有意想不到的变化。”秦二世读了李斯的上疏，很生气，就派人给李斯传话说：“赵高不过是个宦官，靠洁行修善才得到今天的地位，他对我是很忠诚的。并且，我自小失去父皇，丞相又年老了，朕不依靠赵君，依靠谁去？赵君为人精明廉洁，有能力，下知民情，上知朕心。请丞相不要怀疑他。”

李斯不死心，又上疏一封，说：“赵高是一个很卑贱的人。他不懂得什么道理，贪得无厌，求利不止，陛下万万不可以依靠他！”

秦二世怕李斯设法杀了赵高，就把李斯的两封疏文给赵高看了。赵高说：“丞相怕的只有我赵高一个人。我若是死了，他就可以像田常那样干了。”

秦二世一惊：“他敢？”田常是春秋时代齐国人，在齐国专权。他用大斗放粮，用小斗收粮，收买人心。以后他杀了齐简公，立平公为王，自任为相，实际上掌握了齐国的一切权力。这事赵高以前给他讲过。

“传旨，”秦二世下命令了，“由郎中令赵高逮捕李斯，全权处理此案。”

李斯被逮捕下狱。当他被推进监狱大门的时候，对着天长叹一声：“唉，老天啊！太可悲了！怎么能给一个无道昏君出谋划策呀！”他躺在一片乱草上，思绪万千。过去，夏桀彻夜饮酒作乐，关龙逄谏止，立在旁边不肯离去，被桀杀掉。商纣杀了进谏的比干。吴王夫差杀了伍子胥。这三个被杀的人都是忠臣，自己比不上他们。这三个杀人的国王都是暴君，秦二世比他们还残暴。他这样倒行逆施，天下不是就要乱了吗？现在，全国的一半都造反了，可秦二世还不自知，仍以赵高做自己的心腹。那些造反的人很快就会杀到咸阳，皇宫就快成为野兽出没的地方了。

赵高指责李斯与儿子李由串通谋反，把他们的家属亲朋也都抓了起来，对他们施以肉刑。他们忍受不了，只好屈打成招。李斯被折磨得实在不想活了，但对秦二世还抱着一线希望，以为秦二世能考虑他对秦国的功绩而对他宽大一些。他抱着这种侥幸心理，在狱中上疏秦二世。他说：“臣在秦国当了三十多年的丞相，如果说有罪，臣有下列七条罪过。第一，先帝继位的时候，秦地不过千里，兵只有几十万。臣实行法制，又派谋臣游说六国。同时在国内修明政治，训练军队，尊重功臣，最后兼并了六国，秦王得立为天子。第二，臣北逐匈奴，南定百越，使秦国更加强大。第三，臣建议把大臣的俸禄提高，使他们更加热爱秦国。第四，建立祭祀神灵祖先的庙坛，显示先帝的贤明。第五，统一度量衡，统一文字和文章的格式，使秦国的制度通行天下。第六，修驰道，帮助先帝出巡，修建宫殿，满足先帝娱乐的要求。第七，减缓刑罚，减轻赋税，使百姓感谢先帝。臣的这些罪过足以得死罪。但我为秦国尽了我的力量，希望陛下核查。”李斯所说的自己的罪过当然都是反话，实际是在表白他的功劳。

当这封疏传到赵高手里的时候，赵高说：“一个囚犯，哪里有资格给皇帝上疏！”把疏文扔到一边，根本就不给他传递。

就在李斯盼望秦二世派人来复查的时候，狱中来了十来个人，找到李斯说：“我们是御史派来的人，奉命来复查一下你的案件。”李斯就如久旱得雨，把真情一五一十向来人详细说了一番。谁知，他刚刚说完，那为首的便翻了脸：“你这个罪大恶极的囚犯，胆敢翻案！给我打！”那些随从就把李斯狠狠地揍了一顿。

秦二世虽然并没有见到过李斯的申诉，但他觉得李斯毕竟是先帝功臣，在他夺取帝位的过程中也起了决定性的作用，还是慎重一点吧，就对赵高说：“关于李斯案件的审理情况我都看了。不过，为了慎重起见，是不是再复查一下？”

赵高说：“是的，奴才也这么想。李斯毕竟还是有功于国、有功于陛下的。请陛下亲自派人去。这个案子是我审的，我回避一下。”

秦二世派去的人见了李斯，说是来复查的。李斯有了上次的教训，哪里还敢说真话，就按自己过去招供的假供又说了一遍。

听说了复查的情况后，秦二世非常高兴，对赵高说：“哎呀，赵君，我险些让丞相李斯给出卖了！”

秦二世二年，公元前208年7月的一天，李斯戴着沉重的刑具被拉出大牢。一出牢门，就看见自己的二儿子也被拉了过来。李斯看着儿子，深情地说：“小二啊，我多想领着你，拉着狗，带着鹰，从上蔡的东门出去，到野外去打兔子啊！还能够吗？”说罢，父子二人相对痛哭。过不了多大一会儿，李斯就在咸阳的闹市区被腰斩了。他的二儿子同他的“三族”也一起被全部杀尽。

李斯死后，赵高当上了中丞相。朝中的事，大大小小，全由赵高一个人说了算。赵高为了测验一下大臣们是不是都听他的，就牵了一头鹿到殿上，对秦二世说："陛下，臣敬献给陛下一匹马。"

秦二世乐了："丞相真能说笑话，这不是一头鹿吗？"

"这怎么是鹿呢？它分明是马嘛！不信，陛下问他们。"赵高指了指站立两边的群臣。这些人中大部分人都不置可否，有几个说是马，也有几个说："别开玩笑了，这明明是鹿，怎么会是马呢？"第二天上朝的时候，那几个说是鹿的人不见了，因为他们已被赵高除掉了。从那以后，赵高说什么，谁都不敢说一个不字。

这个时候的天下已是群雄逐鹿。项羽、刘邦和农民起义的余部都在争夺天下。从前六国的遗民又重新打起了原来各国的旗号，他们大都投奔了沛公刘邦。各路英雄都在争夺厮杀。而深居宫中的秦二世对这个形势知道得却很少。当他知道秦国大将章邯被项羽打得节节败退的时候，就派人去指责章邯。章邯派人回咸阳请示作战方案，赵高连见都不见，还派人去抓那个人。那人赶忙跑回去，向章邯报告了这一情况，并说："现在朝中是赵高掌权，有功也杀，无功也杀。"这时，项羽又来进攻，章邯就投降了项羽。结果，项羽把二十万降卒全部活埋了。秦朝的江山已是岌岌可危。

秦二世在赵高指鹿为马以后，自己也精神恍惚。他弄不明白是不是自己的眼睛真的出了问题，明明是鹿，为什么那么多人都说是马？他找来一位巫师，问他这是怎么回事。那巫师建议他到郊外去斋戒。秦二世果然到位于上林的园林去斋戒。白天，秦二世要打猎。赵高就骗一个人到秦二世打猎的地方去游玩。秦二世不知道这里有人，竟把那人给射死了。赵高吓唬秦二世说："天子无故杀人，鬼神也会怪罪的。"秦二世害怕了，问他："有什么办法能避一避吗？"赵高说："我看还是到望夷宫去躲一躲吧。"于是，秦二世就到咸阳郊外的望夷宫去躲了三天。秦二世终于在望夷宫里听说了一些各地反秦的形势，就让人捎信来质问赵高。

赵高知道，如今是无法再向秦二世隐瞒了，就找来自己义女的夫婿阎乐、弟弟赵成商量对策。他说:“皇上已经有点不听我的了。现在各路兵马都有灭亡秦国的可能。秦二世知道了,一定会怪罪于我的。前年,秦二世杀了他所有的兄弟,但是还有几个侄子留下来。其中,子婴比较仁厚节俭,百姓也比较乐于听他的。现在,我们就废掉胡亥,立子婴为帝。”

秦二世在望夷宫中斋戒,忽听外面大喊:“盗贼来了!”秦二世心想,这里戒备森严,盗贼怎么进得来呢?这时,只见阎乐领着一队人马冲了过来。宦官们吓得或惊或走,没有敢同他搏斗的。只有一个宦官还跟随着秦二世。秦二世问他:“赵高这样坏,你为什么不早告诉我?”那宦官说:“就是因为我不敢说话,我才活到现在。我以前若是告诉陛下,我也早就被杀了。”这时,阎乐已经冲进来,对着秦二世厉声说:“你骄傲放肆,诛杀无辜,天下都已经背叛了你,你自己考虑出路吧!”

胡亥说:“我能见一见丞相吗?”

“不行!”

“给我一个郡,我就当个郡守吧。”

“不行!”

“就封我一个万户侯吧。”胡亥又退了一步。

“不行!”

“那就让我当一名百姓,带着妻子儿女过日子吧。”胡亥觉得,他的要求已经低到头了。

“不行!我是奉丞相的命令,为天下诛杀你的!你说得再多,我也不能答应。”说罢,他把手一挥,对他带来的士兵说,“你们上!”

听了这话,胡亥知道自己再也没有退路,便拔剑自杀了。

赵高把大臣们招集到殿上,宣布说:“胡亥昏聩无道,我已奉上天之命,派人把他诛杀了。秦国本来只是一个王国,始皇一统天下,所以称帝。但现在六国重新自立,秦国的土地所剩不多,如果再称皇帝,已经名不副实。因此,今后还是要像从前那样称王。胡亥哥哥的儿子子婴十分贤明,我决定立子婴为秦王。”

赵高按百姓的规格,在杜这个地方,就是胡亥杀死自己的六位兄弟的地方埋葬了胡亥，然后派人把子婴一家接到斋宫里面，对他说："请公子在这里斋戒五日，然后会在宗庙中举行仪式，立公子为秦王。"

子婴对自己的两个孩子说："赵高在甘泉宫杀了二世皇帝，害怕群臣诛伐，便声称立我为王。我听说赵高已经与楚霸王项羽约好，要消灭秦国的宗族，而由他在关中一带称王。他现在让我在这里斋戒五天，是想作好准备，要在立我为王的那一天在宗庙中杀尽我们。到了那天，我假称有病去不了，赵高一定会亲自来接我。他来的时候，我们就在这里把他杀了。"

到了第五天，赵高果然派人来请子婴，子婴推说身体不适，没有去。赵高看请了几次也不来，就亲自出马来请，一见面就说："继承宗庙是件大事，公子无论如何也得去！"

赵高几年来见到的秦公子，大多在胡亥的大屠杀中身亡，再就是昏头昏脑的胡亥。这些人都没有任何反抗的能力，只是任人宰割。所以，他万万没有料到，子婴还有杀他的心。他哪里知道，在两年多的腥风血雨之中，子婴的勇气也略有提高。他装作有病的样子，坐在席上。就在赵高伸手要扶他起来的时候，他嗖地抽出早已准备好的短剑，猛然向赵高刺去。这个秦宫大厮杀的总导演，就在杀害了无数人之后，终于也被别人杀掉了。

子婴杀了赵高，受到大臣们的拥护。子婴指挥他们夷灭了赵高的三族，坐上了秦王的宝座。

这时的各路反秦大军，主要就是以项羽为首的楚军和以刘邦为首的汉军。项羽和刘邦在鸿门宴上约定，谁先进入关中，谁就在这里称王。项羽受到秦军主力的抵抗，晚了一步，刘邦抢先入关，于秦二世三年，公元前207年10月，占领了咸阳。

子婴只当了四十六天的秦王，刘邦的汉军就派人来找子婴，要求他投降。各地的秦军连吃败仗，子婴根本就没有力量抵抗。于是，他用一条白丝带把秦王的大印绑好，挂在自己的脖子上，穿着丧礼用的白衣服，乘着白色的马车来到路边，下车默立，等待汉军来受降。

刘邦并没有把子婴怎么样，只是把府库都贴上封条，保存起来。汉军只在咸阳驻扎了一个月，便慑于楚军的威力，退出咸阳。项羽进入咸阳后，杀了子婴和秦国剩下不多的公子(即秦始皇的孙子们),放火烧毁了宫室,抢走了全部财宝。当年不可一世的秦帝国,就在自己内部的一场大厮杀及由此引发的一场全国大混战之后,彻底地瓦解了。

五年后,刘邦打败了比他强大得多的项羽,建立了大汉帝国。

# 常胜将军　兔死狗烹

## ——韩信

## 一

韩信的脚步很沉重，挨饿的滋味真难熬啊。他不想再到亭长家去了，那种脸色，那种眼神，谁受得了？可是亭长毕竟很爱面子，当他们吃饭的时候，不好意思不让一下"恰好"赶上了的韩信。所以，今天他还是硬着头皮走进亭长的家门。只是"恰好"的次数，他自己也觉得太多了：几个月来，天天如此。

亭长坐在席上，手捧着一卷书。"看书呢，亭长？"韩信搭讪着问。

"嗯。"答应的声音比木简碰撞的声音都小得多，并且人家连头都没有抬。亭长夫人在院子里，更是把鸡轰得满世界地飞。也许是亭长觉得这样长时间的沉默太难受了，他站起来，出去了。韩信抱过孩子，小声地问："你还没吃饭吧？""早吃过了。我还没睡醒，母亲就把饭做好了。我们是在被窝里吃的。"韩信明白了，他愤愤地走出屋子，对主人和主妇拱一拱手，说："告辞了。"

人在倒霉的时候，喝凉水也塞牙。当韩信无精打采地从淮阴城的街上走过的时候，一群同他年纪差不多的少年把他围上。一个人说："你们看这小子这样，像霜打了似的。"另一个说："别看他带刀弄剑的，其实是个胆小鬼。"一个无赖叉开双腿堵在韩信前面："都说你有力气，不怕死。你敢杀了我不？敢，你就把剑拔出来刺我，不敢，你就从我裤裆底下钻过去。"他们明明是以多欺寡。可是，果真动起拳脚的话，他们一大帮人，不过是饿虎面前的一堆肉。韩信把拳头攥得紧紧的，指节咯嘣嘣直响。他的脸涨成青紫色，额角的青筋像两条会蹦的蚯蚓。双方相持着，对方胆怯了，有人已经准备要逃跑了。这时，韩信却蹲下去，慢慢地从那人胯下钻过去，然后在一片胜利者的轰笑声中，眼里滚着泪花，默默地、头也不回地离去。

走了一段路，他转过身看了看。因为他发现墙角有一堆人家刚刚倒掉的鸡骨头。证实没有人看见他以后，他弯腰拣了一块鸡骨头，在石头上磨成一个鱼钩，然后来到淮河边上。这里有一位老妇人正在漂洗生丝。韩信向老妇人要了一段丝，绑好鱼钩，就在那里钓起了鱼。饥肠辘辘的韩信如何耐得住漫长的等待？只见鱼钩飞来飞去，却不见鱼儿上钩。

“有这样钓鱼的吗？得有耐性，等半个时辰不咬钩是常有的事。”老妇人觉得可笑。

“不瞒您说，大娘，我今天的饭还没着落呢。”韩信把鱼钩一摔，灰心丧气地坐着。

“想吃生鱼而不可得！”老妇人笑着说道，“我看你饿得可怜，看见岸上那个篓子没有？那里有我带来的干粮。”韩信狼吞虎咽地吃起老妇人的干粮。

“壮士，像你这样一个魁梧的汉子，怎么会落到这个份上？”老妇人问道。

“不瞒您说，大娘，父母在世的时候，也曾教我读书写字。焚书以后，又教我使枪弄棒。可他们却扔下我，死了。”

“既然你识文断字，又有武艺，何不到衙门去当个小吏？”

“没有人推举。我自己去找，人家说我没有德行，不要我。要务农，地无一分；要经商，钱无一文。”说着，韩信发现自己已在不知不觉中把老妇人的干粮都吃光了，他不好意思地说，“大娘，我没觉得吃几口，这么多干粮，怎么就让我给吃光了呢？”

“你是饿红眼了。我看你怪可怜的，以后再没有饭吃，就来找我吧。”

几十天过去了。韩信仰仗大娘的关照，脸上有了光彩，身上有了力气。他高兴地对老妇人说：“大娘，有朝一日我出人头地了，一定报答你老人家！”

“住嘴！”老夫人听了韩信的话，不但没有高兴，反而翻了脸，“我是看你一个男子汉大丈夫，连自己都养活不了，可怜你不争气。要是图报答，我才不管你！”这位老妇人被后世称为漂母。

## 二

漂母的话激起了韩信的自尊和奋进的决心。当时，正值秦末农民大起义。有一支起义的队伍从淮阴经过。韩信觉得是自己施展才能的时候了。他告别了漂母，参加了这支队伍。这支队伍的首领姓项，叫项梁，是附近下相县(在今江苏省宿迁县附近)人，是战国时代楚国将领项燕的儿子。项梁看韩信人高马大的，就把他留在自己的身边，当一名侍卫。在一次与秦将章邯的战斗中，项梁战死。项梁的侄子项羽继任为这支队伍的首领。项羽发现韩信不仅勇猛有力、武艺高强，而且很有谋略，就让他给自己当一名郎中。虽然也是项羽的近侍，但这是一个官，有了同首领说话的机会。可是，韩信给项羽出了几个主意，项羽都没有理睬。

公元前226年，也就是秦灭亡后的第二年，项羽自封为楚王，封沛公刘邦为汉王，统治巴蜀(这两地相当于今四川省)和汉中(陕西省南部)地区。韩信听说刘邦重视人才，就逃离了项羽的队伍，来到四川，投奔了刘邦。

刘邦还不了解韩信，只给他一个被称为“连敖”的官当。不久，韩信与十二个人一起犯了法，被判了死刑。在行刑的时候，韩信跪在最后。前边的十二个人一个个地都掉了脑袋。他抬头一看，见有一位姓滕的走过来，这个人同汉王刘邦的关系很密切，他就对滕公说：“汉王不是要得到天下吗，为什么要杀掉壮士呢？”滕公听了韩信的话一愣，心想，这个人能说出这样的话，一定有不同凡响之处。立即命令刀下留人，放了韩信。经过一番交谈，这位滕公觉得他确实与众不同，便把他推荐给了刘邦。刘邦第二次见到韩信，只觉得有点面熟，并没看出他有什么特别的地方，就随便给了他一个治粟都尉当。这是一个管理全国(当然是指刘邦的统治范围内)的盐铁事务的官。

汉王的丞相名叫萧何。这是一个很有头脑的人。几个月前汉军攻入咸阳的时候，别人都去抢夺珠宝财物，他却把秦朝丞相的律令文件等都收藏起来，拉到汉中。以后在与项羽争夺天下的斗争中，汉王对天下的情况了解得很充分，这是一个主要的“信息”来源。萧何见到韩信，一眼就看出来他不一般。

汉王刚刚进入巴蜀，对这里的情况还不太熟悉。特别是汉军是从沛县一带(在今江苏省北部地区)发展起来的，将士多是那边的人。他们千里迢迢来到这人地两生的地方，又不习惯又想家，很多人开了小差，仅将军就跑了几十名。有一天，有人向汉王报告，丞相萧何也跑了。刘邦大吃一惊，心想，萧何跟随我这么多年，忠心耿耿，从无怨言，今天怎么突然逃跑了呢？气得他暴跳如雷。两天后，萧何却自己回来面见汉王。刘邦又气又喜，骂道：“你我自小就在一起，我从未亏待过你，为什么你也逃跑？”萧何说：“臣不敢逃跑，臣是去追赶逃跑的人。只是走得太急，没有来得及向大王禀报。”

“你去追什么人？”

“追韩信。”

刘邦听了，又生起气来：“我跑了那么多的将领，数以十计，你不去追，却去追一个不起眼的韩信。你一定是蒙我！”

萧何郑重地说：“大王，几十位将领是容易找到的，可是韩信却没有第二个。他以为大王不会重用他，所以才逃跑的。”

“难道这个人果真这样有用？”刘邦还是怀疑。

“如果大王想长期在汉中为王，那么韩信确实是没有用处。如果大王想要取得整个天下，那么除了韩信，再没有人能给您当好这个参谋了。就请大王自己决定吧。”

“我当然要争夺天下，怎能憋憋屈屈在这里长留呢？”

“如果大王一定要东进夺取天下，就请重用韩信。重用他，他就能留下，否则他迟早会跑掉。”

“我听你的,就让他当一名将军吧。”刘邦觉得这已是破格重用了。

“将军?留不住他。”

“那就大将军,可以了吧?总得让我见一见他,听他说些什么呀。”

“大王对待将军向来很傲慢,像招呼小孩似的。这也是他要离开的一个重要原因。大王一定要见他的话,就得挑选一个吉日斋戒,设坛场,举行一个仪式,那才行。”

汉王刘邦无可奈何地说:“那就听足下的。”

将军们听说汉王要举行仪式迎接一位大将军,都很高兴,心想,这一定是一位非常出众的人物。但当他们看到汉王接待的竟是刚刚逃跑的韩信时,都大吃一惊。

仪式结束后,汉王让韩信坐到自己的身边,说:“萧丞相多次向寡人推荐将军。不知将军今天用什么来开导寡人呢?”

韩信长跪,向汉王拜了一拜,问道:“大王要东进争夺天下,是不是同楚王争夺?”

“是的。”

“大王自己以为,在勇敢、果断、强大这几个方面是不是比楚王强呢?”

汉王捋着并不太长的胡须,沉默了很长时间,说:“我不如项羽。”

韩信又一次长跪,向汉王拱手再拜,说:“在下也以为大王不如楚王。但是,我曾经在他的手下待过,对他比较了解。他叱咤风云,他的手下谁也比不上他。可是,他却不能量才使用他手下的人。所以,他的勇只是匹夫之勇。他对待别人非常仁爱,说话和和气气。可是,应当给予手下人的封赏,他却舍不得。所以,他的仁爱只是妇人之仁。他虽然称霸天下,统治诸侯,可是他不住在天下的政治中心关中,却把自己的都城设在彭城(在今江苏省铜山县)。他虽然奉义帝为天子,却违背义帝的旨意,按自己的亲疏分封诸侯。诸侯看他把义帝赶到江南偏僻的地方,就纷纷把他们原来所从属的国王赶跑,自立为王。他打到哪里,就杀到哪里,天下人多数都怨恨他,而不是亲近他。他是靠压力称霸于世的。他虽然称霸天下,但却失去了人心。如果大王能反其道而行之,任用全天下勇猛的将士,还有什么地方不可征服呢?把天下的城邑分封给功臣,让他们做什么事情,他们能不去办好?爱护全体希望东归的战士,激发他们东归的愿望,东方的敌人还有哪个打不败?秦朝最后盘踞的关中被楚王一分为三,封了三个王,称为三秦。秦将章邯投降了楚王,可是楚王把章邯的二十万部下全部活埋,只有章邯、司马欣、董翳三个将领活下来,被封为三秦的三个王。所以,三秦地区的百姓并不爱戴他们,而是把他们恨入骨髓。然而大王您进入这个地区的时候,秋毫无犯,宣布废除秦朝的苛法,与那里的百姓约法三章。所以,那里的人民都盼望着大王。根据当初的协约,谁先进入关中,谁就在那里为王,应该是大王您在关中为王,百姓们都知道。可是大王却被剥夺了在关中为王的权力,被迫来到汉中,三秦地区的百姓无不为之惋惜。如果大王您现在出兵进攻三秦,可以轻而易举地把它夺过来。"

刘邦听了韩信这番话,大为兴奋,挺起身来说道:"哎呀,韩将军,我为什么这样晚才结识您哪?"韩信又详细地向汉王介绍了打出汉中、进入关中的计策。

## 三

关中与汉中之间隔着险峻的秦岭山脉,有一段路特别难行。所以,后来李白说"蜀道之难,难于上青天"。人们在山崖间的石壁上凿孔,把大木桩插进去,像搭桥似的修出一条路来,被称为栈道。刘邦从关中来到汉中的时候,为了向强大的项羽表示不再回关中,就把汉中与关中之间的栈道给烧毁了。所以现在刘邦想从汉中打回关中,那是很困难的。

章邯被项羽封为雍王,都城设在废丘,在现在的陕西省兴平县境内,管辖咸阳以西的关中地区,与刘邦正好隔着秦岭为界。项羽把他封在这里,也因为他是秦朝的名将,让他替项羽堵住刘邦出川的路。那是汉王元年,也就是公元前206年的一天,有人来向章邯报告,说刘邦派人在修复栈道。章邯听了为之一惊,立即派人再探,要搞清楚汉军有多少人在修栈道。探子回报说,大约有两三百人,章邯就放心了。因为栈道的工程是非常难的，两三百人，几年也修不完。再说，在那深山峡谷之中，再多些人也伸展不开手脚。这样，章邯也就不再把修栈道当作一回事，只是向部下命令说："随时派人探明工程进度。"

两个月后，探子忽然来报："陈仓发现大批汉军。"陈仓在现在陕西省宝鸡市附近。章邯想，这是不大可能的，这里几乎没有路可以通，就下令说："再探。"还没有在意。可是探子回来却说："汉军越来越多！"章邯这才慌忙调集部队，去陈仓方向应战。

原来，韩信经过调查，发现在故道县（在今陕西省凤翔县西北）秦岭山中，有一条猎人用的小路可通陈仓。他就派少量的兵去修复栈道，迷惑章邯。同时，又通过这条小路，让汉军一小部分一小部分地偷偷越过秦岭。由于章邯的注意力被吸引在栈道方面，陈仓方面就被忽略了。几个月的时间，汉军的大部队完成了跨越秦岭的艰苦运动，向陈仓发动攻击。章邯毫无准备，被韩信打了个措手不及，大败而逃。韩信率汉军追击章邯到好畤（在今陕西省乾县），章邯又败，而后逃到自己的都城废丘。这样，刘邦就夺取了章邯的雍国咸阳以西的大部分地区，并包围了废丘。章邯自知敌不过韩信，又觉得自己走投无路，便自杀了。于是，汉军攻占了废丘，从而把三秦地区全部占领了。攻占三秦的胜利验证了韩信的预言，也使汉军实现了出川的夙愿。

第二年，汉军东进，打过了函谷关（在今河南省灵宝县南），三秦的另两个国王——塞王司马欣、翟王董翳以及河南王申阳都向汉军投降，还替汉军攻占了魏国黄河以南的地区。但韩王不肯投降，刘邦就派韩信把他打败，重新立了一个韩王。汉王刘邦又联合齐国、赵国的军队共同进攻楚国，也就是项羽的地方，一直打到项羽的都城彭城。但是汉军却在这里打了败仗，队伍让项羽给打散了。以前向汉军投降的司马欣、董翳等人又都逃离，重新投奔了项羽。齐国、赵国等也准备趁机进攻汉军。

在这种严峻的形势下，韩信把被打散的队伍收集起来，准备再战。刘邦知道，要想战胜项羽，必须得依靠韩信，便任韩信为左丞相。这时，魏王也联合项羽，陈兵蒲坂（在山西省永济县），控制了地势险要的河关。河关后称蒲津关，在今山西省芮城县境内，隔着黄河与今陕西省相望。这样，魏军就堵死了汉军东进的通道，并且对汉军形成了包围之势。

韩信征集了大量的民船，摆列在临晋（今陕西省大荔县）的黄河西岸，与魏军隔河相对，两军都在秣马厉兵，战事一触即发。魏军见汉军声势浩大，也不断地增加兵力。可是魏军却不知道，韩信在临晋布置的队伍和渡船都是疑兵。与此同时，他却让精兵在夏阳（在今陕西省韩城县南）准备了大量的木盆一类的木质容器和陶罐，趁魏军的注意力已经被吸引在临晋的时机，泅水渡过黄河，偷袭安邑（在今山西省运城县境内）。因为夏阳这个地方没有渡口，也没有渡船，所以魏王对这个地方毫无防备。等汉军到了安邑城下，他才知道汉军兵临城下，慌忙应战，很快就当了俘虏。汉军胜利地东渡黄河，平定了魏国，接着又拿下了代国，并准备进攻赵国。

## 四

在两年前平定三秦的时候，项羽封的常山王张耳与南皮侯陈余反目成仇，张耳败给陈余，投奔了汉王。这时，汉王刘邦把张耳派到韩信这里，给他当一名副将。韩信便与张耳一起率领数万汉军，东下井陉（在今河北省井陉县），准备进攻赵国。

赵国的统帅成安君与将军陈余也在距井陉不远的井陉口（在今河北省获鹿县）扎营，准备抵抗汉军的进攻，号称有二十万大军。成安君的部下广武君李左车建议成安君说："听说汉将韩信已经过了黄河，活捉了魏王，俘虏了代国的夏说。现在又在张耳的辅助之下，打算攻取我们赵国。由于汉军是乘胜而来，锋芒是很难抵挡的。在军事上，如果靠千里之外供应粮食，士卒一定会挨饿。通往井陉的几百里道路十分难行，所以汉军的粮食供应一定会拖后。请足下借给我三万精兵，抄近路堵截汉军的粮草供应车队。足下您不必出击，只须把护城河挖得深一些，营垒筑得高一些。同时，把民间的粮草都集中起来，让汉军找不到。这样，让汉军进攻，攻不得，后退，无退路，用不了十天，就可以把韩信、张耳的头给您拿下来。否则，我们就会成为他们的俘虏。”

成安君听了广武君的话,颇为不快:“常言说,正义之师不用奸诈的手段。兵法上说,有十倍于敌的兵力,只须把敌军包围住,就可以解决它;有两倍于敌的兵力,就要直接交战,才能战胜它。韩信的兵力号称几万,其实不过几千。他们从千里之外来进攻我们,已经非常疲劳了。如果像足下说的那样避而不战,他后面的大部队赶到了怎么办?各路诸侯不是要说我胆小,轻视我吗?”

韩信派的探子探到了成安君拒绝广武君的建议的情况,韩信大喜过望,这才带兵向井陉口进发,驻扎在井陉口三十里外的地方。兵士们睡到半夜,传来集合出发的命令。韩信选了两千名精壮的战士,每人发给一面红旗。“你们从这条隐蔽的山间小路过去,埋伏在赵军营外。交战以后,我会战败逃跑。这时,赵军就会倾巢出动追击我。你们立即潜入赵营,把他们的旗换成我们的红旗。”

这支带着红旗的队伍把旗帜卷起来,无声无息地出发了。韩信又对部下说:“传令,让伙夫准备早饭,我们破了赵军以后回来一起吃饭!”将领们你看看我,我看看你,很勉强地答应一声:“是。”背地里他们却议论道:“赵军抢先占据了有利地势,修起了坚固的营垒,又是以逸待劳。咱们既没打出大将的旗帜,也没有敲响主将的战鼓,到了赵军那坚固的营垒前,还不得退回来?”还有人说:“看见赵营没有?好家伙,背靠着高山,面对着泜(zhī)水(发源于河北省赞皇县的一条河),让我们从哪里打?”“韩将军干吗还准备那么多船?难道要乘船上山?”

韩信派出一万人,背靠着泜水,布好阵势。赵军一看就笑了,背水而战,退路都没有,看来韩信是不想活了。天亮了。韩信和张耳来到阵前,竖起“韩”字帅旗,擂响了战鼓。赵军也打开营门,派出队伍,居高临下,向汉营冲来。

汉军将士全力迎战,战了将近半个时辰,确实招架不住,韩信和张耳只好扔下旗鼓和笨重的物资,率军向船上逃去。赵军见汉军溃退,便把全营的人都派出去追击,在泜水边上重新开始了激战。汉军也不离岸太远,两军能够接战,一旦战况不利就往水上退。赵军追不上,汉军就再回来战。所以,赵军人数虽多,却无法取胜。又战了半个时辰,两军都很疲累。赵军想撤军回营休息，可是回头一看，营中的赵军旗帜全部换成了汉军的红旗。他们不知道自己的军营是怎样丢失的,也不知汉军到底有多少人,以为汉军肯定把赵王和诸将都给活捉了,一时阵脚大乱,星散而逃。赵将堵在退路上制止逃跑,可是没人肯听,赵将杀了几个逃跑的兵士也不好使。汉军重新下船,夹击赵军,在乱军中杀了赵帅成安君,并在水上活捉了赵王赵歇。这时,韩信传下命令说:"任何人不得杀害广武君。有能生擒广武君者,奖千金!"

很快,果然有人把广武君绑了来。韩信立即给他松绑,并让他面向东坐下,自己面向西坐在他的对面。这是当时师生之间的礼节。

这时,诸将都来向韩信表示祝贺。有人问他道:"将军,兵书上明明说不能背水为战。今天将军却偏让我们背水为战,并且致胜。将军用的是什么战术?我们都糊涂了。"

"这种战术兵书上是有的,只是大家没有留心。这就叫陷之死地而后生。"诸将这才信服。

韩信转过身问广武君:"我想挥师向北进击燕国,再向东攻齐,怎样才能成功呢?"

"败军之将不可以言勇,亡国之君不可以图存。我现在是一个打了败仗的俘虏,怎能有权力谈论这样重要的事情呢?"广武君客气地推辞。

"我听说,春秋时虞国的百里奚相虞的时候,虞国亡国了;可是他后来相秦穆公,秦国则称霸于世。这并不因为是百里奚在虞国的时候不聪明,到了秦国就聪明了,而是因为虞国不用他的计策,而秦国用了他的计策。假如成安君用了足下的计策,我韩信恐怕也已经成了他的俘虏了。我诚恳地希望听听足下的意见,请千万不要推辞。"

"将军只用了一个早晨就消灭了赵国二十万大军,威震天下,这是您的长处。"广武君觉得韩信确实很诚恳,就向他谈了自己的一些看法,"可是,汉军经过长途跋涉和连续作战,已经相当疲惫,这是您的短处。如果马上就去进攻燕国，困难很大，难以持久。燕国攻不下来，齐国就可以乘机加强自己。燕、齐解决不了，汉、楚之争就难见分晓。善于用兵的人不以短击长，而是以长击短。”

韩信又问：“那么，我怎样以长击短呢？”

“我看，将军最好是挂甲休兵，在赵国就地休整，抚恤赵国的遗孤。百里之内的士大夫很快就会来慰劳将军。然后，派善于言辞的人，带着将军的信到燕国去，向他们宣示将军的强大。我想，燕国是不敢不服从将军的。然后再到齐国，齐国见燕国服从于汉，它也不敢不服。这样，争夺天下的事就可以慢慢地争取。这就叫先声夺人，而后再用实力。”

韩信采纳了广武君的意见。燕国果然服从了韩信的要求。韩信又致信汉王刘邦，请求封张耳为赵王，以镇抚赵国。刘邦同意了，在第二年立张耳为赵王。

## 五

就在韩信节节胜利的时候，汉王刘邦的处境却不太妙。刘邦东进后，曾在汉王二年(公元前205年)联合五家诸侯共五十六万人，由刘邦任统帅攻楚。结果，在彭城被楚军打得大败，汉军损失二十余万人，连刘邦的父亲和妻子也被项羽掠走。刘邦回到家的时候，只找到了长子刘盈和长女鲁元。在逃跑的时候，为了跑得快，三次把两个孩子推下车，幸好被大臣捡了回来。后来，又在荥阳被项羽包围，汉军断了粮。幸亏刘邦的一位将军纪信出了个主意。让汉军在荥阳城中搜罗了一些女子，打开东门，由这些女子先出城，两千多名士兵全副武装地跟在后面。然后，纪信坐着刘邦的车从城中出来，周围的汉军高呼万岁。楚军以为刘邦跑出来了，便全力攻击这支队伍。纪信被楚军打死。刘邦却乘机从西门化装逃了出来。

楚兵不断地追击刘邦，刘邦退到赵国境内。这年6月的一天，刘邦带着几个人，自称是汉王的使者，闯入赵王张耳和韩信的营中，趁他们还没有起床的时候，夺取了他们的印鉴。两人听说汉王到了，急忙爬起来见汉王。刘邦宣布夺了他俩的军权，留下一部分军队给张耳驻守赵地。拜韩信为相国，让他征集赵国的人，建立新的部队进攻齐国。刘邦却带领韩信原来的队伍屯驻在小修武（今河南省获嘉县），坚守不战。并派一个叫郦食其（读 lìyìjī）的人出使齐国，说服齐国与汉联合，共同对付楚国。

韩信奉命击齐，未等渡黄河，就听说郦食其已经说服齐国。正不知如何是好的时候，韩信接受了谋士蒯通的建议，以汉王并没有下令停止进攻为由，继续向齐国进发。于是，汉军渡过黄河，向临淄（在今山东省淄博市）进发。齐王已经接受郦食其的劝说，同意与汉联合，所以放松了防备，想不到被韩信钻了空子。齐王田广一气之下杀了郦食其，逃到高密（今山东省高密县），并派人到楚国去求救。楚王派龙且（jū）率二十万大军援救齐王田广。有人建议龙且坚壁不战，等汉军粮尽，就可战而胜之。龙且不同意，与韩信隔着潍河（在今山东省境内）摆开阵势。

第二天有人报告龙且，潍河水位大幅度下降，龙且很高兴，因为这样更有利于楚军渡水作战。不久，韩信军涉水过河来挑战，与楚军战了几个回合，却打不过楚军，只好边战边退，一直退过河去。龙且说："我料定韩信会害怕的！"遂指挥大批楚军追过河去。可是，就在大部分楚军还在河道里的时候，忽见洪水像一面墙似的压过来，转眼间就吞没了大批楚军。龙且也被汉军打死。齐王田广向北逃去。楚军有的被淹死，有的被俘虏，几乎全军覆没。

原来，韩信让人做了一万多个大口袋，装上土，夜间让士卒用口袋把潍河从上游堵死。白天两军交战时，韩信假装打不过，等楚军追击时，让人把口袋垒成的堤坝打开，水就像水库决口一样席卷而下。

齐国平定后，韩信就驻守在齐地。第二年，也就是汉王四年，公元前203年，韩信给现在荥阳的刘邦写信说道："齐人狡诈多变，反复无常。南方还有楚国的威胁。如果我没有一个'假王'的称号，很难镇住他们。""假王"就是临时的、非正式受封的王。

刘邦拆开信一看，大为恼火，骂道："我在这里被楚军围困，日夜盼他来援助我。他反倒在这个时候要封什么'假王'，这太不像话了……"

这时他觉得有人在踩他的脚，并且注意到张良和陈平都凑到他耳边，小声说："现在的形势，我们是挡不住他称王的。一定不封，还可能生变。"

刘邦马上反应过来，改口说："……这，这太不像话了，怎能封假王呢？像韩将军这样的大丈夫，就应该封真王才是！"于是，派张良亲自到临淄去，立韩信为齐王。并要求韩信派兵击楚。

## 六

项羽通过几年的战斗，看出了韩信在他与刘邦争夺天下中的地位。他派了一个叫武涉的人到齐国，想说服韩信背叛刘邦。

"当今的天下，表面上是项、刘之争，实际上大权却操在将军手中，"武涉说，"将军支持刘邦，刘邦就胜；将军支持项羽，项羽就胜。但如果项羽败了，接着刘邦就会除掉韩将军。足下与楚王有过交情，为什么不趁这个机会反汉？否则，恐怕将军难逃被刘邦所擒的命运。"

提到与项羽的交情，韩信有点气愤："我在楚王手下的时候，官职不过是个郎中，地位不过是个扛着戟的卫士而已。我给他出的计策，他一个也不听。所以，我才离开他来到汉王这里。汉王授给我上将军印和数万的军队，让我穿他的衣服，让我吃给他准备的饭，相信我的话，采纳我的计策。他对我这样信任，我怎能背叛他呢？"

蒯通也来劝韩信："通过荥阳之败，可以看出汉王的智慧和勇力都不行。他现在的锐气被打掉不少，粮食不足，百姓疲惫，怨言很多。将军现在手中掌握着两个人主的命运。我的看法，将军不如让他们两个都保存下来，与他们三分天下。将军利用齐国非常好的自然条件发展齐国，同时怀柔诸侯。总有一天，各路诸侯都会来朝拜将军的。希望将军认真考虑。常言说，'天与不取，反受其害'。"

韩信把汉王待他如何好的话又说了一遍。

"人们常说，勇猛而有胆略，以至于让主人都感到惊讶的人，自身会有危险；功劳天下无双的人反而受不到封赏，"蒯通还是想说服他，"我还听说,‘野兽已尽而猎狗烹’。当野兽被打光的那一天,猎狗就会被杀掉的。”

韩信还是不肯背叛汉王。“我对汉王有这样大的功劳,他不会夺去我的齐国的。”

蒯通没有把韩信说服,担心会因此惹祸,便装疯远去了。

刘邦再次夺取了韩信的军队,在河内(相当于今河南省的黄河北岸地区)附近与项羽周旋,双方互有胜负。又在广武(今河南省荥阳县东北)对峙了几个月。项羽的粮食所剩不多了,刘邦的军队也疲惫不堪。项羽、刘邦时常在阵前会面谈判。有一次,项羽把刘邦的父亲放到案子上,说:“我若是不把你攻下来,就把你爹煮了!”刘邦说:“你我曾在义帝面前结为兄弟,所以我爹就是你爹。你若是把你爹煮了,也得送给我一碗汤。”还有一次,两人见面时,刘邦历数了项羽的十大罪状,气得项羽一箭射中刘邦的胸部。幸好箭的力量不大,刘邦只受了轻伤。后来,双方都有点支持不住了,遂约定以鸿沟为界,西属汉,东属楚。鸿沟是古代的一条水渠,在现今河南省境内,从荥阳引黄河水入渠。这条渠现在早已淤塞了。

双方达成协议,项羽把刘邦的父亲、妻子吕氏归还刘邦,领兵东去。刘邦准备西归的时候,张良和陈平对刘邦说:“现在的天下,大王已经有了一多半。而项羽目前兵疲粮尽,不如趁这个机会解决了他。否则就是养虎贻患。”刘邦高兴地接受了这一建议,立即撕毁协议,追击项羽。

汉王五年,公元前 202 年,刘邦追项羽到阳夏(读 jiǎ)(在今河南省太康县境内),发信要齐王韩信和建顾侯彭越等人率军出兵到固陵(在今河南省淮阳县西北),与项羽会战。可是韩信和彭越都没有来。刘邦让项羽打得大败,只好退到固陵城内坚守不出。他问张良:“韩信和彭越为什么不来呢?”

“现在,楚国很快就要被打败了。这个形势已经比较明显。”张良给刘邦分析这两个人不来的原因,说,“大王虽然已经封他们两个人为王为侯,可是并没有给他们划定疆界,他们心里没底,当然不会来。如果大王答应与他们共分天下,他们马上就会来。”

刘邦无可奈何,只好派人分赴韩信和彭越处,要求他们合力击楚,并说楚亡后，把从陈到海边(自河南省淮阳县至安徽省亳县之间)的地方都封给韩信；从睢(suī)阳(在今河南省商丘县南)向北直到谷城(在今河南省洛阳市西北)都封给彭越。韩信果然很高兴，亲率三十万大军，与彭越等军会师垓下(在今安徽省灵璧县东南)。经过几天的战斗，项羽兵败自杀。从此，楚汉相争的局面结束了，刘邦重新统一了整个中国。

## 七

刘邦并没有履行关于封地的诺言。消灭项羽的战斗刚刚结束，刘邦又故技重演，夺取了韩信的兵权，以他是楚地的人为理由，改封他为楚王，首都设在下邳(在今江苏省宿迁县)。由于韩信没了兵权，这就大大减小了他独霸一方的可能性。不久，刘邦正式称帝，后世尊称为汉高祖。

韩信到下邳去的时候，特意到淮阴去看了看。他访到了当年给他饭吃的漂母，赠送给她一千金，表示报答。他也找到了那位亭长，只给他一百个铜钱，并且说："你是个小人，做好事，却不肯做到底。"他还找到了那个让他从胯下钻过去的人，并且提拔他当一名尉官。他对自己身边的将士说："这个人是个壮士！当年他污辱我，我不是不能杀他，但我杀了他又有什么价值呢？所以，我忍受了。"

项羽有位将军叫钟离昧，是韩信在项羽帐下时交的朋友。项羽死后，钟离昧投奔了韩信。高祖刘邦知道了，要求韩信把他抓起来，韩信没有执行。

汉高祖六年，公元前201年，有一天，突然有人来报，说高祖要巡视云梦(在今湖南、湖北两省间)，途中要在陈会见诸侯。韩信觉得有点来者不善，一下子产生了率军反汉的念头。但转念又想，我也没有什么罪过，皇帝来了又能怎么样？

原来，有人给高祖打小报告，说韩信到他受封的楚国各地巡视时总是带着兵，他一定是要谋反。高祖正想找理由除掉或削弱那些权力很大的王侯，以加强他的集权统治，所以他特别重视这件事。高祖根据陈平的建议，派人通知韩信自己巡视的事。

韩信从高祖两次夺军权中知道，高祖很可能对他们这些有功之臣怀有戒心，所以还是有些惴惴不安。有人给他出主意说，如果斩了钟离眛，带着他的头去见高祖，高祖一定很高兴，自己就可以安全了。韩信便以商量事情为名，把钟离眛找来。钟离眛一来就明白了，他说："将军如果用杀我来取悦于刘邦，那么我死以后，你也不会活得很长。"说完就自杀了。韩信果然带着钟离眛的头，到陈去见汉高祖。可是刘邦并没买他的账，他刚坐下，就命令武士把他绑起来。韩信长叹一声，说道："人们说，'狡兔死，走狗烹'。兔子被打死以后，猎狗没有用了，就要被杀掉煮肉吃了。真是'敌国破，谋臣亡'啊！现在，天下已经平定，我也应该被煮肉吃了。"刘邦宣布道："有人告你谋反！"命令从人给他戴上枷锁，押解到洛阳。然后又宣布赦免他的罪，改封韩信为淮阴侯。用我们今天的话来说，就是"降级使用"。这样，既夺了他的兵权，又把他放在自己身边，容易监视。

韩信明白，诬他谋反是假，忌妒他的才能是真。因此，他整天郁郁不乐。他还称病不上朝，因为他不愿意同那些过去比他低的将军平列。高祖刘邦也有时请大臣、将军们来唠一唠。有一次，高祖问韩信："韩将军，依足下看，朕能率领多少兵打仗呢？"

"陛下不过能领十万兵而已。"

"那么韩将军呢？"

"我是多多益善。"

高祖笑着说："那么，足下为什么反而被我抓住了呢？"

"陛下不善于统率兵士，但是却善于统率将军。"

韩信有位朋友叫陈豨(xī)，被刘邦任为钜鹿(在今河北省平乡、藁城一带)守。陈豨上任前来向韩信辞行。韩信说："足下所在之处有很多精兵，而足下又受到陛下的信任。如果有人说足下反叛，陛下肯定不信。但是，如果有人第二次又说足下反叛了，陛下就会怀疑你。如果陛下第三次听到这话，就会亲自来征伐你。"

陈豨点头称是。

“如果我们两个果真反了，就能夺得天下。”韩信说出了一种可能性。

陈豨相信韩信的话，说：“我记住了。”

高祖十一年，公元前196年，陈豨果然反汉。刘邦亲自去征讨，韩信称病没有跟去。他暗中派一个亲信到陈豨那里去，告诉陈豨：“弟已经举兵，我在这里援助你。”韩信假称有皇帝的指示，释放了官奴，发给他们武器，准备率领他们偷袭留在宫中的皇后吕雉和太子，与陈豨配合反汉。一切准备就绪，就等着陈豨的消息，以便采取行动。韩信有一个舍人(比较亲近的宾客)得罪了韩信，韩信把他抓起来准备杀掉。这时，那舍人的弟弟偷偷跑出去，向吕后告密。吕后与相国萧何商量后，派一个人来通知韩信：“陛下在前线杀死了陈豨，各位王侯都已经去祝贺了。”萧何还特意给韩信写来一封信，说：“将军虽然身体不好，也一定要去，否则容易引起怀疑。”韩信当年就是被萧何追回来，才受到刘邦的重用的，他比较信任萧何，便到长乐宫去，向吕后表示祝贺。刚见到吕后，未等拜毕，吕后就翻了脸：“把叛贼韩信给我绑起来！”

韩信明白自己上当了，长叹一声说道：“唉！当初真不如采用蒯通的计策。想不到今天被一个女人给算计了。”

最后，韩信被夷三族。

# 伴君伴虎　忠良被诛

## ——晁错

汉高祖刘邦在与楚霸王项羽争夺天下的过程中，为了政治上的需要，封了不少功臣为王为侯，如韩信、彭越等，也承认了一些项羽封的王，这就导致了汉初存在着一些强大的不是由刘家的人受封的王，被称为异姓王。异姓王的存在，对刘家的天下造成了严重的威胁。所以，刘邦想了很多办法，用了很多残忍的手段，逐渐地铲除了这些异姓王。韩信的覆灭就是一例。刘邦觉得，异姓的人与自己不同心，不能为王，但是本家的人却可以为王，同心协力地保护刘家的天下。因此，刘邦封了不少自己的家人为王，并且制定了"非刘姓不王"的政策。诸王的土地占去了西汉帝国的大半。而且，这些同姓王并不像刘邦想象的那样，可以成为天子的辅助力量，反而成了社会动乱的根源。为了铲除这些祸根，西汉王朝付出了重大的代价，作出了重大的牺牲。晁错就是为此而献出自己生命的一个人。

晁错是颍川（在今河南省许昌一带）人，生活在汉文帝、景帝的时代。高祖刘邦死后，长子刘盈继位，后世称为惠帝。惠帝在位七年就死了。他的母亲吕太后专政十几年，企图为吕家夺取刘家的天下，最后阴谋被高祖的几个大臣击败。这样，高祖的另一个儿子刘恒当上了皇帝，他就是文帝。晁错年轻时曾经学习申不害、商鞅等人的法家理论。后来，因为他的文章写得好，学识渊博，在朝廷中当上一个名为太常掌故的官，负责祭祀、礼乐制度等等。文帝的时代，经过"秦火"之后，研究《尚书》的人已经很少。但《尚书》是夏、商、周几个朝代治理国家的重要文献，对历代的统治者都有很大的参考价值，所以文帝想找一些懂得《尚书》的人。他们打听到济南有一个叫伏生的人，对《尚书》造诣颇深。但这个人是秦代的博士，到文帝时代已经九十多岁了，不可能请他到宫中来了。文帝就命令太常派一个人去跟他学《尚书》，太常就派晁错去了。学成归来后，文帝先让他当太子的舍人，然后又提为门大夫，再提为博士。

晁错给文帝上疏，向他说明太子聪明过人、技艺超群，但在统治国家的“术数”，即方法和谋略方面还有所不足，应该选择一位懂得治国“术数”的人来辅导太子。文帝看了晁错的上疏很高兴，觉得他就能胜任这个任务。于是，又提他为太子家令，差不多相当于太子家的总管。太子全家人都很喜欢晁错，把他叫作“智囊”。

那时，北方的少数民族匈奴开始为害中原。晁错又给文帝上疏，分析匈奴与中原各自的长处和短处以及制伏匈奴的策略。这些策略很受文帝的赏识。

为了加强和巩固边防，他又上疏提出了鼓励内地人口移居边疆，用以加强边防的建议，叫作“徙民实边”。他认为这样既可以使内地的人民不必远去边疆屯戍，边疆的人民也可以过上安宁的生活。文帝采纳了他的意见，鼓励内地的人移居边疆，并确实起到了减少屯戍、节省经费的作用。他又建议国家出钱为实边的人民修筑房屋，使他们安心长期居住在边疆，并对他们进行一定的军事训练。他的这些建议，对减少匈奴为害边疆、巩固边防起了一定的作用。

有一次，文帝命令大臣们给他提出各种建议，他要从中选拔一些懂得国家大体又能“直言极谏”的人，也就是有意见就能讲、对皇帝的差错也敢于极力谏止的人。这种建议被称为对策。当时有一百多位大臣提出了自己的对策。但文帝认为，还得属晁错的对策最好。

“什么叫作‘直言极谏’呢？”晁错在自己的对策中提出了一个尖锐的问题，“直言极谏就是要敢于纠正陛下的失误，敢于指出陛下的过错。要能够表扬陛下的美德，赞颂陛下的功绩。要让陛下在内部没有错误的行为，在外面没有不好的名声。”他还举出了很多古代的例证。然后，他急转直下，矛头居然冲着皇帝去了：“陛下很聪明，有道德。可是，陛下已经当了十六年皇帝了，国民不见富裕起来，盗贼不见减少，边境也不太安宁，这是为什么呢？是因为陛下没有能够亲身听取群臣的各种意见。大臣们都是陛下选拔上来的,可是他们却不能经常地见到陛下。光阴在无情地流逝,却一直见不到陛下治理天下的功德,臣暗地里在替陛下可惜。"

晁错向文帝提出的建议很多,像实边建议这样被采纳的并不多。这次他的对策是够尖刻的了,文帝听了心里也不大是滋味。但这是他要求人家讲的,所以也不好真动肝火。并且,他觉得晁错确实是个不可多得的人才,就让他当了中大夫。这是一种相当于皇帝的顾问的官职。

历来的皇帝很少有能真正容得臣下的激烈批评的。晁错的对策,语言是够刻薄的了,但文帝不敢发火还有一个重要的原因,那就是当时皇帝的权威并没有像秦始皇时代那样完全树立起来。我们前面讲过,高祖时代封了大量的同姓王。有的王土地跨有几个郡,他们的政权机构相当庞大,有的不亚于中央政府。皇帝也奈何他们不得。而全国的土地,王侯的封地就占去了一大半,皇帝的权威树立不起来也就不奇怪了。

晁错对这种情况很焦急,他觉得这样下去肯定会发生危机。所以,他又向文帝提出了削弱诸侯和修改法令的建议。他连续三十几次上疏提出这个建议,但文帝都没有理会。对他的这些建议,太子刘启倒是很赞成。

吴王刘濞(bì)就是这些同姓王中势力较大的一个。他是高祖刘邦的侄子。当年,他曾随高祖打败谋反的黥(qíng)布有功,被封为吴王,领有三郡五十三城。这时,他的势力更加强大。诸侯与中央政府的主要联系,就是每年定期到首都进贡并朝拜天子。但是吴王却借口自己有病不来朝拜。文帝派人调查,发现他是装病。这时,晁错多次上疏对文帝讲:"吴王的做法有些太过分了,这样下去必有隐患。希望陛下利用这个机会削去他的一部分封地。"文帝不但没有接受晁错的建议,反而赏赐给吴王手杖,表示对他的宽容。所以,吴王就更加骄横了。

公元前 157 年,汉文帝死了,太子刘启继承帝位,后世称为景帝。景帝任晁错为内史,掌管首都地区的治理。由于景帝在当太子的时候就同他有特殊的关系,所以景帝继位以后,对自己的老师晁错的话还是很尊重的。景帝对晁错的信任甚至超过了官位最高的九卿,让他主持修改了许多法律条令。皇帝的信任,特别是晁错历来主张削弱诸侯的势力,引起了一些人的忌妒、不满和不安。就说郎中袁盎吧,他本来也是赞成削弱诸侯势力的,但他却与晁错不和。晁错坐在屋里的时候,他决不进屋。同样,他在屋中的时候,晁错也不肯进。这样,两个人竟没有在一起说过话。后来晁错揭发袁盎曾经接受吴王的礼物,袁盎被免官回家,成为百姓。袁盎与丞相申屠嘉关系密切,而申屠嘉是极力反对削弱诸侯的,对晁错恨之入骨。

有一天刚刚上朝,丞相申屠嘉就向景帝奏了一本:"臣请陛下下令廷尉诛晁错!"

景帝一愣。他知道申屠嘉对他重用晁错大有意见,但想不到申屠嘉竟要一下子置晁错于死地,就问:"为什么?"

"晁错擅自把宗庙的墙凿穿,给自己的内史府另开出一个门来。这是对先帝先祖的大不敬。罪当诛!"

原来,内史府距离皇家的宗庙很近,中间只隔着一道矮墙。这道矮墙并不是宗庙的正式院墙,只是围住了宗庙外面的空地。但它也挡住了内史府的出口。于是,晁错就在这矮墙上开了一道门,作为内史府的出口。想不到申屠嘉竟以这件事为由,对晁错大兴问罪之师。幸好在申屠嘉要奏本之前,有人把这个消息透露给晁错,晁错已经向景帝作了解释。所以,景帝听了申屠嘉的话以后,很快就答复他说:

"那只是宗庙园地的围墙,不是大墙,这不能算犯法。"一句话就把这个事给搪塞过去了。如果不是晁错事先做了工作,那么当朝上有人揭发晁错破坏宗庙的时候,那可是真有被认定为死罪的可能的,说不定晁错的脑袋就真的保不住了。

申屠嘉本以为这次抓住了晁错的一个大把柄,一定可以置他于死地,不想皇帝一句话就给他堵回来了,气得他四肢颤抖。他咬牙切齿地对同他一样反对晁错的长史说:"我应该先斩了他,然后再奏。我以为这一奏肯定成功,想不到却耽误事了!"申屠嘉一气之下大病一场,医治无效,竟被气死了。

通过这件事,朝臣们看出来景帝对晁错是非常信任的,是能够给他撑腰的,因此对他也不敢不另眼相看。景帝对晁错更加信任,并把他提升为御史大夫，是地位仅次于丞相的重要官员。

晁错从申屠嘉这件事中看出了自己的危险处境，但他没有退缩。这时的诸侯王更加有恃无恐，不把天子放在眼里。晁错对景帝说：

“当年，高帝刚刚平定天下的时候，兄弟的数量并不太多，孩子们也都还年轻。在这种情况下，高帝封了很多同姓王。齐王受封七十二城，楚王受封四十城，吴王受封五十余城。仅这三个王差不多就封去了天下的一半。现在，他们不服从天子，自己说了算。前几年，吴王装病不来朝，这本来应该是死罪，可是先帝却宽恕了他，还赏赐给他手杖。先帝对他够宽厚的了，可是他却不思悔改，现在更加不服从天子了。”

“他们的骄恣朕也看出来了。”景帝满脸的无可奈何。

“问题是，他们不会就此为止，而是会愈演愈烈。吴王利用吴国优越的自然条件，有铜矿可以铸钱，靠大海可以煮盐，可以充分地发展自己的力量。他还收留了很多逃亡的罪犯，显然是要谋反。”

“等一等再看吧，也许会好一些吧？”景帝毕竟年轻，把事情看得太简单了。

“显然，削弱他们，他们会反；不削弱他们，他们也会反。现在就下手，他们可能很快就反，这样祸害可能小一些；拖延下去，他们可能反得晚一些，但那样危害更大。请陛下看准时机。”景帝对晁错的分析半信半疑。

汉景帝二年，赵王刘遂犯了法，经晁错力谏，被景帝削去了原先封给他的常山郡。胶西王刘昂出卖官爵被揭发，被削去了六个县。

汉景帝三年，公元前154年冬天，楚王来朝。晁错觉得这是一个削除他的好机会，便向景帝奏道：“楚王刘戊在去年为太后服丧期间行为不轨，与人通奸，实为不赦之罪，请陛下诛之。”王侯们的淫乱是“正常”的事，但在为帝、后或父母服丧期间，这样的行为从法律上讲却是绝对不允许的。

景帝有点手软，赦免了楚王的死罪，但削去他封地中的东海郡。晁错还不断地建议削去吴王的封地。景帝让大臣们讨论一下。当时正是晁错得势的时候，群臣当中很少有人胆敢反对。但这时，景帝又起用了曾被太后免官的窦婴，并任命他为大将军。窦婴坚决反对削弱诸侯的力量。不仅如此，在他的建议下，景帝又把袁盎重新起用。这两个人都对晁错有着很深的个人成见。晁错不顾这些，继续建议景帝对诸侯采取强硬措施。诸侯便把攻击的目标集中到晁错的身上。

晁错的建议多数被景帝采纳，但朝廷内部的环境却对晁错非常不利。他越是坚持要削弱诸侯，便树敌越多。支持他、同情他的人也都替他捏着一把汗。

这时，晁错的父亲从家乡颍川急急忙忙赶到京城，找到晁错，对他说："皇上刚刚继位三年，让你帮助他管理国家大事，可是你却一意侵犯诸侯的利益，难道你不知道诸侯都是皇上的本家？人家是骨肉至亲，你怎能疏远人家的关系？你这样做明明是要招致人家的怨恨。你为什么要这样干？"

"父亲，您说的道理我都懂。"晁错很深情地对父亲说，"可是，如果我不这样做，天子的权威就树立不起来，刘家的天下就会不巩固。我做的事情，都是为了尊天子、安宗庙这个根本目的。"

"刘家是安稳了，可是我们晁家却危险了！"晁错的父亲看劝不动儿子，就说，"我不能陪你了！我不忍心看着我们全家受到你的株连啊！"回去后，他就喝毒药自杀了。

不久，吴、楚等七个诸侯国果然联合反汉，并且以"诛晁错"作为口号。

景帝觉得，晁错的预见果然应验了，便把晁错等人找来，商量镇压七国叛乱的计策。景帝说："是不是让大将军窦婴率军出击为好？"

晁错觉得窦婴不可靠，就说："此次出兵，宜一举而定全局。臣以为陛下英明，又是民心所向，如能亲自出征，定能马到成功。而臣则在京师为陛下操办军粮，使陛下无后顾之忧。"

窦婴提议说："是不是把袁盎也找来一起商量？他曾在吴王手下当过丞相，对吴国的内情是比较了解的。"景帝觉得有道理，就下令把袁盎召来。

景帝问袁盎："足下曾给吴王当过丞相，一定了解吴国的情况。现在吴国叛乱，依足下的意见，该怎样解决？"

"这是小事一件，不必忧愁。"袁盎表现得很有把握。

“吴国有铜矿可以铸钱，有海滩可以晒盐，又招集了不少豪杰。吴王年纪又很大，老奸巨滑。他要是没考虑得很周到，是不能干这件事的，怎能说不用愁呢？”景帝不知袁盎葫芦里卖的是什么药。

袁盎说：“吴国是有铜盐之利，可是他招集不到什么豪杰。如果真有豪杰，只能帮助他不谋反。他招集到的都是些无赖子弟，铸钱的人也都是些奸商。这些人凑到一起，所以才会谋反。”

晁错觉得袁盎说得挺有道理，就说：“袁先生说得很对。”

景帝问：“足下的计策到底是什么样子？”

“请陛下让左右的人都退下。”其他的人都退下殿去，只剩下景帝、袁盎和晁错。

“我的计策，除了陛下，任何人都不能知道。”晁错听了，知道是在让他也回避，便愤愤地退了下去。

“陛下，吴、楚等国曾经给陛下上疏，说明他们造反的理由。当年高皇帝封子弟为王，每人都分给他们一定的土地。可是现在贼臣晁错却一点一点地夺去诸侯的土地，这才使得他们不得不反。所以，吴、楚等七国的口号是共诛晁错、恢复封地。只要达到这个目的，就可以罢兵。所以，现在的计策只有斩了晁错，并派使节把这一消息通知七国。这样，陛下就可以兵不血刃而平定七国之乱了。”

景帝听了，默然无语，过了好长时间才说：“难道是要我用牺牲一个人的办法，去向天下表示歉意？”

“请陛下好好考虑一下。臣以为只有如此才能息兵。”

可恨这位年轻的皇帝，全不念多年的师生之情，全不念晁错一心为了保全他的天下，忘记了袁盎与晁错之间的私仇，竟让袁盎的几句胡言乱语给迷惑住了！难怪后世有人说“伴君如伴虎”！景帝经过一番考虑，竟然接受了袁盎的建议。他任命袁盎为太常，是一种掌管宗庙祭祀和选试博士的官。景帝还秘密地派袁盎到七国去通知斩晁错的决定。

十天后，晁错照常上朝。景帝一坐稳，马上就有人奏道：“吴王叛逆，危害宗庙，天下应该共同诛之。”危害宗庙就是危害皇帝的政权。“然而，御史大夫晁错却说，出兵上百万，群臣均不可信任，让陛下亲自出征，由他坐守京师。晁错不颂扬陛下的功德，却要离间君臣的关系，还准备把陛下的土地送给吴国。晁错不讲君臣之礼，大逆不道，应该腰斩，父母、妻子、兄弟不论老少，都应一律处死！”

晁错对形势的突然变化十分吃惊。这些人把叛乱的责任强加到他的头上，还造谣说他要给吴国土地，真是无耻透顶。他相信景帝是不会相信这一派胡言的。他哪里知道，景帝为了保住自己的皇位，幻想杀了晁错，吴、楚等国就会自动退兵，早已在暗中与袁盎等人设好了圈套。晁错看着景帝，以为他一定会否决这些无稽之谈的。可他万万没有想到，景帝口中只吐出了一个字：“可！”

还没等晁错反应过来，就上来一些兵士，要扒去晁错的朝服，因为受死刑的人是不能穿朝服的。景帝制止道：“就让他穿着朝服受刑吧！”这就是景帝对一位无比忠贞的大臣的一点恩赐。就这样，不允许他申辩，晁错就被拉出去腰斩了。他的全家也都跟着受难。他父亲的预言不幸应验了。

晁错遇难后，在前线反击吴、楚军的校尉邓先回到京师，向景帝禀报军事问题。景帝问邓先：“吴、楚军听说晁错被诛，已经罢兵了吧？”

邓先摇摇头说：“吴王反汉已经准备了二十多年。因为削地而动怒，要求诛晁错，这只是他们表面上的名义。他们要的是汉家的江山，并不是晁错。只是，这件事发生以后，我担心不再有人敢讲话了。”

“这是为什么？”景帝问他。

“晁错对陛下是忠诚的。他看到诸侯强大，难以控制，会危害宗庙，危害汉家的天下，所以才建议削去诸侯的封地。这是使天子不失天下，使江山永固的大好事情。可是，他的计划刚刚开始实行，就遭受到杀身大祸。这样做，在朝廷内部，使得忠臣不敢再讲话；在外部，又给那些诸侯报了私仇。我觉得陛下这样做实在是不可取的。”

景帝长叹一声，说道：“将军说得对呀！我也后悔了。”

# 闻名细柳　饿毙囹圄

## ——周亚夫

皇帝的车驾真气派！六匹大白马，戴着金碧辉煌的头饰，尾巴被染成红色，雄赳赳、气昂昂地拉着皇帝的乘舆。乘舆的前面，不但有带着真枪真戟真弓箭、骑着高头大马的卫士，还有高举各种象征性的武器和各种旗帜的仪仗队。十二面大旗，分别绣着龟、蛇、乌鸦、鸾雀、龙、虎、熊以及日、月、星辰等等。乘舆的车轮被涂成鲜红的颜色，车厢上镶嵌着五光十色的玉石，真是富丽堂皇！车厢上面覆盖着圆圆的大伞盖，与方形的车厢一起，象征着天圆地方，也就是象征着皇帝是天下的拥有者。乘舆的后面是随行大臣、太监们的八十一辆各种马车，还有给皇帝备用的立车等。皇帝的车驾车辚辚、马萧萧，在一溜烟尘之中，向着细柳营(在今陕西省咸阳市渭河北岸)方向驶去。

坐在乘舆中的是西汉的孝文皇帝刘恒。这一年是汉文帝后元六年，也就是公元前 158 年的冬天，匈奴再一次从两路对汉朝发动了大规模的入侵骚扰。一路三万骑兵侵入云中(在今内蒙古自治区土默特右旗附近)，另一路三万骑兵侵入上郡(在今陕西省榆林东南)。其中的后一路直接威胁首都长安。文帝一方面出兵飞狐(在今河北省蔚县东南)、句注(在今山西省代县西北)、北地(在今甘肃省庆阳县西北)，直接反击匈奴入侵，另一方面则在西安附近部署了一道防线。这一道防线由棘门(在今陕西省咸阳市东北)、霸上(在今陕西省西安市东)和细柳三个大营组成，在长安的北面组成了一道弧形的防线。其中，棘门营的将军是祝兹侯(爵位)徐厉，霸上营的将军是宗正(官职)刘礼，细柳营的将军是河内守(官职)周亚夫。为了鼓励士气，文帝决定亲自到各营去慰问将士。今天，这浩浩荡荡的车驾就是文帝劳军的队伍。他们早早就出发，先慰劳了霸上营和棘门营，现在正在向细柳营进发。

文帝坐在乘舆中，一种兴奋的心情代替了自匈奴这次入边以来给他造成的那种焦躁的情绪。这壮观的劳军队伍本身就显示了皇帝的权威。特别是在霸上和棘门两个大营受到的礼敬，更显出了他天子的至高无上。当两座大营的将军听到劳军先遣队告知他们皇帝的车驾即将来到的时候，他们个个诚惶诚恐，急急忙忙率领部下迎出几里地远，然后跪在路边，山呼万岁。向皇帝说了一大堆感激涕零的话以后，又“为王先驱”，在前面带路。车驾进入两座大营，都是如入无人之境，因为所有的士卒都整齐地跪在路边，头都不敢抬一下，连喊万岁都是低着头。在细柳营，他将受到更加热烈的接待，因为周亚夫曾经受到他文帝的特殊“垂爱”。他虽是先帝功臣周勃的儿子，但他并没有承袭父亲的爵位，承袭爵位的是他的哥哥周胜之。周胜之又犯了罪，被削去了“绛侯”这个爵位。是他文帝发了善心，让从周勃的孩子当中挑选一个比较好的封侯，大家都说周亚夫好，才封他当了条侯的。所以，皇帝对周亚夫来说，可以说是恩重如山。

就在文帝陶醉在权威的快意中的时候，车却停了下来。文帝掀开乘舆的门帘问道：“怎么了？”他看到细柳营的营门就在前面，可是营门紧闭，几名守门战士全身披着铠甲，手持长戟，笔直地站在门前。其中有一名兵士还拉满了弓，装上了箭，好像是要求先遣队的人退后。这时，只听嗒嗒一阵马蹄声，那先遣队的军官回到皇帝的乘舆前，下马后跪下禀道：“禀陛下，细柳营的守门士卒不给开门。”

文帝吃了一惊，问道：“你没说这是皇帝的车驾？也许守门士卒年轻，不知利害？”

“臣告诉他们，天子车驾马上就到。可那军门都尉说，军中只听将军的命令，而听不得天子之诏。”

“可也是。”文帝说，“三百多年以前，孙子就说过，将在军，君命有所不受。”就是说，正在执行军事任务的军队首领是无法接受君王的命令的。文帝心里明白，战争的形势是千变万化的，作为战争的指挥官，将军有权根据战争的形势随时作出自己的决定。别人的干预对战争是不利的，天子也不能例外。他命令太监说:“给先遣队将军一支符节,传朕的诏告,就说朕前来劳军。”

“符节”又叫“节”,是一种信物,或者说是一种证明。皇帝的符节是用竹竿和牦牛尾制成的。谁有皇帝的符节,谁就可以证明他是皇帝派来给皇帝办事的。

先遣队的长官这一次带着皇帝的符节,才被允许进营。先遣队长官拿出皇帝的诏告,看着周亚夫。按照朝廷的礼节,当有人代表皇帝宣读皇帝的诏告时,接受这诏告的人是必须跪下听人宣读诏告的。可是周亚夫并没有下跪的意思,只是对来人说一句:“请宣读。”来人无奈,只好展开那卷着的帝诏,读道:“朕欲来营劳军。”文帝并没有要为劳军而下诏的准备,只是临时凑合了这么一句,好让周亚夫开门。周亚夫这才传令军门都尉,开门迎接文帝。

皇帝乘舆的车夫见营门打开,刚要举手扬鞭,一守门战士又急忙给他打手势,并说:“周将军有令,在军营中,马车不得快速驱驰。”文帝刚要放下帘子,听守门战士这样说,也只好对车夫说:“你就慢慢赶吧。”

乘舆来到营区中间的将军帐前,只见周亚夫全副铠甲地迎了过来,大步走到皇帝乘舆前说道:“陛下,甲胄之士跪拜不便,请以军礼相见。”这时,太监过来掀开门帘,文帝才注意到,周亚夫正拱着双手注视着他。将军帐前的演武场上,全营将士全副武装,也都拱起双手,向皇帝敬礼。周亚夫高声说:“吾皇陛下万岁、万岁、万万岁!”接着,全营将士也都高呼:“陛下万岁、万岁、万万岁!”喊声惊天动地,在山峦之间回荡着。这喊声使得文帝也非常振奋。他让太监把立车叫过来,他站在立车上,双手扶轼,在全营队列前面慢慢地走着。原来,古代的战车是没有座位的。战士都是站在车上,一人驾车,两人作战。车的前面有一条横木做扶手用,称为“轼”。皇帝站在立车上,很像站在战车上的斗士。因此,战士们感到很亲切,“万岁”的喊声重新响起,并且是自发地,不规则地,但声音似乎更响亮。然后,文帝来到周亚夫的面前说:“周将军,你们辛苦了!”周亚夫再敬拱手礼,并且说道:“谢陛下慰劳。全营将士决不辜负陛下!”

这时，天色已晚，文帝换上乘舆，赶回长安。他脸上的兴奋之情别人并没有觉察到，他们还为周亚夫捏把汗呢，觉得他以这样无礼的态度对待皇帝，弄不好，皇帝就会以大不敬罪要他的脑袋。走出营门不久，文帝看到文臣武将们一个个大气不敢出的样子，就明白了八九分。他把随行人员叫过来，对他们说："周亚夫才是真正的将军。我们先去的棘门和霸上两座军营，和细柳营比较起来，就像儿戏一样。他们那样的防备方法，敌人很容易就能偷袭他们，甚至活捉他们的将领。像细柳营这样戒备森严，有谁敢侵犯？"

过了很长时间，文帝还在不断地对人家讲他细柳营劳军的事，盛赞周亚夫治军有方，纪律严明，一丝不苟。从那以后直到现在的两千多年里，"细柳营"就成了军纪严明的代用语而广为流传，无数的文人墨客不断地讴歌它。不久，匈奴的威胁解除，长安北面的三个大营解散，周亚夫又被文帝任命为中尉。我们不要把这个中尉同今天军衔中的"中尉"相比，那时的中尉是中央政府中仅次于太尉的高级将领。

文帝称赞周亚夫还有一个原因。他觉得周家父子两代对朝廷都无比忠诚。还说细柳营的事吧，周亚夫把部队训练成这个样子，很可能使皇帝感到丢了面子而要了他的脑袋，但只有这样，才能把军队训练成一支战无不胜、攻无不克的队伍。仅仅这一点，也就足见他的忠诚了。

在这一点上，周亚夫倒是很像他的父亲周勃。

周勃是汉高祖刘邦的老乡，青年时代就参加了刘邦的起义部队，跟随刘邦南征北战，屡立战功。高祖刘邦称帝后，就封他为绛侯。因为高祖有令，非刘氏不封王，所以作为非刘姓的人，封侯就是最高的奖赏了。汉朝立国后，他又在平定叛乱、巩固刘氏政权的活动中立下了汗马功劳。他这个人不善言谈，说话没有什么文采，性格刚直敦厚。高祖刘邦临崩之前，当吕后问他都有哪些人可以作为汉朝的辅国重臣的时候，刘邦在说了曹参、王陵、陈平并分别指出他们的优缺点之后，又说："周勃这个人忠厚稳重，缺少文采。可是，能够保住刘家天下的人一定是周勃！可以让他当太尉。"太尉是最高的军事长官。

公元前195年,刘邦去世,吕后成了太后。第二年,太子刘盈继位,他就是后世所说的汉惠帝。这个期间,周勃果然被任命为太尉。吕太后是一个残忍霸道的人,杀人不眨眼。惠帝不赞成母亲的做法,却又无能为力。因此郁郁不乐,只知淫乐,不问朝政,朝廷大权实际上操在吕太后的手中。公元前188年,年仅二十三岁的惠帝驾崩。吕太后先后立了两个小皇帝,但大权实际上还是掌握在她的手中。她不顾大臣们的反对,违背高祖关于"非刘氏不王"的遗嘱,大封吕氏兄弟为王,企图为吕家从刘氏手中夺取天下。公元前180年7月,吕太后也死了。吕氏兄弟企图乘机夺取权力。这时,吕禄为上将军,吕产为相国,大权都掌握在他们的手中。丞相名义上是刘邦时代的老臣陈平,可是陈平什么事都管不着;太尉名义上是周勃,可是周勃连军门都进不去。眼看着汉朝的天下就要落入吕家的手中。

9月,周勃用计从吕禄手中得到将印,这才进入军门。他下令说:"诸位将士听着,你们当中,谁为刘氏保天下,就把左肩露出来;谁为吕氏保天下,就把右肩露出来。"结果,这里的人都露出了左肩。周勃联合陈平,把吕家的人全部杀尽,废了吕太后立的小皇帝,迎立高祖刘邦的儿子——代王刘恒为帝,被后世称为文帝。

不久,周勃就被文帝封为绛侯,任为右丞相。有人告诫他说:你平定诸吕的叛乱,迎立皇帝,受到了很高的奖赏。但是,过高的恩宠很可能给你带来大祸。周勃觉得这话很有道理,也感到很害怕。他主动向皇帝请求归还右丞相的大印,获得文帝的批准。一年后,丞相陈平去世,文帝任命周勃为丞相。但文帝又觉得他权力太重。十个月后,文帝对周勃说:"朕曾经下诏,让受封的各位侯爵到自己受封的地方去,但还有不少人没去,仍留在长安。朕想请将军起个带头作用,不知如何?"周勃一听,就知道皇帝这是要免掉他的丞相,他怎能不从?他便交出相印,来到绛(在今山西省侯马市西)。周勃在绛终日惴惴不安,怕被人杀害,有时会见来人时也随身带着武器。有人以这一条告发他要谋反,文帝把他抓起来,投入狱中。幸亏周勃的大儿子周胜之娶的是公主,他请公主证明周勃没有造反的意思。公主找到自己的祖母——薄太后。文帝来拜见薄太后的时候,太后对他说:"去年,周勃迎你为帝的时候，身上带着皇帝的玉玺，手中握着军权，他没有反。现在，他仅仅是在一个小县中，怎么会反？”文帝听了薄太后的话，这才放了他。文帝前元十一年，即公元前169年，周勃去世，由长子周胜之承袭爵位。但周胜之与公主关系不和，公主告他杀人，被免除了爵位。一年后，文帝要求在周勃的儿子当中挑选一个优秀的封侯，承继父业，大家一致推举周亚夫。于是，周亚夫被封为条侯，并被任为河内（在今河南省黄河以北部分地区，治所在今武陟县附近）守。直到这次匈奴入侵，又被任为细柳营将军。通过这一段时间的考验，文帝对周亚夫非常信任。第二年（公元前157年），文帝就去世了。临终前，他对太子刘启说："如果国家遇到了紧急情况，周亚夫确实是可以带兵保国的人。"文帝死后，刘启继位，被后世称为景帝。景帝任周亚夫为车骑将军。

景帝三年（公元前154年），发生了七国之乱。吴王等人以要求诛晁错为名，联合胶东王、胶西王、济南王、淄川王、楚王、赵王六国国王发动叛乱。吴王征集全国所有十四岁到六十二岁的男子，动员了二十万兵力，再加上其他六国的兵力，对汉朝中央政府构成了严重的威胁。景帝任命周亚夫为太尉，率领三十六位将军及大批军队前去平定七国叛军。

这时，吴、楚军正在围攻梁（在今河南省商丘市南）。周亚夫征求了各方面的意见后，上疏景帝，陈述了自己的用兵策略：吴、楚的军队正在势头上，直接对抗，于汉军不利。建议由他率兵坚守昌邑城（在今山东省巨野县东南），而暂时不援救守备情况较好的梁，等吴、楚军粮秣消耗得差不多了，再战而胜之。景帝批准了周亚夫的平叛方案。

周亚夫从长安出发，刚走到霸上，就遇到一位叫赵涉的人拦住了他的车。周亚夫问道："先生拦车必有原因，能否告知亚夫一二？"赵涉说："我听说将军此行是去平定吴楚之乱。将军胜了，则天下安宁；不胜，天下就要危亡了，所以事关重大。不知将军能不能听一听我的计策？"周亚夫急忙下车，拱手敬礼，说道："在下愿听。"赵涉说："吴王早就准备造反，养了很多各种类型的人，将军前面的路上不可能没有他们的密探。军事秘密是胜败的重要因素。我建议将军现在向相反的方向走，绕道蓝田（在今陕西省蓝田县)、武关(在今陕西省丹凤县东南),再到洛阳(今河南省洛阳市)。从时间上讲,不过晚一两天,却达到了出其不意的效果。”周亚夫接受了赵涉的建议,在长安通往洛阳的路上进行了一番搜查,果然抓到了吴国派来的奸细。周亚夫知道还会有奸细,就与赵涉一起乘传(zhuàn),日夜兼程赶到洛阳。这里说的传有点类似驿站。不过,传是用车一站一站地倒,歇人不歇车,这样可以大大提高运送人员的速度。驿是用马一站一站地倒,歇人不歇马。他们又很快赶到荥阳(今河南省荥阳县东北),在那里召集军队,向东进发。

这时,被吴、楚军围困的梁王有点招架不住了,派人请周亚夫出兵解围。周亚夫没有出兵支援梁国,却把部队带到靠近吴、楚兵粮道的昌邑,在那里加固城墙,加深护城壕,在城内贮存了够全城军民几个月用的粮食。梁王上疏景帝告急,景帝又下诏给周亚夫,让他去解梁王之围。然而周亚夫老主意一条:就是按兵不动。但他派了一些轻骑兵、神弓手,埋伏在吴、楚军运粮车必经之路的两侧,截断了吴、楚军的粮道。吴、楚军断了粮,心慌起来,便过来围攻昌邑。不管他们怎样挑战,周亚夫就是不应。吴、楚兵大举向城东南角攻击,周亚夫只派了少量的汉军在东南角抵抗,却抽出主力调往城西北角。不一会儿,吴、楚军的精锐部队果然在西北角出现,因为遇到了汉军强有力的抵抗而没有得逞。

吴、楚军围梁不下,攻昌邑又不成功,又断了粮食,只好退兵。周亚夫这才派出精兵追击败逃的吴、楚军,把吴、楚军打得大败。吴王刘濞只好带领几千人逃到江南的丹徒(在今江苏省镇江市东南)。汉军乘胜追击,几乎抓获了所有逃亡的吴、楚军。吴王刘濞逃到越地(在今江苏、安徽、浙江、江西一带),被当地人杀死。此至,一共三个多月的时间,七国之乱就被完全平定了。当初对周亚夫的策略有所怀疑的将军们,对他也完全信服了。但是,梁王却因此同他产生了隔阂。

平定七国之乱后,景帝对周亚夫更加信任,先是让他继续当太尉。五年后,即景帝前元七年(公元前 150 年),又让他当了丞相。

不久,发生了景帝废立太子的事。景帝的大儿子叫刘荣,是栗姬所生,在前元四年被立为太子。二儿子叫刘彻(就是后来的汉武帝),是王美人所生,在同一年被立为胶东王。但王美人日益受宠,在前元七年,景帝决定废掉原来的太子刘荣,而改立刘彻为太子。周亚夫觉得这样做不太合适,表示了反对的意见,景帝由此开始对周亚夫不满。

梁王总是对当初周亚夫不援救梁耿耿于怀。他并不把这看成是周亚夫的战略,也不管这是周亚夫取胜的关键。他每次到朝中来,都在窦太后面前说周亚夫的坏话。这时,王美人被景帝立为皇后。窦太后看景帝这样宠幸王皇后,就提议把王皇后的哥哥王信封为侯爵。当他们征求丞相周亚夫的意见时,他说:“高帝(指刘邦)曾经规定,非刘氏不得封王,非功臣不得封侯。如果谁违背了这条规定,则要求天下共击之。王信虽然是皇后的哥哥,却没有建立过什么功勋,封侯就违背了高帝的规定。”景帝听了这话,也没办法反驳,只好作罢,但脸上不是颜色,心里不是滋味。

这时,有五位匈奴的王投降了汉朝。景帝想封他们为王,以鼓励匈奴的人投降。周亚夫说:“他们是匈奴的叛臣。如果我们这样鼓励他们,怎样教育我们的文臣武将尽忠呢?”景帝这一次没有采纳周亚夫的意见,封这五位匈奴王为列侯。周亚夫一气之下,称病辞去了丞相职位。

不久,景帝请周亚夫进宫,并赏给他肉吃。可是,周亚夫的桌子上放的是整块的肉,既没有刀,也没有筷子。周亚夫心里很不痛快。他看景帝桌子上有筷子,就说:“是不是给我双筷子?”景帝戏谑地说:“看起来,你还有不知足的地方啊。”周亚夫摘掉帽子,恭恭敬敬地说道:“感谢陛下的厚赏。”景帝说:“那你就起来吧。”周亚夫只得悒悒不乐地站起来,退了下去。景帝看着他的背影说:“我这样戏弄他一下,他就这样不高兴。这样的人,以后怎能给少主当大臣呢?”少主指的是他的太子。

恰在这时,周亚夫儿子的一个雇工告发周亚夫买了五百具宫中使用的甲盾。于是,景帝以周亚夫谋反为由逮捕了他。原来,他的儿子对雇工很刻薄,还少给人家工钱,所以雇工就把他给告发了。因为这种甲盾是供皇帝用的,别人用就是犯法。法官审讯周亚夫的时候,他什么也不说。景帝听说后骂道:“没有他的口供,我照样可以杀他!”然后把周亚夫移交给最高法官——廷尉审讯。廷尉问他:“你买这么多甲盾,是准备造反吧?”周亚夫气不打一处来,因为这些“甲盾”并不是实战用的真品,而是殉葬用的仿制品,就说:“你好好看看,那是墓葬用品,不能用来打仗。”廷尉煞有介事地说:“这正说明你在地上反不了,准备死后在地下反!”

周亚夫听了这话,一切都明白了。有罪是假,要置他于死地是真,只因为他得罪了梁王、太后和皇后,所以也就得罪了皇帝,因此他们现在要要了他的命。先父周勃是汉朝的开国功臣,又粉碎了吕氏兄弟的夺权阴谋,保住了刘家的天下。他们周亚夫为了汉朝的天下尽心尽力,粉碎了七国之乱。可以说如果没有他们周家父子,也就没有今天的刘氏天下。现在,他没有用了,所以就要被除掉了。这时,他想起年轻时有个人给他看相说:你以后贵不可言,将会被封侯,当将军、丞相。但最后,你会被饿死。那时他不信,现在他想,既然自己已没有活路,那就成全了这位看相的人吧,让他不幸言中。从此,周亚夫拒绝吃饭喝水,五天后被饿死。

周亚夫死了,但细柳营的典故却永远流传下来。他坚壁昌邑、最后消灭吴、楚军的故事也成了军事史上有名的战例。

# 度田不实　媚上招祸

## ——张伋

张伋(jí)看过皇帝的度田诏,心里十分为难,寝食不安。

他是河南尹。“尹”本来是长官的意思,刘秀在西汉末年赤眉大起义之后的军阀混战中取胜,建立了东汉王朝,又称后汉,把首都设在洛阳。洛阳原来属于河南郡,建都后,就把河南郡称为河南尹。同时,“河南尹”也是对这一地区的最高行政长官的称呼。作为地方,它包括了当今河南省黄河以南的洛水、伊水下游、双自河、贾鲁河上游地区及黄河以北的部分地区。刘秀建国以后,把大量的土地赏赐给皇族、亲戚、功臣等等,豪强地主也乘机兼并土地。因此,从东汉初年开始,土地问题的矛盾就非常尖锐。朝廷按土地面积收税,大户人家就隐瞒土地。那些失去土地的农民无以为生,就去依附大户人家,给他们当宗族、宾客、徒附、部曲,类似于后来的长工、佃户等等。大户人家大量地隐瞒这些依附农民的户口,这就使国家的丁口税,也就是人头税大量减少。所以,土地兼并的后果,一方面是失去土地的农民生活无着,造成社会的不安定;另一方面是国家的收入减少,造成财政困难。为了解决这些问题,刘秀就在建武十五年(公元39年)六月下令度田,也就是要丈量土地,清查户口。

河南尹可不同于其他地方,这里靠近首都,达官贵人、皇亲国戚都在这里购买和掠夺土地。这些人谁也不肯如实呈报土地和人口的数量。但这些人又个个官高势重,别说各县的乡官县令,就是他河南尹能不能做长,也要靠这些人的庇护。所以,在河南,度田的任务就更加艰巨。他张伋得处处小心。

“大人,召陵侯李雄遣人来拜。”正在张伋忧心忡忡的时候,家人来向他禀报。可他一时又想不起这位李雄是谁。但既然是侯爵,就一定有来历,他派来的人就怠慢不得。他一面传话请客人进来，一面让负责文书的小官书丞去查官册。原来，张伋为了防止得罪达官贵人，就把本地在京师做官的人造了个名册，随时备查。客人大摇大摆地走上堂来拜道："小的是召陵侯李雄家令……"这时，书丞回来，贴着张伋的耳朵小声说："李雄乃大司空李通的儿子。"张伋只觉得脑袋里面轰的一声响，就啥也听不见了，连请客人坐都说不出来。幸好书丞还算机灵，拿过一块席，请客人落座。好在那家令开始只是寒暄几句无关紧要的话。等他恢复过来，就听到那李雄家令说："召陵侯在新城县(在今河南省伊川县西南)购得薄田三百顷。近日陛下有令，检核田亩，召陵侯还望大人如实检核。"张伋心想：哼，屁话，如实检核，还用你特意跑一趟？但嘴里却说："召陵侯这样关照，本官一定照办不误。"这时，那家人从怀里掏出一块绢，递给张伋，说："今特将薄田实数呈与大人。"张伋看也没看那绢子上写些什么，就把它揣到自己怀里，赔着笑说道："请转禀你家大人放心，在下一定按此数如实检核。请侯爷放心，放心！"那家令笑着离开了张伋的家。

"来人！"这是张伋唤一个亲信小吏的习惯用语。那小吏应了一声，到堂上来问道："大人，有什么吩咐？""你速去新城，告诉新城令，李雄家的田产要按这上面的数如实检核。"张伋掏出那方自己连看都没看的绢子。小吏笑嘻嘻地说："大人，您看今儿都这么晚了，明天再去也不迟啊。"

"混账！"小吏头一次见主人跟他发这么大的火，正在莫名其妙的时候，张伋说，"你知道李雄是什么人啊？大司空李通的儿子！李通是什么人啊？皇帝的姐夫！是同陛下一起打天下的人。你得罪得起吗？"小吏听了这话，二话没说，出门上马就走了。

第二天，小吏回来了。张伋一看，连新城令也跟来了，就问他："你不在新城县认真检核土地，到这里来干什么？"

新城令手捧装官印的盒子说："小人是来向大人辞官的。我这个县令实在是没法干下去了！"

"混账！现在正是国家用人之时，你却要躺倒不干……"

"下官实在是没法干下去了。本县多有京师达官显贵、皇亲侯王等等购置土地,膏腴良田多为他们所有。多者上千顷,少者也有几百顷。按王莽年间的土地账簿,本县共有土地三万一千顷。而现在呈报上来的数还不到一万九千顷。其中九千顷为中、下户所有,一万顷为大户所有。而实际上,大户的土地数何止成倍?即以召陵侯为例,先后三次在我县贱价购得四户王莽亡臣的土地,按旧账计算,此四户原来呈报的土地是七百余亩。此外,还有一些下户的土地夹裹其间,耕种不便,自愿奉送给他们,并请求做他们的宾客,这样的土地也有数十顷。而召陵侯自言仅有三百顷,不足一半,又自言丁男、丁女共计只有两百余口。据下官所知,他家的宾客、宗族、徒附、奴婢、部曲等不下千人。近日下官也接到这类来书十余封,皆言请按他们自报的数如实检核。下官实难处置,因此恳请交还县令印绶,回乡为民。"

"混账!"张伋把惊堂木一拍,厉声说道,"陛下下诏度田,你躺倒不干,岂不是抗旨不遵?你还想要脑袋不要?再说,大户人家都是知书达理的礼仪之家,岂能为几斗租赋而隐瞒几亩田产、几口人丁?而小户人家之中,刁钻之民甚多,难道你那九千顷就是实的吗?"

新城令一听,茅塞顿开。对呀,不能一棵树上吊死人,只在大户人家头上打主意,被他们隐瞒的土地是有处可寻的。于是拜道:"谢大人指点,下官一定照办不误!"新城令高高兴兴地回新城县去了。

张伋觉得这个办法很好,既可以把总田数查得差不多,又可以让大户人家满意。各县都应该懂得这个方法。他又巡视各县,暗示新城县如实查田的方法。于是,河南尹的查田工作就这样进行了下去。其实,其他各地也很少有真正如实查田的。

这种查田方法包庇大户,侵夺中、小地主和贫苦农民,搞得各地怨声载道。很多中、小地主破产,更多的农民沦为大地主的徒附、部曲、宾客等等。光武帝下令度田的目的并没有达到,社会矛盾反而更加尖锐了。

有一次,刘秀带着太子刘强、右翊公刘辅、楚公刘英、东海公刘阳、济南公刘康、东平公刘苍等几位皇子到函谷关(在今河南省新安县东)一带去打猎游玩。这里离洛阳不远,属于河南尹的管辖范围。皇帝车驾出城,过了谷水不久，就被一群百姓给拦住了。他们大声喊冤。刘秀不知怎么回事，派人去问。原来，这些人聚众喊冤，是因为他们那里的官员在核田的时候包庇大户，苛薄小户。大户人家田多少核，小户人家田少多核，甚至宅院房基也核在田地之内。刘秀答应回去查问此事，那些百姓才退去。

刘秀想，我让人查田的目的是查清隐瞒的土地，公平地负担租赋，刺激农业生产的发展，改善国家的财政状况。如果真像这些百姓说的那样，岂不是适得其反？于是，光武帝派侍御史为钦差大臣，去调查核田的情况。

几天后，侍御史回来报告说："臣调查了河南尹的偃师(今河南偃师)、巩县(今河南巩县)二县。一路上，县民听闻钦差大臣前来，遮道号呼，纷纷诉苦。皆言乡里、县官以度田为名，媚上凌下。大户有田不报，肥田劣报；对中、下户则肆意侵夺。小民苦不堪言，怨声载道。据知情者言，河南尹各县大多如此。"

这时，陈留(在今河南省开封到民权之间的地方)太守派官员来报告："近日以来，陈留县(在开封东)境内群盗并起。既有无业游民，也有略有产业者。他们攻击郡县，杀害长吏。派兵追讨，兵至则贼散，兵去则复聚。为害甚盛，郡县难制，太守特遣臣禀报陛下。"那陈留官吏照着简牍上的提纲禀报完毕，刘秀心中十分烦恼。陈留距京师仅二百里路，陈留不太平，也是对首都的威胁。他怕那官吏禀报有误，就要他拿的简牍看。那官吏有几分迟疑，又不敢不给，刘秀觉得有点纳闷。他认真地读了每条木简上的字句，知那官吏所言不虚。他正要把简牍还给那官吏，突然发现在最后一条木简上有一行小字："颍川、弘农可问，河南、南阳不可问。"刘秀觉得这句话与他禀报的内容并无关系，为什么要写在这上面呢？他问道："这两句话是何含义？"那陈留官吏一听问这两句话，立时心慌起来，支支吾吾，伏在地上不敢回话。再三追问，他才结结巴巴地说："此话是臣到京师之后，在长寿街上听说的，觉得有趣，便随手写在简上。"刘秀反问道："难道你来京之前就知道要听说此话，所以多带一条简不成？你可知欺君之罪？"那陈留官吏只是连连叩头，不敢回话。

这时，屏风后面传来一个孩子的声音："请父皇息怒，儿臣能解此牍。"

说话的原来是年仅十二岁的东海公刘阳。他请陈留官吏退下，然后说："此话必是陈留太守告诫他的话，说的当是度田之事。"刘秀回身问道："为何要说'河南、南阳不可问'？"刘阳说："河南尹乃帝都所在，近臣甚多；南阳郡是陛下故乡，近亲甚多。近臣也好，近亲也好，田宅、户口多超过规定，难以度准。"刘秀让一个宦官去盘问陈留官吏，结果与刘阳说的完全一致。刘秀的心情很复杂，看来，度田不实，与自己的近亲近臣有着直接的关系，与自己也能拉上间接的关系。看来，度田也实在是一件很难办的事。但既然已有成命，就得进行下去，哪怕只是做做样子。只是，对这些度田不实的地方官吏该如何处置呢？治他们的罪，也确实有点冤枉他们了。

就在刘秀犹豫不决的时候，青、徐、幽、冀四州（青州在今山东省北部，徐州在今江苏省北部，幽州在今河北省北部，冀州在今河北省南部）也纷纷来报：盗贼蜂起，杀掠郡县，州郡镇压不住。细究原因，皆因度田不实。因为度田不实的实质是富豪大户把自己应该负担的赋税转嫁到中、下户身上，结果是富者愈富，贫者愈贫。贫者受的盘剥太深，无法容忍，便聚众造反。所以，这次的事件不但有无地的农民参加，也还有中、小地主参加。想到这些，刘秀也就顾不得冤不冤枉了，下令逮捕河南尹张伋及青、徐、幽、冀等州刺史、郡守等十余人下狱，以度田不实、欺君罔上、盘剥民众的罪名将他们全都处死了。可怜张伋，一心为了讨好朝廷中的权贵，却不想被他们要了脑袋。

刘秀杀了这十几个替罪羊，先平息了一下民愤，然后用分化瓦解造反农民的阴险手段，把这次农民起义镇压下去了。

# 大罪大功　全家覆灭
## ——窦宪

东汉章帝出去游玩，路经首都洛阳城北黄河岸边的一座庄园时，兴致勃勃地问身边的人道："沁水长公主还经常来此游玩看视吗？"皇帝的女儿叫作公主，皇帝的姐妹叫作长公主，沁水长公主是章帝的姐姐。

谁也不回答章帝的问题，身边的人都是面面相觑，一个宦官还用眼神示意乘舆的车夫快点驱车离开。章帝觉得很纳闷，命令道："不要走，把庄园的管家给朕叫来！"管家被带来后，章帝问他："沁水长公主还常来此游玩吗？"那管家用眼珠扫了一下周围的人，战战兢兢地回答说："禀陛下，长公主与此园无涉，从不到这里来。"章帝越发觉得不对劲。他明明记得这一片庄园是他小的时候父亲光武皇帝赐给姐姐沁水公主的嘛，姐姐还经常带他来这里来玩。这里的水渠、小桥、树林、陂池，他都记忆犹新，怎么硬说这里不是长公主的庄园呢？他又问了一遍："这里不是长公主的庄园，那是谁的庄园？"那管家答道："这里是虎贲中郎将窦宪窦大人的庄园。"章帝自言自语地说："这里明明是沁水长公主的庄园，如何成了窦将军的庄园？"这时，窦宪过来，拱手拜过，说道："禀陛下，这片土地向来是窦家所有，恐陛下记忆有误。"

章帝看到窦宪眉清目秀、身材隽逸的样子，立即想到了他的姐姐窦皇后，疑虑也就打消了大半，没有再追问下去。但他总觉得心里不是滋味，没有心思再玩下去，便令车驾回宫。章帝一路上思来想去，沁水长公主毕竟是他的亲姐姐，什么时候把这片庄园让给了窦家，为什么不同他商量一下呢？他连一点消息都不知道，难道她有什么困难？回宫后，他立即传令召沁水长公主进宫。

长公主来后，佯作笑容，搭讪着说道："陛下心中还想着姐姐，姐姐感恩不尽。”章帝也寒暄了几句,然后问道:“姐姐在城北的庄园何时改姓了窦氏?”长公主听了此话,眼泪噼里啪啦地就落了下来,说道:“姐姐实不敢言。”章帝看姐姐这样为难,心知这事一定有文章。他看长公主心有余悸,就说:“请姐姐一定如实相告。”长公主这才说明了事情的原委:去年,这座庄园已被窦宪以低价强买了去。为了避免遭到报复和陷害,她只能忍气吞声,不敢声张。

章帝听了姐姐这番话,又气又恨。这窦宪都欺侮到皇姐的头上来了!

窦宪一家已经几代贵重了。还在光武帝刘秀打天下的时候,窦宪的祖父窦融就是一个有功之臣,在光武帝平定公孙述、隗嚣、统一全国的战争中起了很大的作用。光武帝建武二十年(公元 44 年),窦融被任命为大司空。大司空是皇帝手下的最高官职——宰相之一,与大司农和大司马合称三公,主管土地、水利建设和营建工程。但窦融心中明白,他在宰相的位置上是干不长的。东汉王莽当上宰相以后,逐渐培植个人势力,最后篡夺了汉朝的天下。所以刘秀对宰相十分戒备,一方面逐渐削去宰相的部分权力,把许多过去由宰相处理的事交给官位不高的尚书台来处理;另一方面,不让哪一位宰相在这个位置上干长。有些还被强加罪名免官下狱,甚至掉了脑袋。窦融怕得到跟他们同样的下场,就以年事已高为由,多次请求隐退。光武帝答应了他的请求,并且觉得他明白皇帝的心思,对他更加恩宠了,还把一个女儿内皇公主嫁给窦融的儿子窦穆,另一个女儿涅阳公主嫁给了窦融的侄子窦固。窦融的一个孙子窦勋还娶了刘秀的孙女、东海恭王的女儿沘阳公主。从此,窦家的势力真是炙手可热。除了上面说到的三位娶了公主的之外,窦家被封为公的有一人,封为侯的有两人,官秩(等级)在二千石以上的有四人。“石”(读 dàn)本是容器的容量单位,经常用来表示粮食的数量。在这里,是表示官位的高低。二千石是三公以下最高的官秩。其中还分中二千石、二千石和比二千石三种。按照待遇来说,三公的月俸(相当于工资)是三百五十斛(也是粮食的容量单位,当时每斛十斗),中二千石是一百八十斛,二千石是一百二十斛,比二千石是一百斛。有级别的官员中最低的是一百石,月俸只有十六斛。有的无级别的官员月俸只有八斛。可见窦氏一家的地位有多么显赫了。

窦氏家族红极一时，家人借势横行霸道，欺压百姓，多行不法，对皇家的权威也不可能不构成威胁。光武帝死后，东汉的第二位皇帝明帝就派人监视窦氏家族，并且抓住了窦穆贿赂小吏这个把柄，把窦穆、窦勋逮捕下狱，父子两个都死在狱中。

但是，常言说，“百足之虫，死而不僵”，窦家并没有彻底垮台。章帝继位后，在建初二年(公元77年)纳窦勋之女为贵人。贵人本是皇帝妃嫔当中地位较低的，但窦贵人很受章帝的宠爱，第二年便被立为皇后。窦家再次成为皇亲国戚，窦氏家族重新跋扈起来。

窦宪是窦皇后的哥哥，先被拜为侍中，不久又升为虎贲中郎将，是负责宿卫皇宫的重要武官。窦宪的弟弟窦笃被拜为黄山侍郎。兄弟二人借着窦皇后的势力，骄横不可一世。特别是章帝也非常宠幸他们兄弟，赏赐给他们大量的土地和财宝，不但使他们很快成了除皇帝以外的首富，还使他们毫无顾忌地为非作歹。

除了窦皇后以外，章帝还有几位贵人。其中还有两对姊妹。一对是章帝的母亲马太后为他选的两位宋贵人，是扶风宋扬的女儿。年纪大些的宋贵人生了个皇子叫刘庆，被立为太子。还有两位梁贵人，年纪小些的梁贵人也生了个皇子，名叫刘肇。窦皇后却没有生儿子，就把刘肇过继为自己的儿子。马太后很中意两位宋贵人，但她不久就死了。窦皇后就与母亲沘阳公主商量如何陷害宋贵人，派人暗中监督宋贵人。建初七年(公元82年)，刘庆的母亲宋贵人病了，想吃兔子肉，就捎信让家人送只兔子来。窦皇后的亲信宦官打听好了宋家的人进宫的时间和路线，就堵住那送兔子的人问：“你篮子里装的什么东西？”宋家的人不知这宦官的意思，有点害怕，就躲闪起来。那宦官一把扯下篮子上的布。兔子受惊，挠了宦官一爪子，跑掉了。

那宦官不依不饶，拉着宋家的人去见皇后，禀报说：“这人不知带何物入宫，皇后娘娘请看，把我的手都抓破了。”窦皇后说：“是不是要搞厌胜之术啊？”“厌胜”是一种迷信的活动，就是做一个假人当作自己仇恨的人，向这假人身上扎针，从而让自己仇恨的人得病、丧命。其实这是办不到的，但在那科学还不发达的时代，这种活动还是很流行的。宋家的人忙跪下解释说："小的不过是拿来一只活兔，刚才被这位公公吓跑了。宋贵人身体不适，想吃兔子肉。"窦皇后让宦官把宋家的人打了五十大板，留下篮子，才让那人回去。有了罪证，窦皇后就向章帝哭诉宋贵人如何搞厌胜之术，要害死她。章帝因此逐渐疏远了两位宋贵人。不久，又在窦皇后的不断进谗之下，章帝把太子刘庆赶出皇宫，到承禄观居住。几天后又下诏说："皇太子刘庆性情反常，已经没有能力继承天下。他虽是我的儿子，我也要根据古训大义灭亲，废掉他的太子，改封为清河王。而皇子刘肇恭敬皇后，能够继承先世的教导，因此改立刘肇为皇太子。"窦家的人为了防止宋贵人东山再起，先把她们赶到下等宫室去住，接着又派人去盘查她们。姐妹俩不久就服毒自杀了。

刘肇毕竟只是窦皇后的继子，他还有生母在。当他长大懂事以后，谁能保证不发生变化？这时又有亲信宦官报告：梁贵人家为了庆贺刘肇被立为太子，暗中大摆酒席。这更使窦氏感到未来的威胁。窦皇后又不断地在章帝面前说这两位梁贵人的坏话，章帝耳根子软，逐渐疏远了两位梁贵人。后来，窦宪写匿名信诬告梁贵人的父亲梁竦谋反，梁竦冤死狱中，两位梁贵人先后忧愁而死。

窦氏家族在皇亲国戚之中尚且横行霸道，对平民百姓如何就可想而知了。

窦宪对自己的恶行并不是没有察觉，那都是他有意为之的。章帝经过沁水长公主的庄园之后，他也预感到事情不妙。他低着头来到宫中，在章帝面前跪下，只叫了声"陛下"，就不再说什么了。

"你还记得赵高指鹿为马的故事吗？"这故事人人都知道，皇帝提出这个问题的用意也是很明白的，所以窦宪一声不吭。

"你今天在沁水长公主庄园的表现，何异于指鹿为马？"章帝的火气越来越大，"你连皇姊的庄园都敢侵夺，这使朕甚为震惊。诸外戚向来没有敢犯法的，你……"正在这时，窦皇后闻讯赶来，她一言未发，只是在章帝看得见的地方坐了下来。章帝的火气在不知不觉中就消了大半，语气也慢了下来，声音也低下来。“国家若抛弃你窦宪，就像扔掉一只鸡雏、一只死老鼠。”窦宪一直跪着，并没有见到妹妹来到，吓得他叩头如捣蒜，但他感到了章帝口气的变化。“朕这一次原谅你，暂不治罪。你须尽快还田于长公主。”窦宪又叩头感谢。待他站立起来的时候，看见妹妹正坐在旁边微笑，这才明白这戏剧性变化的原委。

其实，章帝也并不真想把窦宪怎么样。章帝十九岁继位以来，养尊处优，沉迷于酒色，身体亏耗，所以不到中年，就渐感身体不支，甚至处理政事也觉得力不从心。很多事他必须依靠窦后和窦宪兄弟。这就使他们重新抬头，并且有恃无恐。

太尉郑弘对窦氏兄弟权势太大、结交宾客、危害朝廷深感忧虑。但他没有勇气直接指斥窦宪，就奏告窦宪的宾客张林、杨光等人贪赃受贿。可是窦氏党徒盘根错节，遍布朝廷，受理奏章的尚书是杨光的朋友，就把郑弘奏章的内容泄露给杨光，杨光又去找窦宪求救。他们来个恶人先告状，向章帝报告郑弘泄露国家机密。章帝当然是偏信窦宪的，就下诏指责郑弘，收了他的印绶，也就是罢了他的官，把他赶出京城。郑弘一气之下旧病复发，生命垂危。但他在病中仍给章帝上疏说：“窦宪的奸恶贯天达地。陛下处天子之尊，而相信谄佞之人，却不考虑国家的存亡……臣愿陛下诛灭奸臣。”章帝看了郑弘的上疏，略有醒悟，便派人带着药去看望郑弘。可惜，当皇帝的使者来到的时候，郑弘已经命归黄泉了。

窦宪是一个机灵敏捷的人，但心胸却很狭窄，只要有仇，不论大小，都要千方百计地寻求报复。窦宪的父亲窦勋、祖父窦穆被明帝下狱的时候，当时担任谒者的韩纡(yū)参加了审讯。二十年后，窦宪派人杀了韩纡的儿子，用他的头祭奠了窦勋的墓。

章和二年，年仅三十二岁的章帝驾崩，太子刘肇继皇帝位，史称和帝。章帝的窦皇后被尊为皇太后。因为刘肇只有十岁，由窦太后临朝听政。窦太后下了一份诏书，说：“今皇帝年幼，御体欠佳，哀家暂且佐助听政。虽然外有大国贤王作为屏障，内有公卿大臣协助统理本朝，然而要治理好国家，还需要有人从内部给予帮助。哀家之长兄、现任侍中的窦宪是一个智能兼备的人，又很忠孝，因此受到先帝的器重，留下遗诏，让他辅助朝政。但窦宪坚持谦让，哀家也不能强迫他。所以，现在委任他为两宫的宿卫。这个任务已经很重，就不再给他其他任务了。"这份诏书表面上看来是不给窦宪太大的权力，但这只是一个圈套。因为窦宪宿卫两宫，又有外戚的身份，实际上是以武力挟持宫廷，有着非常大的实权。他参与机密，宣布诰命（就是皇帝的命令），没有人能与他相比。

光武帝刘秀有一位哥哥，叫刘縯（yǐn），比刘秀造反起义还早。但在争夺权力的斗争中，刘縯被另一个本家、自称皇帝的刘玄杀害。刘秀当上皇帝以后，就追封刘縯为齐王，他的后代也都世代封王。刘縯的曾孙刘畅被封为齐殇王。刘畅听说章帝驾崩，就来首都洛阳吊唁。窦太后几次接见刘畅。窦宪怕太后信任刘畅，分了他的权，就派刺客把刘畅杀了，还放风说，一定是刘畅在青州（今山东省北部）的弟弟刘刚派人杀的。但不久，凶手在京师被抓到，真相大白。窦太后觉得脸上无光，就把窦宪在内宫软禁起来。

事有凑巧，就在兄妹二人为如何下这个台阶而焦急的时候，南匈奴派使臣来洛阳，要求汉朝出兵，趁北匈奴发生饥荒的机会，帮助他们讨伐北匈奴，使南、北匈奴统一为一国，永远成为汉朝的友好邻邦。原来，在西汉武帝的时代，汉朝大军讨平了匈奴，使匈奴分为南、北两部。南匈奴归附了汉朝。东汉光武帝刘秀在世的时候，南匈奴多次请求汉朝出兵，讨灭北匈奴。但东汉建国之初，国力尚不强盛，刘秀执行与民休息的政策，不言战事，没有答应南匈奴的要求。经过四十多年的中兴，东汉已经有了一定的国力，又赶上北匈奴发生饥荒，所以南匈奴再次请求汉朝出兵。

东汉朝廷内部也分成两派。一派认为这是"天授时机"，正好"以夷制夷，于国有利"；另一派则认为应该坐视夷虏相攻，否则"引兵费时，坐失上策，去安即危"。窦宪则请求出击匈奴，建功赎死。窦太后软禁窦宪本来就不是真心，她不顾一些大臣的反对，命令以窦宪为主帅，车骑将军耿秉为副，率军北上，讨伐北匈奴。三公九卿联名上疏谏止，窦太后就是不听。

和帝永元元年（公元 89 年），窦宪与耿秉各率四千骑兵，与率一万骑兵的南匈奴左谷蠡（读 lùlǐ，匈奴王称号）王师子（师子是人名）从朔方鸡鹿塞（在今内蒙古自治区磴口县西北哈隆格乃峡谷口）出发；南单于屯屠河率万余骑从满夷谷（今内蒙古自治区包头市北）出发；度辽将军邓洪会合边疆的羌胡兵和南匈奴左贤王安国军共一万八千骑从固阳塞（在包头市东）出发。三路大军直指大漠以北，并在涿邪山（在今蒙古国境内）会师。窦宪胸有成竹，指挥若定。他又分遣副校尉阎盘等人率左谷蠡王师子等的精兵，与北单于战于稽落山（在今蒙古国西南部），大破北匈奴军，斩首一万三千余级，获马、牛、羊、骆驼百余万头，北单于逃走。北匈奴八十一部二十余万人率众向汉朝投降。窦宪踌躇满志地登上离内地三千余里的燕然山（今蒙古国杭爱山），刻碑记功，然后凯旋而归。

窦太后听说窦宪大胜而归的消息，马上派人持节到五原（在今包头市西）去迎接，同时宣布拜窦宪为大将军，位在三公之上。过去，大将军一直是在三公之下的。还封他为武阳侯，食邑二万户。这一次，窦宪倒是很有风度，百般推辞，坚决不受。不久还军京师，威震朝廷。太后再次封窦宪为冠军侯，食邑二万户。窦宪还是坚持不受。窦宪的兄弟们也都封了侯，他们都接受了。

窦宪再次率军离京，出镇凉州（在今陕西、甘肃、宁夏、青海一带）。逃跑的北匈奴单于捎信来，要见窦大将军，窦宪派人去迎接。但这时北匈奴又被南匈奴打败，继续向北逃，所以接北匈奴单于的人没有接到。第二年，窦宪再次派兵进攻北匈奴，并在金微山（即今阿尔泰山）大破北匈奴军，活捉了北匈奴单于的母亲。北单于逃走，不知去向。这次远征，离开汉朝本土达五千余里。

窦宪这个人虽然心术不正，但却是一个很聪明能干的人。他这次战胜北匈奴，是一件影响中国历史和世界历史的大事。北匈奴逃走了，对于中国来说，他们无影无踪。可是几百年后，他们却以不可阻挡之势出现在欧洲，造成了欧洲和北非的民族大迁徙。北匈奴的逃走，消除了中国北边为害几百年的一个大患。因此，窦宪是一个为整个中华民族建立了不朽功勋的人物。

然而,在统治阶级内部的争权夺利的较量中,窦宪又是一个残忍狠毒的人物。平定北匈奴,使他在政治上获得了一笔可观的资本,他便极力利用这笔资本发展个人势力。他的家人占据着国家关键性的岗位，充满朝廷。窦氏兄弟四人及他们的子女,担任侍中、将、大夫、郎吏等重要官职的有十余人。他们把自己的爪牙亲信安排在各个重要部门，形成了一个庞大的关系网。他们依仗权势,欺凌百姓,连他们的奴仆也横行霸道,强夺民财,强娶犯人的妻子,强抢民女……商人躲避他们像躲避强盗一样,谁敢对他们的胡作非为说半个不字,谁就要受到他们的迫害。尚书仆射乐灰忍无可忍,上疏建议窦氏四兄弟谦退,先是被他们强迫退休,而后又被逼自杀。

窦宪的权势越来越大,小皇帝刘肇的年纪也越来越大,越来越懂事,这对窦宪的权势构成了极大的威胁,窦宪便企图杀害和帝刘肇。十四岁的刘肇确实很聪明,他看出了窦宪的阴谋,甥舅之间展开了一场你死我活的暗斗。

刘肇身边全是窦家的人及其亲信,此外就是宦官,而宦官也多数依附窦氏。刘肇细心观察,觉得钩盾令(负责宫内河池苑囿的宦官)郑众小心谨慎,有心机,不与窦氏及其心腹交往。和帝永元四年(公元 92 年)六月的一天,刘肇趁窦宪不在京师洛阳的机会,找了一个别人不在的时候,把自己的想法告诉了郑众,两人商量好了诛灭窦氏及其党羽的办法。

前面介绍过,在刘肇被立为太子之前,本已有一位太子,那是宋贵人生的刘庆。当时的窦皇后迫害死了两位宋贵人,废了刘庆的太子,立从梁贵人那里过继来的刘肇为太子,刘庆被封为清河王。两人长大懂事以后,关系一直不错。刘庆也常到宫中来看望弟弟,也就是和帝刘肇。窦宪回到洛阳后的一天,刘庆又来看望皇帝。谈话中间,刘肇小声问刘庆:“皇兄可曾听说有一本叫《外戚传》的书？”

“看过。我是从千乘王刘伉那里借来读的。”

“我听郑众说,书中讲了先朝孝文皇帝诛薄昭、孝武皇帝诛窦婴的故事？”

"是的。薄昭是文帝的舅舅，窦婴是武帝的舅舅。"刘庆的声音很低很低。

"烦请皇兄从千乘王那里把这本书替我借来一读。"刘肇说话的时候，两眼直直地看着刘庆。

"我这就去借。"苦难是可以使人聪明的。这兄弟二人虽然所处的地位很高，但正是这种地位，又使他们蒙受了别人无法经受的苦难。两个十几岁的孩子用后来唐代的人的话来说，就是"心有灵犀一点通"。

刘庆从宫中出来，看见郑众，就小声对他说："陛下让我去给他借一卷《外戚传》看看。"郑众明白：和帝刘肇也要杀舅舅了。他就利用自己在宫中自由出入的方便，找到与和帝已经商量好的几位可以信赖的武将，暗示他们作好准备。第二天一大早，和帝刘肇果然来到北宫，诏令执金吾、五校尉等武官把守南、北两宫，关闭城门，搜捕郭璜、郭举、邓叠、邓磊等窦氏爪牙，下狱诛杀。又派人到窦宪家中，收回大将军印绶。窦宪处在包围之中，与外界失去联系，只好从命。

和帝碍于窦太后的关系，不好直接诛杀窦宪，就再次封他为冠军侯，但命令窦氏兄弟都要回到自己受封的地方去，不得留在京师。和帝还派人监视他们。但这兄弟几人各自回到自己的封国以后，窦宪、窦笃、窦景三兄弟都被强迫"自杀"。只有窦宪的小弟窦瓌(guī)平时自我约束，民愤不大，没有被逼迫自尽。

永元八年，窦太后忧郁而死。这时，有人把刘肇的身世告诉他，他才知道自己本是梁贵人所生，梁贵人却被逼死。和帝给自己的生母上了尊号，他还念及多年的养育之恩，没有接受一些人提出的贬去窦太后尊号的建议，仍追谥她为章德皇后，与章帝合葬。梁贵人的亲属早已被流放到九真(在今越南北部)，和帝当然得下令接他们回来。梁氏亲属回京时，路上不忘去找窦瓌，逼他自杀了。

由于宦官郑众等人在这次平定窦氏家族的政变中立了大功，被封为大长秋，拥有很高的权势。从此宦官开始参政，成了东汉后期政治斗争的一个新的特点。

# 全家擅权　一夕尽除

## ——梁冀

“上！”“掐……掐……掐它的脖……脖子！”“咬……咬死它！”别看他结结巴巴，这一圈人就他喊得欢。蹲在他对面的那位公子哥，看他缩脖端肩、塌腔驼背、尖嘴猴腮的，觉得他活像一只秃鹫，又像一只斗鸡，所以根本没看得起他。今天是他自己带着一大帮人找上门来的，说：“听说你家鸡很厉害，咱们斗一番？”看不出这位长得奇丑、穿得极奢的公子，对斗鸡还有这么高的兴致。两个人都低下头给自己的鸡加油。两只血淋淋的斗鸡纠缠着，扑打着，冲撞着，叮啄着。渐渐地，客鸡占了上风。“主场作战”的那一只一点点地不支了，最后，耷拉着膀子，被客鸡追得满场转。“客队教练”好不兴奋，大声喝彩。“我……我说你的鸡不……不行嘛！”主人虽然脸色不太好看，但并不在乎，看客人盛气凌人的样子，说声：“不斗了。”就要回家。客人一抬下巴，一个奴才赶忙撂下手中的鸡笼子，一把拉住主人说：“唉，别走啊！我们公子是听说你有好鸡，特意来同你比试的，你怎能走呢？”“我不斗了还不行吗？”“那哪行啊，我们公子刚刚斗上劲来。你的鸡都带来了，哪能不玩玩呢？”“客队”的奴才们拉住他不放，无奈，只好又放出一只来，同“客队”中的新手斗起来。别看这只鸡刚出场，却也身手不凡，威风凛凛。主鸡看起来略小一些，但很会躲闪。对方来势凶猛，却占不着便宜。瞅准了机会，在对手的眼睛上狠狠地叨了一口，“客鸡”立即败下阵来。主人站起来，对自己的奴才说：“回去！”就要带人回家。客人站起来说：“别走！”“你们要干什么？”“干什么？你把这只鸡留下。”“我的鸡，为什么给你们留下？”“就因为我们主人喜欢它。”“你们的主人是谁？”“谁？告诉你，怕把你吓昏了。我只告诉你，他姓梁，就可以了。”那主人虽说并未吓昏，可也向后退了好几步。“客队”的另一个奴才说：“我家主子玩鹰玩狗、赛马下棋，样样行，今天算你有福气，交上这么个朋友。以后，欢迎你常到我们主子家来玩啊！”那主人小声嘟囔了一句:“我认晦气。”放下鸡笼子,落荒而逃。

那人为什么这样怕这个姓梁的？他到底是什么人？

他叫梁冀。

上一篇讲到窦宪的时候,我们曾经介绍过,窦宪的妹妹窦皇后没有生儿子,就过继了梁贵人生的刘肇为子,又迫害死了两位梁贵人,把梁贵人的亲属流放到九真。后来,刘肇成了和帝,窦皇后也成了窦太后。直到和帝依靠宦官郑众等人逮捕了窦宪四年以后,窦太后死了,和帝才知道自己的身世,并从九真把自己的两位舅舅梁棠、梁雍接回来。和帝也只活到二十七岁就死了,邓皇后立了一个出生只三个月的刘隆为帝,刘隆不到周岁就死了,被后世称为殇帝。邓太后又立了一个十三岁的刘祜当皇帝,后世称为安帝。安帝也只活了三十二岁就死了。他死后,他的皇后阎氏听政,称阎太后,与她的哥哥阎显、阎耀等人专权。他们先是废掉安帝的太子刘保,立了一个叫刘懿的孩子当皇帝。可惜这孩子只当了两百天皇帝就一命呜呼了,在历史上连个年号都没有留下。就在阎太后与兄弟策划新的阴谋时,以孙程为首的十九名宦官围杀了阎氏兄弟,拥立刘保为帝,史称顺帝。从和帝死到顺帝继位,虽然只有短短的二十二年的时间,却已经换了五位皇帝了。顺帝继位的时候只有十二岁。六年后,立贵人梁妠(nà)为皇后,梁冀是梁妠的哥哥,是窦宪时代被迫害的梁竦的第四代孙,梁雍的曾孙。

五年后,借妹妹的光,这位专门斗鸡玩狗的梁冀被拜为河南尹。

有一天,梁冀见到自己的父亲梁商。梁商对他说:“冀儿,你现在已是河南尹,官高势重,又是国舅,不能总是玩狗斗鸡了,自己的行为要多加检点才是。”梁冀没说什么,但心里想:老头子干吗说这个？一定是有人在他面前说我什么了。谁能在父亲面前说我的坏话呢？对了,一定是他！梁冀想起来,两天前,洛阳令吕放曾来拜访过父亲,他们是好朋友。梁冀并不在乎父亲说他什么,但不能让他在皇帝和妹妹面前讲这些。如果吕放经常在父亲面前说他的坏话,就有可能出现这样的结果。他叫过一个亲信,在他耳边嘀咕了几句。当天,吕放就在回家的路上被人杀害了。梁冀特意找到父亲说："吕放是不是仇家太多，怎么在路上就被人给杀了？父亲，我考虑到您与吕放是世交，已经任命他的儿子吕禹为洛阳令了。"吕禹不知真情，还以为梁冀真对他好呢，就相信他的挑唆，以为是自己家的宗族、宾客中的人杀了父亲，就在他们中间抓了一百多人，全杀了。不久，梁商死了。按封建礼法，在服丧期间，儿子应该守丧三年，不能做官。但梁冀却唆使妹妹让顺帝把他拜为大将军，把弟弟梁不疑拜为河南尹。

顺帝荒淫无度，宠幸梁皇后，朝政大权把持在胡作非为的梁冀兄弟及其党羽的手中，政治日益腐败，农民的负担不断加重，农民生活在极端的困苦之中。从建康元年(公元144年)开始，就不断地爆发农民起义。年仅三十岁的顺帝也于这一年的8月，在内外交困之中死去。太子刘炳只有两岁，被立为皇帝，梁皇后成了梁太后。可是，刘炳只当了四个月的怀中皇帝，也一命归西了。

"清河王刘蒜有德行，有威望，已经成年，可以立为皇帝。"太尉李固提出了建议。因为顺帝只有刘炳这么一个儿子，刘炳死了，只好在本家中选择继任的人了。

"我看渤海孝王刘鸿之子刘缵聪明伶俐，可以立为皇帝。"梁冀的建议使在场的人有点吃惊，因为刘缵只有八岁。当然，梁冀有他自己的算盘。第一，刘缵的年纪小，易于控制，掌政的时间也晚。第二，刘鸿是梁冀的朋友。梁冀不顾李固等大臣的劝告，一意孤行，强立刘缵为帝，史称质帝。

可是，小小年纪的质帝却非常聪明，对于朝廷上的事一点就透。这并不是梁冀所希望的。由于农民起义愈演愈烈，此伏彼起，派重兵镇压也不见效果，梁太后无奈，就说："九江一带连年战乱，民失其业，无以为生。应对当地饥民进行抚慰。对遗尸原野的，应该帮助他们安葬，以顺民心。民以食为天，农业发展了，盗贼自然就不会出现了。"这里说的"盗贼"，是统治阶级对起义农民的称呼。

"抚慰之策，下策也！"梁冀不等妹妹说完，就抢过话题说道，"刀兵到处，盗贼自灭。太后切勿姑息。"他转身对尚书台的官员命令道，"尚书台起草帝诏，令广陵(在今江苏省扬州市一带)太守王喜率本郡兵一万人去九江讨贼。”起草诏令，本来应该由皇帝或太后发布指示，由尚书台来起草的。梁冀哪里把小皇帝和妹妹梁太后放在眼里！尚书台的人又都是梁冀的亲信，梁冀让他们写，他们就写。

当时，广陵的农民起义也正在轰轰烈烈地展开，王喜自身难保，哪里抽得出兵力去九江！所以梁冀的命令根本就行不通。梁冀听说王喜没有出兵，大怒道：“王喜见诏不行，抗旨不遵，逗留本郡，不肯讨贼，其罪当诛！”梁太后说：“广陵本郡盗贼尚未平息，令他驰援九江，确有难处，不要苛责他了。”小皇帝刘缵也说：“现在正是用兵之时，不可妄杀大将。”梁冀根本不听他们的，又命令尚书台起草帝诏：“广陵太守讨贼不力，逗留不前，收捕下狱！”刘缵十分气愤，指着梁冀对大臣们说：“此跋扈将军也！”

梁冀听了刘缵的话，大吃一惊。“跋扈”是以强凌弱、横行霸道、为所欲为的意思。现在我们有时也用这个词。梁冀那又黄又小的眼珠在眼眶里定住半天，鹰钩鼻子尖上渗出了汗珠。“这小皇帝现在才九岁，就骂我是跋扈将军。等他长大成人，自己掌权的时候，他还能给我好果子吃吗？”五十多年前窦宪兄弟的下场又浮现在他的眼前，真让他不寒而栗。他沉思良久，用鼻子哼了一声，就下殿了。

本初元年是刘缵当皇帝的头一年，这一年是公元 146 年。就在他骂梁冀是跋扈将军的几天后，一个小黄门（宦官）给刘缵端来一碗煮饼。这是他比较爱吃的东西，平常也常有人给他上煮饼吃。所以，他也没有留心，就吃下去了。谁知吃后不久，就觉得腹痛难忍，便让宦官把太尉李固招来。李固来后，忙问：“陛下为何突然发病？”刘缵说：“我吃了小黄门所上的煮饼，觉得腹中苦闷。速上饮水，得水也许还能活。”这时梁冀也赶到了，说：“不能喝水，喝水会吐。”其实，他心里明白，喝水会把药力冲淡，呕吐就会把毒药排出来。梁冀的话说罢不久，刘缵就七窍流血，倒地而亡。梁冀一把抓住送饼的小黄门喝道：“是你送的煮饼？”不由分说，举剑便刺。那小黄门一边躲闪一边申辩：“大人，是麾下让我送……”没有等小黄门一句话说完，梁冀的剑就刺穿了他的喉咙。小黄门说的“麾下”，是对将军等大人物的敬称。李固见质帝已死，真相实际上已经大白，便伏在质帝的身上痛哭失声。

梁冀心里明白，李固等人已经看穿了他鸩杀质帝的内情，一直想陷害李固。李固知道梁冀的阴谋，但他没有惧怕，而是串联司徒胡广、司空赵戒，以三公的名义联名写给梁冀一封信。信中说："把天下送给人家容易，为天下求得合适的人选很难。选立皇帝是一件至为重要的大事，也是最令人忧虑的大事。国家的兴衰在此一举！"

在讨论立谁为帝的会议上，李固、胡广、赵戒等都主张立清河王刘蒜。梁冀却想，刘蒜德高望重，聪明智慧，难以被他控制。特别是在冲帝死后议立皇帝的时候，就有人提名立刘蒜，被梁冀否决，他如果记仇怎么办？而蠡吾侯刘志已向梁家求亲，要娶梁冀的妹妹梁女莹为妻。如果立了刘志，他梁冀岂不又成了国舅？所以，梁冀极力主张立刘志为帝。虽然梁冀的主张只有他一个人坚持，但是他不同意多数人的意见，多数人的意见就不能成立。所以，这一次讨论是议而未决，不欢而散。

当晚，中常侍宦官曹腾到梁冀家，对他说："梁将军家世代为皇亲，掌握着国家的命运，你家能没有仇人吗？像刘蒜这样聪明的人如果立为皇帝，恐怕将军很快就会大祸临头。只有立蠡吾侯刘志，才能长保富贵。"这话说到梁冀的心里去了，促使他下定了立刘志的决心。

第二天，他又召集群臣开会，并且先发制人，首先就气势汹汹地说："我已接到报告，说朝中有人妄为不法，谋取私利，结交刘蒜，欲立为帝，以为自己求福。他们的居心已经十分明白。"梁冀说完，满朝大臣都吓得战战兢兢，连看都不敢看梁冀一眼。胡广、赵戒等人都低着头说："唯大将军之言是从！"只有李固和大司农杜乔不服。李固说："将军之言差矣……"不等李固把话说完，梁冀就把手一挥："罢会！"李固拉着梁冀要讲道理。梁冀不理睬他，对宦官说："备车，去蠡吾侯府！"李固又去见梁太后，太后不但不听他的意见，还下令罢了他的官。

梁冀率亲信百官护着王青盖车从蠡吾侯府把刘志接到南宫，立为皇帝，史称桓帝。刘志这年已经十五了，但还是由梁太后听政，实际上仍由梁冀把持着国家大权。

第二年，即建和元年（公元 147 年），清河国首府甘陵（在今山东省临清县附近）人刘文、魏郡（今河南、河北两省交界处）人刘鲔（wěi）分别反叛，要拥立清河王刘蒜为帝。梁冀便乘机诬告李固与刘文、刘鲔有关系，把李固逮捕下狱。这时，很多人冒死亲自给李固作证，证明他无罪。梁太后不得已放了他。他出狱后走到哪里，哪里的人就喊万岁。梁冀很害怕，重新上疏诬告李固。李固知自己难免一死，就给胡广、赵戒等人写信，痛斥他们说："你们受国家厚恩，却不知扶助国家，以后正直的史家就不会把你们的丑行书上一笔？"不久，李固果然再次被下狱处死，连他的两个儿子也未能幸免于难。

桓帝当皇帝的第二年，慑于梁家的威势，立梁女莹为后。桓帝虽不是顺帝的亲儿子，但也是没出五服的本家，并且现在成了顺帝的义子。而梁妠与梁女莹却是亲姐妹，但现在却成了婆媳关系。梁冀因为把妹妹嫁给桓帝，政治上的好处且不说，光是聘金就得到了黄金两万斤。还给他增封了一万三千户，给他建大规模的高级宅第。为他服务的私人属官比三公多一倍。梁冀的弟弟梁不疑被封为颍阳侯，梁蒙被封为西平侯，儿子梁胤被封为襄邑侯。妻子孙寿被封为襄城君，还享受长公主的待遇。

别看梁冀天不怕地不怕，可他却非常怕自己的妻子孙寿，因为孙寿手里握着他的把柄。别看梁冀奇丑，可是他依仗权势，淫乱无度。当年梁冀的父亲梁商曾向顺帝贡献一名漂亮女子，姓友名通期。友通期在宫中不安分，被退了回来。梁商不敢留，想把她嫁人。梁冀却偷偷地把她接到一个住处。这时，梁商死了，梁冀就与友通期同居。孙寿让自己的仆人把友通期骗到家里，狠揍了一顿，剪去她的头发，还扬言要向皇帝告发。梁冀怕丢丑，给孙寿跪下叩头，又托丈母娘说情，孙寿才答应把这事暂时压下来。梁冀趁友通期在自己家中，继续与她私通，还生了一个孩子。孙寿让儿子梁胤找个机会打死了友通期。

其实，孙寿自己也并不清白。她嫌梁冀丑，看中了梁冀的一个叫秦宫的奴才。秦宫可以随便出入梁家，孙寿便以与秦宫商量事为名，和他私相往来。孙寿非常会打扮、会作态。她把眼眉描得又细又长，称为愁眉；在眼睛下面稍微抹点青色，像刚哭过的样子，名为啼妆；把发髻挽在一侧，称为堕马髻；走路摇摇晃晃，好像支撑不住身体，叫作折腰步；笑的时候不大张嘴，像是牙疼的样子，叫作龋齿笑。她的这些媚态风靡一时，洛阳的富家女子纷纷仿效。梁冀也觉得孙寿的这些媚态美不可言，对她是又怕又宠。他逐渐免去一些原属梁家人的官爵，说是为了谦让，实际上是把这些官位让给孙家的人了。孙寿的娘家有十多人因此当上了大官，也成了显赫一时的巨富。

这一天，梁冀正和人家下棋。有一个看热闹的人说："扶风有一个财主，叫孙奋，家财以亿万计，你们听说过吗？"另一个人问："这孙奋有什么故事吗？""这家伙，小气得够水平。上一次他出门住店，头天晚上特意不和店家讲价。第二天要走时，他问：'店家，这一夜多少钱？''本店每晚五十钱。'孙奋故作惊奇地问道：'什么？五十钱？这般简陋的旅店怎能值五十钱？我只能给你二十钱！'店家无奈，只好收他二十钱，说：'你这个人，怎么同扶风孙奋一样小气？'"

梁冀听说后，就带着人到扶风去游玩，还让人多牵了一匹好马。他们特意从孙奋的庄子经过。孙奋是个土财主，很有钱，但没见过世面。听说洛阳有个大户人家到这里来游玩，就出来看热闹。出门一看，家门外的树上拴着一匹马。这马好漂亮！枣红的颜色，没有一根杂毛，浑身透着亮光。孙奋不由自主地过去抚摸着马。这时，梁冀走过来说："看样子，你挺喜欢这匹马呀，卖给你吧。"孙奋哪里知道他就是比天王老子还厉害的梁冀，就说："要多少钱？""既然你这么喜欢，就要你五千钱吧。"好家伙，这么漂亮的马才要五千钱，真便宜！但是孙奋是个贪惯了小便宜的人，多便宜也不知足，就顺口答道："不值。我只能给你三千。"这时，一个梁冀的仆人过来说："混账！你知道你是在同谁讲话？我们主人是当朝大将军梁大人！"孙奋一听这个名字，立刻吓得魂不附体。梁冀让人绑了孙奋，一起到了县衙。县令一见梁大将军来了，不敢怠慢。梁冀说："贵县孙奋盗窃了我的白珠十斛、紫金千斤。他盗窃这些财宝是为了积聚钱财，反叛朝廷。"县令立即拷打孙奋。孙奋只会说"小的不敢"。可怜这个土财主，就这样被一顿乱棒打死。县令还说："这小子该死！大将军为国除害！"梁冀说："那么，他盗窃了我的钱财……”县令明白他的意思，说：“以孙奋的全部家产抵偿。”就这样，梁冀没收了孙奋全部家产一亿七千万钱。

各地供献给皇帝的珍宝奇物、食品等等，都要先送到梁家。到梁家送礼求官请罪的人络绎不绝。要想进梁家的门，要门人先通报。不给门人送礼，门人就不给通报。梁家的门人都成了大财主。梁冀还向外国人索取珍宝，广求异物。梁冀和孙寿都各修了几处宅第别馆。仓库里摆满了金玉珠玑、异方宝物。马厩里养的是珍贵的西域汗血马。又广开园囿，积土筑山，按崤山的样子堆成九峰，全长十里。山中有深林峭壁、瀑布深涧，跟天然的一样，里面还豢养着珍禽异兽。梁冀和孙寿出门要乘皇帝用的玉辇，用人拉车。他还按皇家的规格样式开拓大量的林苑，东起荥阳（在今河南省荥阳县附近），西到弘农（在今河南省灵宝县北），南达鲁阳（在今河南省鲁山县），北抵黄河和淇水（在河南省北部），星罗棋布，大小参差，不计其数。他的苑界都插着“民不可犯”的大旗。他还在洛阳城西围建了一兔苑，几十里长。抓来活兔，剪上记号，放回园中。谁要是打死梁家的兔子就要被处死。有一位西域商人不知有此禁令，误杀了一只梁家兔子，不但他自己被打死，还有十三人受牵连而死。

元嘉元年（公元 151 年），桓帝又在梁冀的授意下召开公卿大会，因为他有援立当今皇帝的功劳，决定比照萧何，上殿不跪拜，并可带剑上朝；比照邓禹（东汉立国功臣），再增封四县；比照霍光（西汉武帝时代的重臣），赏赐金钱、奴婢、车马、衣服、宅院等等；地位高于三公，永远如此。从此，国家权柄更是操在他的手中。机密大事必须同他商量。皇宫卫士、宦官多数是他安插的亲信。皇帝的一举一动都有人向他报告。他的权势和财富都已登峰造极。他一家先后七人封侯，三人当皇后，六人当贵人（地位略低的妃嫔），两人当大将军夫人，七位女子封君，三位男子娶公主，卿、将、尹、校五十余人。皇帝不过是他手中的玩物。

梁皇后在后宫同样是飞扬跋扈，如果哪位贵人、美人生了男孩，她一定千方百计给害死。但她自己没有生儿子，心情一直抑郁不乐。桓帝宠爱一位姓邓名猛的贵人，梁冀就把她认作义女，改姓梁。

桓帝真是忍无可忍了。延熹二年(公元 159 年),梁后忧郁成疾而死。已经二十七岁的桓帝想乘机除掉梁氏的势力,但到处都是梁冀的心腹,他很难有所动作。他一想,只有厕所里还没有安插梁冀的亲信。有一次上厕所,他把一个信得过的宦官唐衡叫进来,悄悄问道:"宦官之中,有谁不与梁大将军往来?"唐衡到厕所门外张望了一番,回来小声答道:"前些天,单超、左悺(guǎn)到梁不疑府上办事,梁不疑说他们怠慢,把他们的兄弟抓起来下狱。他俩登门道歉,才把他们的兄弟放出来。"桓帝又问:"还有没有?""徐璜、具瑗(yuàn)二人经常在私下里对梁大将军表示不满。"桓帝让唐衡把单超、左悺叫进厕所,说道:"大将军梁冀兄弟专擅朝权,压迫外官内侍,强迫公卿百官按他们的旨意行事,朕已忍无可忍。今欲诛之,各位常侍意下如何?"单超、左悺答道:"梁冀乃是国贼,早已当诛。然而下臣等力量微弱,不知陛下尊意如何?"桓帝说:"朕早已下了决心,要除掉梁氏国贼,希望你们几位想想办法。"宦官们说:"办法是有的,只怕陛下态度不坚决。"桓帝说:"朕决不会迟疑。"于是,单超又把徐璜、具瑗找来,共同商议了诛灭梁氏的方法。单超伸出胳膊给桓帝说:"请陛下为誓。"桓帝在他的胳膊上咬了一口,直到咬出血来,算作盟誓。

梁冀预感到情况有点不对,就对一个叫张恽的小黄门说:"你到内宫去看看,就说是去看看陛下身体如何。有什么情况回来告诉我。"以前,他们经常这样做,所以这一次梁冀也习以为常。谁知张恽一进内宫,就被具瑗以"擅入内宫,图谋不轨"的罪名给扣起来了。桓帝来到前殿召集诸尚书开会,说:"梁氏派人擅入内宫,欲图不轨。尚书令尹勋听令,派你持节召集丞、郎以下的宫中中下层官吏携带武器保卫内宫。黄门令具瑗听令,你率左右御马厩兵士、虎贲和羽林等处卫士包围大将军梁冀宅院。光禄勋袁盱听令,你与具瑗同去,收回梁冀大将军印绶。立即行动。"桓帝利用的人除了宦官外,都是宫中中下层官吏。这些人没有得到过梁冀什么好处,十分痛恨他,所以他们的行动很坚决,也没有人给梁氏的人透露风声。

梁冀没有见张恽回来报告什么,以为没有什么大事。等他知道他的宅院已被一千多名士兵包围,袁盱又进来宣布皇帝收回他的印绶时,他才知道大势已去。因为没了印绶，发号施令就没有人听。他与妻子孙寿自知这些年作恶太多，树敌太多，不会有什么好结果，两人便一起自杀了。他们的两个儿子河南尹梁胤、屯骑校尉梁让，以及他们梁、孙两家的亲属亲信全部被捕入狱，处以死刑。宫中大官僚受牵连被诛的几十人，被罢官的三百余人，朝廷几乎被抓空了。百姓知道这个消息后，人心大快，奔走相告。桓帝宣布没收梁冀的财产，变卖得钱三十亿，以充皇帝所用，还减天下半年租税。

梁冀是被除掉了。可是，新的一轮宦官专权又开始了。

# 名节高尚　党锢遇害
## ——李膺

荀爽满面春风地回到家里。家里坐着满屋子的年轻人，都是他的朋友、同学，正等着听他谈论朝政呢。荀爽给大家施过礼后，说："诸君猜猜看，我今天为什么这样高兴？"大家知道，这几天，他经常到李膺家去，但因为找李膺求学的人太多了，他总是无法同李膺详谈。所以有人说："今天又见到李君了？"

"不是一般地见到了，我今天为他驾车啦！"

"是吗？"大家一齐向他投来羡慕的目光，"快说说，怎么回事？"

"我在李公家已经等了三天了，一直没有机会细谈。你们想一想，现在，不断有各地的人到纶氏(在今河南省许昌县东南)来向他求学，总计不下千人。他们多是学有所成的学者、文人，像我这样乳臭未干的年轻人是很难上前的。"

"你没告诉他你是荀淑的儿子？"

"唉，我插不上嘴呀。今天早晨，我又去了，希望能找到一个机会。恰在这时，他的马车夫过来了。他焦急地四下张望，似有急事。我过去问他：'公公，您好像有什么急事？'他说：'我老伴今晨得了急病，呕吐不止。可是李先生今天要去赴一个约会，我不好对他讲我自己的事情，否则他就会放弃这次约会的。你知道，自从李先生来到我们纶氏之后，有多少人想见到他！我要是给耽误了，对不起大家呀！'我一听，就知道我的机会来了。我对他说：'公公，我是荀淑荀家的孩子，我会驾车。今天就让我来替公公驾车吧！'我看他不大相信，就把他拉到车前，说：'我先驾一下给你看看。'说着，我跳上车，挽起缰绳驾了两百步，又驾回来。他说：'真看不出，你一个白面书生，还会驾车？'恰在此时，李公从屋内出来，车夫对李公说：'我老伴得了急病，现在请荀公子为您驾车。他驾得很好，请先生放心。'于是，我就驾着车拉他到约会的地方，事毕后，又把他拉回来。哈哈，诸位，谁能得到这样的机会？"

"怪不得荀兄这般兴奋。像我们这样的年轻之辈，能够给李先生驾车，就是最大的荣耀了。"

"荀兄真是精诚所至，金石为开呀。"

"你没有告诉他，你的爸爸是他的好友？"

"说了。他听说家父是荀淑，激动得话也多起来。他说，前几年，他被派到青州（在今山东省东北部地区）当刺史，七十个县令没有等他到任就逃跑了，只剩下一个陈蕃陈仲举没有跑。"

"那是为什么？"

"为什么？他是不会告诉你的。其实很简单。因为那七十个县令全是贪官污吏。这事我早就听家父当作笑谈讲过。家父说，他为官清廉，但清官却很难做。在他又被调任渔阳（在今北京市东及天津一带）太守、蜀郡（在今四川省西部）太守之后，就以老母需要照顾为由，要求辞官回家。就在这时，北方的鲜卑不断犯境，民不得安。朝廷派他担任乌桓校尉，去反击鲜卑、乌桓等族的侵犯。他经常亲自率领步兵、骑兵作战。负伤了也不下战场，擦干净身上的血继续战斗。曾经有一次战斗，斩首两千级！"

在坐的人都啧啧叹道："真了不起。当今，这样的官是太少了。"

"蜀郡的特产很多，"荀爽继续说，"然而在担任蜀郡太守的时候，他的家里却一件蜀郡的特产也没有。可是，当今宦官当道，好官当不长啊！这不，他已经被免官，到纶氏县闲居来了。"

"我看这不能叫闲居，这么多人来找他求学，比他当官还忙呢。听说，他当官的时候不见宾客，家里比这冷清多了。"一个朋友说道。

"可不是。现在，他看不上的人也是一样不见，想当他的门徒，照样不收。南阳有个叫樊陵的人，特别会逢迎拍马，来向李先生求师，李先生就没有收他。现在，这位樊陵因为攀附上宦官当上了太尉，世人谁不唾骂他？"另一位朋友说。

几个年轻人的议论都是有根据的。李膺是颍川襄城(在今河南省襄城县附近)人。汉代的时候,还没有实行科举考试制度,那时选拔官吏,主要靠人推荐。推荐也有依据,也要设立科目。能够孝敬父母又办事清廉的人,就可以被推举为“孝廉”。李膺就是因为被推举为孝廉而做官的。那时推举的“孝廉”,多半既不孝也不廉,而是靠溜须拍马、走后门和裙带关系。所以汉朝的民歌说:“举秀才,不知书,举孝廉,父别居。”秀才应该是读书人,可有的“秀才”却不识字;孝廉应该是孝敬父母的人,可有的“孝廉”却不让自己的父母同自己住在一起。但李膺却是一位真正的孝廉。他当官确实是很清廉的,所以他到青州当刺史的时候,那些贪官污吏一怕他治罪,二怕再也贪不到什么,七十一个县令跑了七十个,只剩下一个同样廉洁的陈蕃。他率军守边的时候也是威震胡夷。但在那宦官专政、黑白颠倒的时代,他这样廉正的官反而吃不开,所以被免官来到离家乡襄城不远的纶氏。但在民间,特别是在中下层知识分子当中,李膺却享有极高的威望。人们崇敬他,把他视为为人、为官的楷模。

由于东汉的国力逐渐衰弱,北方和西北的少数民族,如鲜卑、羌族、疏勒、龟兹(读 qiūcí)等不断地向内地侵犯。桓帝永寿二年(公元 156 年),鲜卑再次进犯云中(在今内蒙中部土默特右旗一带)。宦官们争权夺势很有办法,但带兵打仗却是一窍不通。桓帝找不到合适的人选,只好再次把李膺请回来任为度辽将军。而那些犯境的少数民族军队听说李膺来了,都退避三舍,还把以前掠去的边民送了回来。

延熹二年(公元 159 年),李膺调任河南尹。不久,有人向他报告,有个名叫羊元群的人,原来是北海郡(在今山东省潍坊一带)的太守,因为贪赃枉法太严重,被免了官。他回宛陵(在今安徽省宣城)老家时,把公家的东西都拉走了。他用的厕所是特制的,他也拉回家去。路过河南时,大家都指指点点。李膺知道后,就向桓帝上疏,指责羊元群不思悔改,建议治他的罪。羊元群在宦官中颇有朋友,就送厚礼给宦官。宦官反说李膺诬告,把李膺送去服劳役。在服劳役的时候,李膺又遇见了原廷尉冯绲、原大司农刘祐。这几个人是朋友,都立志要铲除弊政,铲除贪官污吏。这时的陈蕃已经在朝中任光禄勋，是掌管宫殿门户的官。他多次在桓帝面前替他们申辩，桓帝都听不进去。幸好后来他们三个归司隶校尉应奉审理。应奉上疏桓帝，说明这三个人都是因为严格执法而获罪的，而老百姓拥护这样的人，历史上的贤君也都爱护这样的官吏。这封疏言辞恳切，感动了桓帝，这才把三个人放出来。

李膺出狱后，又被拜为司隶校尉。

李膺是位出了名的清官忠臣。所以，有苦有冤的平民百姓、下级官吏有什么事情都愿意对他讲。他上任不久，就有人向他报告：作恶多端的张朔听说李膺当了司隶校尉，害怕李膺治他的罪，就跑到哥哥张让的家中躲藏起来。张让是一个宦官，年纪不大，但刁钻奸猾，不抓住他的把柄是绝对不会认账的。

这一天，李膺让几个武士化装成他的家丁，跟随他来到张让家中。门人通报了很长时间，张让才出来，拱手拜道："校尉今日如何有闲，肯光临寒舍？"李膺答道："膺新上任，足下乃国家有功之臣，理应拜望。"寒暄了几句后，李膺说："听说贵府富丽堂皇，早就想见识一番。"张让听见夸他豪富，心里美滋滋的，便带李膺等人到处参观。但刚要进入后堂，张让便说："此屋最为简陋，不值一看。"李膺一眼看出后堂的两根柱子特别出奇，忙说："哎呀，此堂的两根立柱实在少见，定是上好的楠木！哎呀，这么粗，两个人也难以合抱。"不等张让带路，李膺已经闯入后堂，嘴里还连连说道："好楠木，好楠木！长到这般粗细，少说也得三百年光景。"李膺发觉张让神色不对，鼻子尖上都渗出汗珠，李膺便围着两根柱子转起来。本来是新柱子，可是有一根却可以看出笔直的裂纹。李膺正看得仔细，张让却叫他去看另一根，并说："这一根更加出奇，竟看不到一个结子，请校尉过来看个仔细。"李膺突然拔出短剑，在木缝里一别，那柱子竟分为两半。原来它里面是中空的，张朔就藏身其中。几个"家丁"不由分说，上前缚住张朔，拉着就走。张让无奈，眼巴巴地看着弟弟被李膺他们带走了。

李膺知道夜长梦多，连夜审讯。在人证、物证面前，张朔无法抵赖，只好招供。录完口供，立即弃市，也就是执行了死刑。看到这个恶贯满盈的无赖被正法,人心大快。

张让不甘心,就到桓帝面前哭诉,说李膺不禀陛下,私闯民宅,无故抓人,草菅人命,请陛下为他做主,惩治李膺。桓帝听了张让的一面之词,非常气愤,便诏李膺入见。桓帝怒气冲冲地问道:“李膺,你竟敢强入民宅,草菅人命?”李膺说:“陛下所言,臣不知指何事。不过,前日臣确实抓到一个罪犯弃市。该犯作恶多端,竟杀死孕妇,剖腹观子,惨无人道。现有人证、物证及该犯证词在。该犯藏于中常侍张让家中,臣依法拿获,为民除却一害。”桓帝听罢,也觉得自己理短,但又想抓个把柄,说道:“李卿将朕身边之人的亲属弃市,难道不该先禀报一声吗?”李膺沉着地应答道:“战国之时,晋国卫成公犯法,晋文公把他抓获。这件事受到《春秋》的赞扬。《礼》说,公族有罪,虽然可以原谅,但执法者却不可以放纵。孔子做鲁国司寇,到任七天即诛少正卯。今臣到任已经十日,哪能不干点正事?臣只想到怠慢公务是罪,没有考虑迅速执法也会获罪。臣诚知陛下不快,但是,如果陛下能宽容几天,让我杀尽这些恶棍,哪怕让我下汤锅,我也无怨。”桓帝觉得李膺的话无懈可击,便转身对身后的张让说:“你弟弟有罪,诛之有何不当?司隶校尉何罪之有?”

从那以后,宦官们都很害怕李膺,作恶的气焰收敛了不少,平常连大气也不敢出。桓帝感到很奇怪,就问他们:“你们现在怎么这样老实?”宦官们一齐跪下说道:“我们实在是害怕李校尉,请陛下给我们做主。”宦官们被李膺吓成这样,桓帝确实挺同情他们,但又没有什么办法好想。因为虽然当时纲纪日乱,官风很坏,但李膺始终保持清廉。并且,他又很少接待宾客,二十天才接待一次客人。接待时,也是不迎不送。因此,要想抓住李膺的把柄也是很难的。

这时,朝廷里出现了一些关系密切、经常在一起议论朝政的帮派、集团,被称为部党。部党里的人被称为党人。

在国家设立的太学里,当时有三万多名学生。这些学生以郭林宗、贾伟节为他们的领袖。学生们非常崇敬李膺、陈蕃这样清明廉洁的官员。而李膺、陈蕃等人虽然平常不喜欢接等宾客,但他们与太学生在政治上有共同的语言，这些太学生也不失为一股政治力量，因此他们都成了太学生们的好朋友。太学生们更是把李、陈等人视为楷模。太学生中流传的歌谣说：“天下楷模李元礼，不畏强御陈仲举，天下俊秀王淑茂。”元礼是李膺的字，仲举是陈蕃的字，淑茂是王畅的字。王畅也是一位对宦官专权不满、喜欢议论朝政的人士。这些人经常和太学生们在一起议论朝政。但他们的议论不过是一种清谈。太学生们以能够同这些人在一起为荣，称这为“登龙门”。

河内（在今河南省武陟县附近）有一个叫张成的人，是个算卦先生。延熹八年（公元165年），他占算六十天以内皇帝会大赦天下，便唆使他的儿子杀死仇人，然后等待被赦。作为河南尹的李膺怎能容忍这般胡作非为，便派人逮捕了张成。可是张成在宦官中颇有朋友，他让亲属贿赂宦官，只关押七天就被放了出来。李膺一怒之下再次逮捕张成，立即弃市。

张成有一个弟子叫牢修，为了替师傅报私仇，就上疏皇帝，诬告李膺等人养太学游士，就是善于游说的人，交结各郡的学生，互相利用，共为部党，诽谤朝廷，惑乱风俗。宦官们又添油加醋。桓帝整天沉迷在花天酒地的后宫生活中，哪里知道真实情况。加之李膺有好几次不给他留面子，弄得他下不来台，所以他对李膺根本就没有什么好印象，心里总是疙疙瘩瘩的。这次见了牢修的奏疏，勃然大怒，下令各地大肆逮捕“党人”。凡是与李膺及太学生郭林宗、贾伟节等人友好的，或常在一起议论朝政的，都是党人，见到就抓。共计抓了两百多人，投入监狱。有的人没有抓到，就悬赏购求，或派人到各主要道路上堵截。一时间搞得全国乌烟瘴气。

幸好陈蕃没有被划在党人的名单之内。他在朝上经常为党人申辩。尚书霍谞（xǔ）、城门校尉窦武等人也分别上疏桓帝，证明“党人”无罪。第二年，桓帝宣布赦免党人，但他们必须回到老家，禁锢终身，就是就地监督，一辈子不得做官。这次事件史称“第一次党锢事件”。在这次事件中，较为正直的官吏多数被免官放逐，代表奸邪势力的宦官集团更加飞扬跋扈。但舆论是镇压不下去的，那些正直的人士在人们心目中仍旧享有很高的声誉，人们给他们加上各种美妙的称号，赞誉他们。李膺出狱后，住在阳城

(在今河南省商水县附近)的山中。各地的高雅之士仍旧不断地赞美他。

这时朝廷内部的斗争更加复杂，除了宦官与正直的官僚之间的矛盾外，妃嫔、外戚之间争宠的斗争也更加激烈。

延熹十年(公元167年)，三十六岁的桓帝死了。他是东汉守业皇帝当中寿命比较长的。但他没有儿子。窦武的女儿原是桓帝的皇后，这时成了太后。她迎立河间(在今河北省献县附近)王刘开的儿子、十二岁的刘宏进京为帝，这就是汉灵帝。窦太后听政。陈蕃为太傅，窦武为大将军。这个窦太后的时代，与窦宪的妹妹那个窦太后的时代已经大不相同了。那时，宦官还没有介入政治。可是七十年后，外戚与宦官已经经历了三个回合的大的争斗。并且桓帝的时候，宦官已经在朝廷中建立了盘根错节的势力。所以，现在的窦太后处在宦官的包围之中。陈蕃与窦武密谋，要诛灭宦官，窦太后又迟疑不决，结果被宦官钻了空子，反让宦官所害。

灵帝建宁元年(公元168年)宦官侯览、曹节等人在杀害了陈蕃、窦武后，再次诬告党人。这时的灵帝实际上是操纵在宦官的手中，宦官们为所欲为。第二天，他们就掀起了第二次党锢事件，大肆搜捕党人。

这时，不断有人到阳城，建议李膺躲一躲。李膺说："办事情不能见难就退，被加上罪名也不能逃跑，这是大臣的气节。我已经六十岁了，生死有命，逃又能逃到哪里去呢？"于是，他就自己投到监狱中去了。

宦官们唆使狱吏对他进行了无情的拷打，最终生生把他打死。在第二次党锢事件中，被处死、流放、监禁、废黜的总计达六百多人，被逮捕的太学生千余人。熹平五年(公元176年)，宦官们又下令凡是党人的门生、故吏、父子、兄弟以及五服以内的亲属，一律免官禁锢。第二次党锢事件持续了十几年。直到爆发了黄巾大起义、东汉王朝面临垮台的时候，才赦免了党人，让他们一起镇压农民起义。

# 比富竞奢　因财致命

## ——石崇

“嗒嗒嗒……”“轰隆隆……”杂沓的马蹄声、滚滚的车轮声由远而近，由小渐大。宽阔的马路边上，两个年轻人听到声音，停下来看着那拖着烟尘的四匹马拉着的大车。

“真气派啊！”发出感叹的是一个眉清目秀、身材匀称的青年，他叫潘岳，“啊，这不是贾谧(mì)贾大人家的华车吗？看样子，贾大人也一定坐在车内。”

“是！肯定是他家的车。好一辆金碧辉煌的华车。除了他家，谁家也不配有这么好的车！”附和的虽说没有潘岳漂亮，也是身着罗绮，穿戴不凡，他叫石崇。

两个年轻人毕恭毕敬地驻足路边，不由自主地高高拱起双手，等着贾谧的车从他们的眼前通过。可是，那华车高傲地在他们面前驶过，一点也没有改变速度，好像路边根本就没有这两个人。然而这样一来，更增加了两个年轻人对这辆车及其主人的敬畏感。华车驶过，他们忽然想起，仅仅作揖还不足以表达他们的敬慕，两人便一齐跪下，向着华车留下的烟尘、向着车去的方向连着跪拜三次，才怅然而起。

贾谧可是一位了不起的人物。他本是贾充的外孙，原来姓韩，叫韩谧。而贾充在司马氏从曹氏手里夺取政权的过程中发挥了重大作用。司马氏经过司马懿父子两代的经营，逐渐控制了魏国的大权，魏帝被他们降为王，实际上成为了司马氏手中的玩偶。魏陈留王曹奂咸熙二年(公元265年)，司马懿的次子、史称晋文帝的司马昭死了之后，司马昭的儿子司马炎便赶走曹奂，自立为帝。而贾充则被拜为车骑将军、散骑常侍和尚书仆射，还被封为鲁郡公。晋国实行的新法律就是贾充制定的。为了在朝廷内部的斗争中站稳脚跟，贾充又用计战胜了其他竞争对手，把他的大女儿贾南风嫁给了太子司马衷。司马衷又笨又傻，用今天的术语来讲，是个呆傻儿。而贾南风长得又矮又黑，但却心狠手辣。贾充本来有过两个儿子，大儿子叫贾黎民，贾充特别喜欢他，总是逗他玩。可是夫人却怀疑他和乳母有私，就杀了乳母。谁知三岁的贾黎民一直是乳母带大的，失去乳母后，整天哭闹不止，不久就大病而死。后来又生了个儿子，夫人又怀疑贾充与乳母有私，同样杀了这个乳母，二儿子也因思念乳母而死。这样，在贾充六十六岁病死的时候，就没有儿子可以做他的继承人，只好把外孙韩谧过继来，作为早已夭折的贾黎民的儿子，继承了贾谧的爵位和财产，并且得到皇帝的承认。

潘岳和石崇在路边站了很久。潘岳说："贾谧现在是太子妃的外甥。有朝一日太子继位，贾谧一定贵不可言！"石崇说："你我何不用心结交这样的人，以为你我今后发达的阶梯？"

"石兄所言甚是，我早想结交贾氏，只是不得其门而入。"潘岳道出了自己的心曲。

"潘弟，你写得一手好文章，何不把今天见到贾大人华车的情景写成一篇赋，献给贾大人？我想，他一定会高兴的。"

几天后，贾谧听门人说有两个年轻人来拜望，并递上两人献给他的赋。他看了一下那用俊秀端庄的字体写成的赋，原来是用华丽的辞藻歌颂他的富贵和功德。他满脸是笑地说："快请他们进来！"两个人进来后，各自作了自我介绍。

"啊，你就是潘岳？好个英俊少年，名不虚传，名不虚传！听说上月桃熟季节，你驾车从街上过，竟然以美貌惊动了满街的少女少妇，她们纷纷向你投来桃子表示爱慕，你竟白白地得了满满一车桃子。可有此事？"贾谧越说越高兴。

潘岳回答说："确有很多年轻女子给我投来桃子，只是并未满车。传说夸张，夸张。"

"潘郎的确潇洒英俊，我若是个女子，也会给你投桃子的。"一阵笑声过罢，他又对着石崇说，“石郎也是很漂亮的，只是你不当与潘郎在一起。石郎，我是认得你的。令尊大人可是石苞？老先生也是当朝立国的功臣。他辞世的时候，我曾去吊唁，那时我就见过你。所以，你也是贵胄之后。连你的小名我都知道，叫齐奴，对不？”

“那是因为小子生于山东。大人对小子这样了解，小子感激涕零。”

“我听说，令尊辞世之时，六个儿子中的五个都分了一份家产，唯独你这个少子没有分。此言不虚吧？”

石崇答道：“确有此事。不过，家父临终前拉着我的手说，‘之所以不给你遗产，是因为你聪慧过人，定有前程。你一定要靠自立求得发达’。小子对家父的用意心领神会。小子一定不辜负家父厚望。今后，还请大人多加栽培。”

其实，贾谧并不比他俩大多少。为了巴结他，潘石二人宁愿屈己以求。不过，他俩的目的确实达到了。一是他俩的肉麻吹捧使贾谧很开心。二是贾谧也并非等闲之辈。他的权力欲很强，他要更多地掌握权力，就需要有自己的人，需要培养自己的势力。潘岳不但人生得美，而且文章也写得美；而石崇的家世也不会辱没他贾谧。贾谧很快就结交了二十四个潘、石这样的朋友，号称“二十四友”。而潘、石二人是他二十四友中最密切的。

不久，石崇就当上了修武（在今河南省获嘉县）县令。他在任上干得不错，被征到朝廷里当一名散骑郎，很快又当上城阳（在今山东省莒县、沂南一带）太守，再召进宫，成为黄门郎。

石崇的发迹也招致了一些人的忌妒。这时，他的哥哥石统得罪了扶风王司马骏，朝廷开始时准备重罚，后来又宽恕了他。但有人却以石统、石崇不上朝谢恩为由，要重新处罚石统。石崇便上疏武帝为自己辩解。不想他的这封疏深为武帝赏识。武帝因为他是功臣的儿子，又很有才干，便特别器重他，让他当上散骑常侍、侍中等官，官位一步一步升高。

晋武帝太熙元年（公元 290 年），晋武帝驾崩，太子司马衷继位，史称晋惠帝。惠帝立贾妃为皇后。因为惠帝司马衷是个白痴，武帝杨皇后（武帝死后则为杨太后）的父亲杨骏便自任太傅，辅佐朝政，控制了朝廷大权。杨骏自知没有威望，为了收买人心，就大肆封赏大臣。杨骏的行为显然对贾氏不利。石崇便上疏，拒绝杨骏对自己的封赏，又建议停止对别人的封赏。他的建议不但被杨骏拒绝，还被从朝廷打发出去，当了荆州刺史兼领南蛮校尉、鹰扬将军。这对石崇来说反而成了好事。荆州是个山高皇帝远的地方，石崇在这里可以为所欲为。他大肆搜刮民财，甚至公开抢劫外地客商的货物，因此发了大财。以至于朝廷让他回京任大司农，他都不爱去上任，并因此又被免了官。

贾后不甘心听任杨骏的摆布，就在永平元年（公元 291 年）伪造惠帝诏，杀了杨骏，废了杨太后，自己掌了大权。第二年，又把杨太后杀了。贾谧是贾后的侄子，也参与了朝政，他实际上的权力比那傻皇帝还大呢。作为贾谧的朋友，石崇不久就被拜为太仆。太仆属九卿之列，是皇帝身边仅次于三公的高官。他还兼任征虏将军，监管徐州（在今江苏省北部一带）军事，坐镇下邳（在今江苏省睢宁县北）。在那里，他又与徐州刺史因为争酒而互相辱骂，被人告发，再次被免了官。但因为他的后台硬，很快又被拜为卫尉（也是属九卿之一的高官）。

石崇听说王恺在通往自己家庄园的路上搭起了步障，全是用紫色的丝绸搭成的，全长四十里。步障是一种用来阻挡风尘或视线的隔障。王恺是晋武帝的表弟，晋武帝在世的时候，经常赏赐他很多财宝，所以家私巨万。

不久，王恺接到石崇的请柬：邀请他到金谷园去饮酒作乐。金谷园是石崇在洛阳西郊河阳的一座庄园，又名梓泽，他经常在这里宴请宾客。

王恺上路后不觉大吃一惊：出洛阳城后，通往金谷园的路两侧也搭起了步障，而且全是用锦缎搭成。王恺知道，这条路全长五十里。就是说，石崇的步障不但材料上压倒了他，而且长度也比他的长十里。王恺心里很不是滋味，但他并未在脸上表露出来。到了金谷园，气派果然不凡：奇花异草、江南怪石点缀着假山；长廊飞阁、雕栏玉砌布满了庭院。客人们无不啧啧惊叹。有人抽一抽鼻子，问道："这大厅里怎么有一种特殊的香气？"石崇答道："这墙是以花椒粉和泥涂成，所以异香扑鼻。各位不妨一试。"席间有人伸出舌头，暗地里说："我们可涂不起，这得多少花椒！"饮宴之间，石崇说道："现在，让小妾绿珠来给诸位献丑，以助酒兴。"

石崇的话刚落地，只见一位绝代玉女，也就是十七八岁的样子，拖曳着长长的裙裾，手持一管长笛，从后室飘然而出，在众宾客面前坐下，吹起一支曲子。只吹得在座的宾客鸦雀无声，有的和着节拍点头晃脑，有的闭上眼睛以脚击地，还有的死死地盯着绿珠的粉面黛眉。绿珠吹罢，放下笛子，宴会上爆发出一阵喝彩声。这时，后室又轻盈盈地步出二十几个身着锦绣的年轻貌美的女子，分别手持精美绝伦的各种乐器，奏起了欢快的舞曲。绿珠又随着舞曲跳起舞来。只见她那长长的飘带仿佛追着她飞舞的粉蝶，那淡绿色的舞裙宛如飘荡的云朵，看得宾客们个个目瞪口呆。

客人们都很尽兴。潘岳还即兴写了一篇几十句长的赋。石崇却不露声色，只是不时地用眼睛瞟一下王恺。王恺心里当然很不舒服，强作笑容。

在席散之前，王恺站起来说："诸位，下月初二是大吉的日子，在下邀请在座的诸位到寒舍小酌。请帖几天内将分别送达。请各位一定赏光，一定赏光！"

下个月的初二这一天，石崇果然让人备好了他的华车，到王恺家去出席宴会。石崇的华车比当年贾谧的华车阔多了！马的辔头镶金饰银，闪闪发光；车的华盖镂花嵌玉，熠熠生辉。四匹高头大马，走路都能踩出鼓点来。道路两边多有驻足观看的人，表情各不相同，有的仰慕，有的睥睨，有的赞叹，有的唾骂。石崇并不让车快跑，他是不准备按时到达的。他明白，王恺的这次宴会就是做给他看的。不管他去得多晚，王恺也一定等他。

王恺的请帖请客人巳时到达。应邀的客人都到了，只有石崇还没有踪影。王恺心里着急，脸上却是不在乎的神情。好在那时人们崇尚清谈，客人们都在不着边际地高谈阔论。大约到了巳时三刻，才"吧嗒嗒，吧嗒嗒"地传来了石崇华车那慢慢腾腾然而节奏分明的马蹄声。

石崇下了车，笑容可掬地说道："石崇不才，公务家务多有拖累，让诸位久等，抱歉，抱歉！"那些客人知道石崇有钱，都要巴结他，一齐拱手拜道："卫尉客气，卫尉客气。我等得与卫尉共饮，三生之幸，三生之幸！"石崇手持一件铁如意，边拜边行。“如意”这东西，从作用上讲，有点像现在老人们使用的“老头乐”、“痒痒挠”，本是用来给背部手够不到的地方搔痒用的，可如人意，所以叫“如意”。一般的用竹、木制造，讲究的用骨、角、铜、铁等制造。那时冶铁技术落后，所以铁比铜更珍贵。因为它的这个名字叫得吉祥，很多人也用它做装饰品或吉祥物，随身携带。

客人刚刚坐定，有人问道：“王将军，你家的屋墙为何光滑如镜，颜色粉红？”王恺现任后将军之职，所以人称王将军。其实，王恺这间大厅的墙确实涂得特殊，石崇一进来就发现了。他知道这是王恺对他花椒涂墙的答复，提问的人也肯定是他特意安排的。王恺对着那人大声答道：“四面墙均涂以赤石脂，所以才有这样的效果。”听的人无不咋舌。赤石脂是一味矿物性的中药材，在当时来说是相当贵重的。做药尚可，用来涂墙，得用多少啊！说话间，有几个仆人挑着几担木桶走过。桶中装着一种黏稠的浅褐色的似水非水的东西。又有人问：“王将军，这桶中装着何物？”王恺说：“菜已经凉了，我令他们倒掉重做。他们挑的是饴糖浆，刷锅用的。”听者无不瞠目结舌。饴糖就是我们今天所说的糖稀，是用麦芽、粮食等制成的。在众人的惊诧声中，只有石崇故作无动于衷。但他叫过一个小厮，在他耳边嘀咕了几句，那小厮就回家了。

酒席宴上自然少不了弹唱歌舞。只是没有一个可以同绿珠相比的美人。但使王恺感到欣慰的是，他的乐队舞女在数量上大大压倒了石崇：石崇的只有二十几人，他的有四十余人。酒兴将尽的时候，只见四个仆人抬着一件东西，用锦罩着，摆到了屋中央。王恺说：“我给大家看一件稀世珍宝。”说着，令仆人揭去锦罩。在一阵“呀”的诧异声之后，全场一片寂静。原来，那锦罩下面是一株三尺高的珊瑚树。它颜色晶莹，姿态婆娑，半埋在玉石雕刻的花盆里面。在座的人几乎没有人见过这样珍贵的珊瑚。大家纷纷围过来。石崇开始时端坐未动。王恺心想，妒忌，还是颓丧，还是不好意思过来看？嘴里说道：“卫尉大人，随便看。我王某一向是大度的。”石崇站起来。原来围得紧紧的人圈看石崇慢慢走过来，便让开一个缝，让他走进来。石崇端详良久，口中说道：“这东西像石头一样，想必是挺坚硬的吧？”顺手就用手中的铁如意敲了一下。谁知那珊瑚外表像石头一样坚硬，却经不住铁如意这一击。只见它应声而碎，撒落满地。顷刻之间，一件价值连城的无价之宝就变成了一堆一文不值的破烂。人们立时目瞪口呆。客厅里静得能听见自己的心跳。

过了一段时间，王恺才如梦方醒。他看着眼前这一片惨景，怒火中烧："你，你即使妒忌，也不能下此毒手。这是先帝赏赐给我的……"

石崇说："对不起，我赔。"

"你赔？你用什么赔？用你的绿珠？十个绿珠也比不了我这一棵珊瑚！这样的珊瑚，一百年也找不到一棵！"

"请将军放心，就是倾家荡产，我也一定赔给你。"他又转向大家说，"诸位，我石崇今天不慎失手，打碎了王将军这无价之宝。我无论如何也要抵偿王将军的损失。现在我就请诸位到我家里去，看我如何抵偿王将军的损失，也请大家作个见证。"

大家心知这是石、王两家在斗富。但他们觉得石崇这一招太过分了。也许他真的是失手了，那么，王恺这一下子就真能让他倾家荡产。但是常言说，看热闹的就怕打架的打不起来。很多人都唯恐他俩干不起来，有了这个机会，都说："好，我们这就去！"说着，都登上各自的车，呼啦啦向石家驶来。

石崇的家宅可不一般，高高的门阙，厚厚的院墙，亭台楼阁，飞桥长廊，怪石立在流水边，异草种在假山旁，牡丹嫣红一片，秋菊翠绿成行，笼中八哥对对，水里鸳鸯双双。石崇看客人都下了车，大声说道："请各位正厅落座。"正厅门前，一百多位俏丽佳人列队站立在两边，欢迎来客。众人找好座位坐定，石崇命令仆人道："去！抬来几株珊瑚，任王将军挑选。"

不一会儿，只见二十四名家丁四个人抬一盆，共抬出六盆珊瑚，株株将近四尺高。大家一看，个个傻了眼。王恺瘫坐着，不知在想些什么。石崇走过来说："王将军，看看这里有没有抵得上你那一株的？任将军挑选。"王恺这时却没了话，只是结结巴巴地说："卫尉何必当真，何必当真！"石崇命令家丁："挑一株最好的，给王将军送到家里去。"

石崇又对大家说:“麻烦大家陪我跑了一趟,惭愧,惭愧。中午大家在王将军家中已经吃过大鱼大肉，今晚我请大家吃一顿我家特殊风味的红豆米粥,诸位切勿见笑,简陋,简陋。”有人说:“不用了,我们心领了。做豆粥没有多半个时辰是好不了的。”石崇却说:“就好,就好,请大家稍待。”这时只见几个家丁抬着几筐硕大的蜡烛过来。那蜡烛每支都有胳膊粗,蜡芯足有手指粗。有人问:“卫尉,你家的蜡烛好粗啊!”石崇说:“这是特制做饭用的。用数十支这样的蜡放在锅下,同时点燃,顷刻饭就熟。”王恺心里叫苦道:这是冲着我用饴糖刷锅而来的。这时,王恺听旁边的人议论道:“石卫尉好像有些绝招,他家冬天还有韭菜吃。”这句话提醒了他。去年,有一次他与石崇一起乘牛车出行。石崇的牛在前面健步如飞,他的牛并不比石家的差,可就是跑不快,被甩下一大截。这事王恺至今仍耿耿于怀。正在这时,仆人们端上红豆米粥来,红扑扑、黏乎乎、香喷喷的。王恺借上厕所的机会,看看周围没有别人,就叫过一个石家的仆人,送给他一锭银子,让他说说这三件事的原委。那仆人告诉他:红豆米粥,红豆是事先已经煮好的,用时只须煮米;冬天的韭菜,是秋天把韭根挖出来栽在暖室中;牛跑得快,是因为赶车的向后拉牛,让它的后腿撞到车辕上,它就拼命地向前跑。后来石崇知道这个家仆泄露了他的绝招,就把他杀了。在石崇与王恺的几次斗富当中,石崇都大大地出了风头。

永康元年,在宫廷斗争中,赵王司马伦杀了贾太后、贾谧等贾氏家族的人,石崇没了后台,还因为是贾氏党羽而被免了官。

一天,石崇正在金谷园游玩,在一处临水的凉亭上与姬妾们谈笑,有仆人来报:侍中、中书监孙秀派人来,要见石崇。孙秀是司马伦杀贾氏家族的同谋。司马伦也是个蠢才,所以司马伦实际上控制在孙秀的手中。他派来的人石崇岂敢不见?那人一见面,就开门见山地说:“孙大人要向你讨绿珠做妾。”石崇一下子叫出二十来个女子,个个美似天仙,说:“你看哪个是绿珠,你就领走吧。”那人说:“这些人,漂亮是够漂亮的了,不过她们都不是绿珠。我是奉命来要绿珠的。”石崇说:“绿珠是我最心爱的一个,怎么能送人呢?”那人说:“先生,您博古通今,察远知近,这里边的利害您不会不了解。希望您三思。”石崇说：“不给！我说不给就不给！”那人走了一会儿，又回来了，说：“我还是希望您能考虑一下。”石崇说：“先生请回，我是不会答应的。”

孙秀气急败坏，找到司马伦说：“大王，您还记得欧阳建吗？”“怎么不记得？那是我的仇人。”“欧阳建是石崇的外甥。这甥舅二人依仗贾氏，做尽了坏事，不能留下这条祸根！”

孙秀要加害石崇和欧阳建的消息传到了他俩的耳中。他俩找到黄门郎潘岳，与他暗中劝说淮南王司马允、齐王司马冏杀掉司马伦和孙秀。

密谋停当，石崇又回家，到楼上与姬妾们玩耍去了。正玩得高兴，有人报告，皇帝派人来传圣旨，并说很多士兵包围了宅院。原来，他们的密谋也被司马伦、孙秀等人知道了。孙秀便假造圣旨，来抓捕石崇等人。石崇一看这阵势，知道自己无路可逃了，就对绿珠说：“我是因为你才获罪的。”

绿珠说：“让我再为先生吹一支曲子吧。”说着，绿珠拿起笛子，凄婉地吹了起来。不等一曲吹罢，院内就响起了嘈杂的人吼马嘶的声音。绿珠知道兵丁冲进来了，流着泪对石崇说：“绿珠承蒙大人厚爱，我应该为了大人而死在您的面前。”说着，跳下楼去自杀身亡。

孙秀的兵冲上楼来，抓住石崇，把他推上槛车。石崇说：“这没有什么，至多不过把我流放到交州、广州而已。”出了院门，石崇发现槛车是往东市的方向去的，东市是杀人刑场，自知已经活不成了。石崇哀叹道：“他们不就是图我的家财吗？”押车的人问他：“你既然知道你是因财丧命，为什么不早点把财散尽呢？”石崇无言以对。

石崇一家十五口全被杀了。欧阳建当然也没有活成。

从司马伦夺权开始，司马氏的弟兄们互相杀戮，乱作一团，持续了十五年。因为共有八个王杀来杀去，史称八王之乱。在这中间，很多重臣，如王恺、潘岳等都被杀死。从此，晋朝也就一蹶不振了。

# 英武一世　覆败一时

## ——苻融

前秦甘露年间。冀州首府房子城(在今河北省高邑县西南)。

"来人啊！"一位老妇人在路上大喊起来,"我的包袱被人抢了！"

一个年轻人向着老妇人手指的方向奔去。前面那个抢老妇人包袱的贼见后面有人追,便拼命地跑。只见后面追贼的小伙子快步如飞,箭一样向那贼人逼近,不过片刻就追上了他。谁知就在他伸手捉住盗贼的时候,盗贼却转过身来,也一把抓住追他的人,并冲着他大喊:"我让你跑！我让你跑!大白天你就敢抢人家的东西!"贼人的突如其来的喊声,反而让追贼的小伙子不知所措,但他并没有松手。等他明白过来的时候,老妇人也赶上来了。他对老妇人说:"老人家,我把强盗给你追回来了。"可是强盗几乎与他同时说了同样的话。他就冲着大家说:"这个白日行抢的贼抢了这位老妇人的包袱,还恶人先告状。"众人忙问老妇人:"到底是谁抢了你的包袱?"然而,刚才的事情发生得太突然,又是快天黑的时候,老妇人并没有记住两个人各有什么特征,看看他俩一样的年轻,差不多的个头,竟分不清哪个人是强盗,哪个人是追强盗的了。追强盗的和强盗厮扭在一起,众人七嘴八舌地说:"拿包袱的就是追贼的呗。"拿包的小伙子说:"对嘛,我是从他手中夺下来的嘛！"另一个小伙子一听,急了:"我追上他,夺包袱,他硬是不给,还反诬我为盗。"众人一看这情形,也都分不请谁是谁非了。那厮扭在一起的两个人却都在不依不饶。一个说:"你抢了人家的东西,还要赖!"另一个说:"你连老太太都抢,还诬赖别人!"大家看着两个人,无可奈何。

这时,一个人说:"我们何不去找苻(fú)融苻大人给断一下?"

"对呀。"另一个人说,"去年董丰杀妻案,不是多亏了苻大人才破的吗?"

提起董丰杀妻案，大家都记忆犹新。京兆（指首都长安附近的行政区）人董丰在外游学三年后回家。因为他出门之前安排妻子住在娘家，他就先到丈人家。谁知当晚妻子被从外面潜入的歹徒给杀了。丈人和妻兄当然怀疑是董丰杀的，就把董丰扭送到京兆尹报了案。在京兆尹，董丰吃不住肉刑，屈打成招，被判了死刑。死刑犯是要经过司隶校尉核准的，当时秦国的司隶校尉正是皇帝苻坚的弟弟苻融。

苻融认真地看过了全部案卷，觉得其中可疑之处甚多，决定复审此案，便下令把董丰押解到司隶校尉府。董丰想，既然司隶校尉要复审，就说明自己的案子还没有最后决定，还有搞清楚事实真相的可能。但他又不知司隶校尉的底细，他想，为了申明冤情，既不能单刀直入，也不能委曲求全。他就在喊过冤、司隶校尉询问案情的时候，把自己对这个案件的判断编成一个梦，向苻融详细地叙述了一番。

“大人，小的实在是冤枉。我在外游学三年，游子的苦楚，大人一定会知道一些。我与爱妻离别三年，思念万分，怎能生出杀心？但我在到岳父家的前几天，在客舍做了一个奇怪的梦。我梦见自己骑马过一条河。那马本来是向北走的，可是走着走着，它又掉回头向南走。后来，它干脆停在河中间不动了，不论我如何用鞭子抽它，它也不动。我低头一看，吓了一跳：水中竟有两个日影。这时，不知不觉到了岸上，我下马一看，那马左面是白色的，且被水沾湿，右面是黑色的，却很干燥。醒来之后，我心里很是不自在，总以为那是不祥之兆。不想第二天夜里，又做了一个一模一样的梦。我心中不安，就去找一位算卦先生，请他替我圆梦。他说，‘这个梦，主你要吃官司’。我请他给我出个主意，躲过这次灾祸，他想了想说，‘你要躲过三次沐浴和三次枕头’。到岳父家后，爱妻当晚果然给我烧了一大盆水，让我沐浴。我记得那算卦先生的话，不管爱妻如何劝我，我也不肯洗。她很生气，就自己洗了。我很累，躺到床上就要入睡。这时，爱妻也上了床，并塞给我一个白花花的枕头。我说游子在外，很少枕枕头，习惯了，不要枕头。可是爱妻一定要我枕，我执意不枕，她一气之下，竟自己枕上了。不想，早起醒来后，竟发现爱妻被人杀死在床上。我旅途劳累，睡得很沉，一点也没有觉察到她何时被杀的。”

苻融听了董丰的话，觉得有点蹊跷。蹊跷之处不在梦本身。因为既然是梦，就多荒唐都有可能。蹊跷在于同样的梦竟能做两次。也许他这样说的本身就是在暗示自己，这“梦”是他杜撰的，目的在于向自己透露什么。他想了想，又看了看董丰说：“我这个人对《易经》还是很有研究的。你梦见水中有二日，日属阳，表明这个案子与两个男人有关。就是说，你的妻子被杀，除了你，还牵涉到另一个男人。”他又自言自语地说：“那么，这个男人是谁呢？”

苻融口中念念有词，什么“乾”啦、“坤”啦、“坎”啦、“艮”啦，几个卦名翻过来覆过去念了好几遍。最后说：“你梦见马的左面湿了。就是说，‘马’字的左面应该有个三点水。不对，哪里有这样一个字呀！那就是两点水，对了，这个人应该姓冯。”

董丰的眼里闪出亮光。

苻融又说：“两个日，是个‘昌’字，说明这个男人的名字是‘昌’字。冯——昌，你妻子家附近有叫冯昌的人吗？”

“有啊！”董丰急忙答道，“她家邻居果然有一个叫冯昌的人。我爱妻婚前就与他很好。难道他会和这案子有关？”董丰故作疑惑。

苻融立即下令：“把冯昌拿来审问。”

冯昌心里有鬼，想不到司隶校尉大人一下子就点到了他的名字。他又隐约听说一个“梦”字。那时的人迷信，对托梦一类的事很相信。心想，一定是天神给司隶校尉大人托梦了，没有等到拷打，冯昌就主动招供了。

原来，冯昌与董丰的妻子早有奸情。这次趁董丰外出三年，两个人背地里偷鸡摸狗。后来，听说董丰要回来了，他就与董妻密谋说：“他回来那天，趁别人还不知道，我们先把他干掉。睡前，你先给他烧盆热水，让他沐浴。然后给他一个枕头，让他睡觉。他旅途劳顿，又洗了澡，一定睡得很死。我便趁夜潜入你家，把他杀掉，咱俩立即找个地方把他掩埋。人不知，鬼不觉，你我便可长享欢乐。”

董丰对妻子与冯昌的关系早有察觉。回来后，他觉得妻子神色不正常，便以疲倦为由，没有沐浴，也没有接受妻子递过来的枕头。妻子无奈，便自己习惯成自然地枕了那个枕头。谁知冯昌杀人是以枕头为记号的，竟错杀了董丰的妻子。而董丰又确实很疲劳，在冯昌杀人的时候竟丝毫没有察觉。

苻融破了这个案子后，名声大振。所以，当有人提议请他断抢劫老妇人包袱的案子时，在场的人都异口同声地表示赞成。人们簇拥着仍旧厮扯在一起的两个年轻人，向着冀州牧的官府走去，因为当时苻融正在担任冀州牧。

苻融听了大家的叙述，对那两个年轻人说："你们两个人当中有一个是抢老妇人包袱的，另一个人是替老妇人追盗贼，并且追上了的，对不？"

那两个人和众人一起说："对，对！"

"这好办。"苻融指着前面不远处的凤阳门，说，"大家让开一条路，让他们两个一起向凤阳门方向跑，哪一个后到，哪一个就是抢包袱的贼。"大家一听，对呀，既然那小伙子能追上贼，就说明他一定比贼跑得快。

于是，大家让开一条路。苻融又派士卒把守在路两边，防止真贼逃窜，然后喊道："一，二，跑！"

未等"跑"字出口，其中一个人便抢先跑了出去。另一个愣了一下，明白过来后，头一个已经跑出几丈远，他连忙奋起直追。尽管前面的人拼命地跑，可哪里是他的对手，未等到凤阳门，就追上了先跑的人。他伸出手，一把揪住盗贼的衣领："这回看你还说什么！"

士卒把盗贼押到苻融面前。那盗贼跪下叩头如捣蒜，一个劲地求饶命。苻融说："最可气的是，你抢了人家的东西，还恶人先告状，诬赖好人。先押到牢里再说。"在场的人无不拍手称快，赞扬苻融断案有办法。

从此，苻融的名声更大。各地有什么疑难案件都请他去断，他也都能做出让人满意服气的结论。不但是断案，就是朝中有什么大事，也都派人乘驿马来同他商量。

苻融有这样高的威信，并不仅仅因为他出色地断了一些案子，还因为他自小就聪明伶俐，而且仁义、通情达理。

苻融是氐族人。他的祖父苻洪原来一直住在略阳临渭（在今甘肃省天水市东北），是西戎的一个部落酋长。苻洪是一个很有能力的人，在他的带领下，他的部落很快就强大起来，后来又成了周围几个部落的盟主。他一直想统一当时正在中国北方混战的各少数民族，进而夺取北方的土地，打入关东，占领长安。但他未等实现自己的夙愿就死了，由苻融的三伯父苻健接替苻洪担任盟主。苻健使氐族的势力进一步发展扩大，并且在东晋永和六年（公元 350 年）实现了攻占长安的愿望。原来司马昭建立的晋朝，已经在四十四年前被北方的汉国攻陷首都长安，被迫迁都建康（即今江苏省南京市），史称东晋。而原来的晋朝实际上已经灭亡，史称西晋。这时，中国又走上了大分裂的道路，北方先后出现了成、汉、前凉、前燕、后赵、代等国，各自割据一方。东晋永和七年（公元 351 年），苻健建立秦国，史称前秦。苻健自称天王大单于，还封了皇后、皇太子。第二年苻健又自称皇帝。苻健不断地同北方几个国家进行战争，夺取他们的土地，扩大自己的势力。可惜他只在位四年就死了，他的后世追封他为秦世宗，由他的儿子苻生继位。

苻生昏庸无道，苻融的哥哥苻坚便在东晋升平元年（公元 357 年）杀了苻生，自立为大秦天王，也就是秦国的皇帝，还把苻融封为阳平公。

苻坚广纳贤才，吸引了一大批知识分子做他的谋臣，实行与民休息的政策，厉行节约，在一段时间里避免战事。他还亲自耕种籍田（皇家的土地，收成供奉祖先和祭祀用），皇后亲自养蚕。苻坚努力加强法制，连他的妻弟犯了法，也被他斩首正法。很快，秦国就出现了“路不拾遗，风化大行”的繁荣景象，从一个原来比较落后的少数民族统治的地区发展成为一个具有较强经济和军事实力的北方强国。并先后灭掉了北方的其他几个割据国家，统一了中国北方，与偏安于江南的东晋王朝对峙。

匈奴、乌桓、独孤、鲜卑等北方和西北的少数民族纷纷要求归附秦国，迁往内地定居。苻坚准备答应他们，他找来苻融商量。苻融说：“自古以来，匈奴等族就是北方的祸患。汉朝的时候，他们之所以不敢南侵，是由于汉朝强大的国威。现在如果让他们搬到内地来，他们知道了内地的虚实，就有兴兵为害的可能。我看还是把他们迁到长城以外，让他们做我们的藩属比较稳妥。”苻坚觉得弟弟说得有道理，就按他的主意办了。从那以后，苻坚有什么大的举动，大都与苻融及亲信大臣王猛等商量。

苻坚特别提倡文化，他每月到太学主持一次考试，有时还考察学生的学习和品德。

在苻坚的治理之下，秦国日益强大，统一北方后，又不断蚕食东晋的土地，并向周边地区发展。秦国逐渐具备了统一整个中国的实力。苻坚经过二十多年的苦心经营，终于下定了统一全中国的决心。他以王猛为丞相，以苻融为镇东大将军、冀州牧，准备进攻东晋王朝。

东晋朝廷尽管腐败，但有桓温、谢玄等几位文臣武将的辅佐，也算励精图治。江南又没有像北方那样受到战乱的严重破坏，经济比较发达。所以，北方的秦国要想越过长江天堑，统一整个中国，并不是一件容易的事情。这一点，王猛、苻融等人看得比较清楚，但苻坚似乎就不那么清醒了。

为了给统一战争创造条件，苻坚不断攻占东晋在长江以北的土地。他派自己的长子苻丕率七万军队攻取襄阳。苻丕本想速战速决，但他的部下苟苌等人劝他说：襄阳的人口是我军的十倍，屯积的粮草像山一样。这样的形势对急攻是不利的。不如把襄阳周围的人口迁移到许昌、洛阳一带，从而断绝襄阳的粮道和外援，我们只须围而不攻，襄阳就会自己瓦解。苻坚接受了这个意见。谁知朝中却有人向苻坚奏本，说苻丕率领大军，旷日持久，不见功效，建议把他逮捕下狱审问。苻坚也觉得苻丕没有什么建树，应该贬了他的官。但战斗未结束就贬斥大将，于军不利，并且苻丕毕竟是他的亲儿子。他就派人送给苻丕一把剑，指责他出师无功，并说：“如果到明年春天你还是拿不下襄阳，就用这把剑自裁，不要再来见我了。”自裁就是自杀。苻丕无奈，只好准备强攻。苻坚还亲自率军助战，并命令苻融等也前来参战。

苻融接到命令后，觉得强攻不一定奏效，损失也太大，就给苻坚上疏，说明了苻丕原来战略的正确性。苻坚向来比较重视苻融的意见，这才停止了强攻。后来，苻丕果然在第二年，也就是秦建元十五年(公元 379 年)的二月，靠围而不攻的办法夺取了襄阳城。此后，在秦、晋的争夺战中，晋军败多胜少，长江以北的大部分地区陆续被秦军攻占。

就在秦军节节胜利，即将统一中国北方的时候，苻氏内部发生了纷争。建元十六年七月，散骑常侍苻洛自以为功劳大却遭到苻坚的排斥，拥兵造反。苻融受命平定了苻洛，并把他生擒。不久，苻融被苻坚任命为车骑大将军，领宗正，录尚书事。

又过了两年，苻坚的侄子苻阳和已故丞相王猛的儿子王皮欲谋反被发觉。苻融便对苻坚说："融虽然居于高位，却不能制止内部萌生叛逆。因此，我请求到边疆领兵，离开京师，作为对我失职的惩罚。"

"贤弟呀，"苻坚流着热泪，拉着苻融的手说，"你多年来屡立战功，为兄怎能忘记？苻阳、王皮谋反，是他们对享受的待遇不满，我已经宽恕了他们，这事与贤弟何干？"

"陛下，他们二人的不满虽与我无直接关系，但我毕竟身居高位，应该对此事有所警惕。他们是在谋事阶段被发现，如果发现得晚，就会酿成大患。"

苻坚说："贤弟，多年来，你不仅是我的手足，而且还是我的臂膀。今后，我们还要灭亡晋国，成就统一整个中原的大业，我还需要你更多的帮助，请你不要再自责了。并且，我还要任命你为司徒，负责全国的军事。"

"请陛下恕罪。这样重要的任务，融实在难以胜任，还是改授他人吧。"

苻坚看苻融始终不肯接受，态度又很诚恳，就说："也好，那我就任你为征南大将军吧。这样，灭亡晋国的任务还是落在你的肩上。"

苻融觉得一再推辞也不好，便道："陛下，我可以接受此职，但我希望陛下能够记住王猛的临终遗言，不要把矛头指向晋国，鲜卑、羌胡才是我们征伐的对象。"

苻坚听了这话，心中很是不快，但脸上没有表现出来，并召来尚书，正式宣布了对苻融的最新任命，还宣布苻融的仪仗规格同三公相同。

随着秦国的逐渐强大，北方和西北的少数民族纷纷向秦国称臣。车师国前部王弥置、鄯(shàn)善王休密默亲自到长安朝拜。苻坚带着他们参观宫廷殿宇。弥置和休密默哪里见过这般雄伟壮观的建筑？他们觉得，秦国的宫殿修得这样富丽堂皇，说明秦国的国力非常强大。参观过后，他俩齐声说："秦国强大无比，可以作为我们远方民族的后盾。今后，我们每年都要来长安朝拜，贡献我们的特产。"苻坚想了想，志得意满地说："西域路途遥远，你们就不必年年来了。以后，你们三年进一次贡，九年来朝拜一次，朕就知道你们的忠心了。以后，这可以成为定制。"

弥置说："大宛等国虽然每年来贡献，但他们多数不是真心服从秦国。陛下应像汉朝那样，派兵监督他们。"休密默也说："如果陛下出兵西域，我们愿为先锋。"

听了这话，苻坚甚为兴奋。几天后，他决定派兵七万，讨平西域。

苻融知道了这件事，又来找苻坚说："陛下，听说要您出兵讨平西域，愚臣以为不可。我们出兵万里之外，大量消耗国家的财力、物力和人力。即使我们征服了他们的人，也使用不上；取得了他们的土地，也无法耕种。请陛下三思。"

苻坚说："西汉、东汉两朝的国力平定匈奴都有困难，却能讨平西域。如今，我们连匈奴都制伏了，讨平西域还不是摧枯拉朽一般？我敢说，命令一下，就可以马到成功。这是一件功垂千古的大好事，我怎能放过这样的时机？"这一次，他没有听苻融的话，而把七万大军派到了西域。

这时，晋将军朱绰到汉水以北屯田，有时也向秦国进攻，争夺那里的农民。秦国内部一些少数民族将领，如慕容垂、姚苌等就鼓动苻坚南下渡江，灭亡晋国，统一天下。建元十八年(公元 382 年)，苻坚把文武大臣召集到太极殿，对他们说："朕继承国家大业已经二十多年了，四方土地基本上都已被我们平定。只有东南角上的一个晋国还没有服从我们的统治。每当朕想到国家未能统一，便吃不香、睡不甜。朕打算集中全国的兵力，讨平窃据东南方的晋国，完成统一中原的大业。朕算了一下，我们现在可以动员起来的兵力有九十七万，朕将亲自挂帅出征。诸位文臣武将，你们的意见如何？"

"陛下此举应天顺时，符合天意。现在在陛下的治理之下，我国的国力、军力就是把五岳翻过来，也不在话下。我国的百万大军渡过长江，削平晋国，可以计日程功，晋主必然很快投降。他若敢于抵抗，就逃脱不了逃死江海的命运。然后，陛下就可以祭告天地，受天之命，统治整个天下。”说这番话的是秘书监朱彤。他发表完自己的高论，先是在会场上扫视一圈，然后就直直地看着苻坚。

苻坚听了朱彤的话，心里特别舒服，说道：“这正是朕的愿望。”他以为群臣也会这样讲。不想朱彤说罢，却遭来一阵阵的反对声。众人都认为现在的国力和时机并不适宜伐晋。苻坚被群臣泼了一瓢冷水，心中闷闷不乐。他让群臣退下，只把苻融留了下来。

“贤弟，自古以来，作出重大决策的，实际上只是一两个人而已。群臣议论纷纷，惑乱人心。我想同你一起来决定这件大事。”苻坚觉得特别需要苻融的支持。

苻融的心情也很矛盾，兄长信任他，在某种程度上还依赖于他，所以他的意见是举足轻重的。他也知道兄长希望听到他说什么。可是，这样重大的事情，他怎么能只看兄长的脸色行事呢？他思忖再三，还是开了口：“陛下，根据现在的天象来看，太白星正在牛斗星座，表明不适合讨伐晋国。”当时的人比较迷信，相信天象。至于为什么这样的天象不适合伐晋，当时的人能懂，我们今天是很难理解的。“这是我觉得目前不适合伐晋的第一条理由。”

“还有第二条理由吗？”苻坚脸上的不快明显可见。这是苻融意料之中的事。

“是的。晋国的皇帝是一个贤明的皇帝，晋国的大臣也都尽职尽责，努力报效他们的国家。这就是我们当前不能伐晋的第二条理由。”

“还有第三条吗？”苻坚冷冷地说。

“有的。晋国这几年战事较少。而我国对周边国家连年征战，将士们疲劳厌倦，不想接连不断地打仗。这就是第三条。陛下，那些对你说不宜伐晋的人，他们的建议才是上策。希望陛下能够听取他们的意见。”

“哼！”苻坚此时已经不仅仅是失望了。他没想到，连自己的弟弟也不支持这样一件伟大的事业。“那些反对我南下的人，不过是一些因循守旧、抱残守缺之徒而已。”

“陛下，常言说，知道满足者不会受辱，知道进止者不会垮台。把军事征战作为主要手段的，没有不亡国的。”

“四弟，你怎能这样讲话？难道你把我当成一个穷兵黩武的君主吗？”

“我是想引起陛下的高度重视。再说，我们秦国苻家毕竟是氐族。我们以苻为姓，至你我不过三代而已。我们氐族文化落后，考虑问题方法单纯。而晋国是中华大族，文化教育发达，考虑问题的方式也比我们全面。他们现在虽然力量微弱，可是仍旧不能低估他们的潜力。天帝是不会让中原大族的后裔灭亡的。”

“难道由谁来当帝王是固定不变的吗？难道只有中原大族才有能力治理国家？谁具备了帝王的德才，谁就可以当帝王。蜀汉的刘禅是汉朝的遗胄，他的帝位不是照样被魏国夺取？你太不了解天下是在不断变化这一规律了。这就是你不如我的地方。”

“陛下，你讲的道理我不是一点不懂。你说的天道变化的规律当然是对的。可是决定事物发展的，不只是这一条规律呀！”

“四弟，你太让我失望了。我一直想把国家最重大的事委托给你，并且也正在这样做。我信任你，赞赏你的才华。你写的文章人们爱不释手，争相传抄。谈玄论道，你也是高手。你聪明智慧，读书过目不忘。你还是一员勇猛的武将，膂力过人。我本希望在实现天下统一的大业中得到你的支持，可是你却事事与我作对，反对我的决策。你尚且如此，其他文臣武将又会如何？国家大事还让我同谁去商量？”

苻坚越说越激动，双眼瞪得又大又圆，泪花就在眼角闪动。连他那宽阔、睿智的前额和笔直、刚毅的鼻子也放出了晶莹的光。

苻融也是据理不让。他下颏上的胡须就像蘸饱了墨汁的毛笔，又丰满又倔强。“陛下，如果你一意孤行，会坏了国家大事的！”

“贤弟，如果你继续散布失败的情绪，会坏了我军的士气的！”

“士气不在几句话，而在于我们的实力和决策是否正确。请陛下思之再三。”

这兄弟二人，一君一臣，无论如何也说不到一起，不欢而散。

苻坚想，我有百万大军，辎重粮草堆积如山。我虽然称不上英明的君主，可也不是阿斗那种愚蠢之辈。我要以这屡战屡胜之师进攻苟延残喘之敌，就不相信我会失败！他再次把大臣们召集到太极殿，宣布道：“如今，天下已大部分统一，只有江南一个角落尚未实现一统。朕承担着治理天下的重任，怎能在国家不完整的情况下过日子？我国有劲卒百万，摧毁晋国的残余，还不是如秋风扫落叶一样容易？但令朕不解的是，朝廷内外一片反对之声。当年，如果晋王司马昭也听信群臣的意见，不敢出兵灭吴，晋国如何能够统一天下？朕的决心已经下定。伐晋的事将不再同诸位商量。”

当晚，苻融又来到苻坚宫中，对苻坚说：“陛下，劝你南进的人不过是慕容垂、姚苌这些人。他们都是开化较晚的塞外异族。他们唯恐我们安定发展，愿意我们在战争中削弱自己，以便实现他们自己的目的。从这个意义上讲，他们才是我们应该防备的敌人。我看，陛下的决定就是我们秦国大势的完结。还有，朱彤这类人的谄媚之言不过是想讨陛下欢心而已，陛下千万不要上他们的当啊！”

“贤弟，不要再说了，吾意已决。”苻坚觉得，这样重大的事情不能优柔寡断。

就在这时，即建元十九年（公元 383 年），晋将桓冲率众十万进攻襄阳，并分兵几路向秦国发起攻势。苻坚大怒，派他的儿子征南将军苻睿、冠军将军慕容垂、左卫将军毛当共率步、骑兵五万援救襄阳等地，击退了晋军的进攻。

苻坚正式发布命令：征集各地人马，每十名男子出兵一名，二十岁以下有点武艺的男子都授给一个名为羽林郎的小官。就是说，实行了全国规模的总动员，倾力伐晋。

对于东晋皇朝来说，这是一个生死存亡的关键时刻。晋孝武帝司马曜以谢安为吏部尚书，桓冲为侍中，实行满朝的总动员，准备迎战秦军。但动员起来的只有骑兵三万多人和一些步兵。其他部队无法放弃戍边，不能大量集中。

苻坚任命苻融为征南大将军，张蚝为骠骑将军，苻方为抚军将军，梁成为卫军将军，慕容垂为冠军将军，共率步兵、骑兵二十五万为先锋。苻坚则亲率由少数民族中征集来的六十万骑兵和二十万步兵随后。秦军总数达一百一十余万，队伍逶迤而行，前后长达数千里。苻坚已经到达项城（在今河南省沈丘县）附近时，后面的凉州兵才到咸阳。四川方面的秦军乘船顺江而下。于是，秦国形成了一幅大规模的战争动员图，东西万里，水陆并进，真是气势磅礴。仅运河中运兵、运粮秣的船就有上万艘。秦军不但来势凶猛，而且初战屡胜。苻融首先攻占寿春（在今安徽省寿县附近），活捉了晋平虏将军徐元熹和安平太守王先。紧接着，慕容垂攻下郧城，杀死晋将军王太丘等。卫军将军梁成与扬州刺史王显、弋阳太守王咏等率军五万，屯驻在洛涧（在今安徽省淮南市，淮河支流），隔着淮河与晋军对峙。梁成还多次打败晋军。对于晋国来说，形势危如累卵。

晋国急上加急，派都督谢石、徐州刺史谢玄、豫州刺史桓伊、辅国将军谢琰等率水、陆军七万，在淮河南岸列阵，与苻融的队伍相距只有二十五里。

晋军统帅谢石、谢玄等想要诱歼一部分秦军，又怕秦军不上钩。

这日，苻融正在帐中考虑如何布阵的时候，有探子来报，在硖石（在安徽省寿县西北）被围困的晋军阵前，有一人驰马向东，经过我军阵前，被我军生擒。从他身上搜出硖石守将写给大将军谢玄的一封信。信中说：“我部被秦将苻融所逼，粮食已尽。而贼军势力甚盛，我怕再也见不到将军了。”苻融看了这封信，非常高兴，立即派人给苻坚送去。并捎信给苻坚说：贼军人少粮尽，容易俘获，只怕他们会逃跑，陛下应该尽快进军，活捉贼帅。

苻坚使劲一拍自己的大腿说：“我早已预言，我们肯定会成功！”他选择轻骑八千，由他亲自统率，抄近道，快马加鞭直奔寿春而去，准备突袭硖石晋军。为了保密，他还宣布：有敢言我军来到寿春的，就拔掉他的牙。因此，谢石等并不知道苻坚已经来到寿春。

晋军的突围信本是一诈，是用来迷惑秦军的。谢石还派龙骧将军刘牢之率五千劲卒趁夜偷袭梁成，一举杀了他以及他的十来名将军和五千士卒。这一胜利对于处于劣势的晋军来说，是一个莫大的鼓舞。晋军士气高涨，继续从水、陆两路向淮河边挺进。

苻坚损失了梁成是他没有料到的，使他对晋军的虚实没了底。晚上，他与苻融一起登上寿春城墙，见远处淮河对面晋军营垒严整。更远处就是八公山，他对苻融说："怎么八公山上也有那么多的晋军营地？"苻融说："不会吧！那好像是山上的草木。""那圆圆的东西不是帐篷？"苻融又仔细看看说："那好像是郁郁葱葱的树林。"苻坚对弟弟说："看来，敌人还很强大。怎么能说他们人少呢？"他的脸上露出了不祥的恐惧。

苻坚求胜心切，派尚书朱序为使，到南岸晋军中劝降。朱序原来是晋将，后来战败投降了秦国。他表面上做出忠于秦国的样子，取得苻坚的信任，但内心仍向着晋国。他见到谢石后，对他说："秦国伪皇帝苻坚是派我来劝降的。不过，我觉得秦军虽有百万之众，但行军迟缓，现在大部分都还在路上。苻坚只率领八千精兵来与苻融汇合。现在，他们前线的人马并不很多。如果这时交战，秦军在兵力上并不占优势。如果晋军打败苻坚的前锋，就胜了大半。但如果等秦军全部集中到战场，那就没有晋军的便宜了。"

谢石听说苻坚已经来到寿春，心里害怕，对已经投降的朱序又不敢过于相信，因此他打算隔河观望不战，以疲劳敌军。但他们的几名将军建议他采纳朱序的意见。他们分析说，秦军虽然表面强大，但他们的军队组成复杂，有的是想通过秦晋之战削弱苻坚，以便取而代之，有的原来就是晋人，对"戎狄"也就是少数民族的统治心中不满，内心还是向着晋国。朱序就是属于这种情况，所以他的话是可信的。

谢石觉得这些分析有道理，就让朱序回秦国去，并带去他给苻坚的一封信。

苻坚在寿春一面催促后面的主力部队加速进军，一面部署兵力与晋军决战。这时，朱序给他带来了谢石的信。信中说，贵军在淝水严密布阵，使我军无法渡河。如果贵军能稍向后撤一下，让我军上岸，与贵军决战，我们也可看看我军是否能战胜贵军,以便决定是否投降。如果我们两军总是隔河而望,岂不成了持久战?淝水发源于安徽省合肥市西北,流入寿春,在八公山附近汇入淮河。现在这里已经壅塞成一个湖泊,叫瓦埠湖。

苻坚不希望持久,愿意速战速决,因为只有这样,他才能尽快实现统一全中国的大志。他把信交给苻融,说:"贤弟,你看如何?"

苻融看过信说:"完全让开阵地是不合适的。如果趁敌军半渡而击之,定可大胜。我们假意答应撤军,让河边部队做出撤兵姿态。待晋军渡河未及落脚时,便回头反击。"

苻坚见弟弟终于同他有了一致的看法,无比兴奋,便说:"那么,一旦时机成熟,就请贤弟下令,让河边上的营地稍稍后撤。"

苻融给谢石回信说:我军愿接受贵军建议,待贵军渡河时后撤,以便贵军登陆决战。

苻融又给自己的阵前将军下令,一旦对面晋军渡河,即可假意后撤。但他又不能把这个"假"字泄露出去,以免引起敌方的警惕。

第二天清晨,晋军果然上了船,向北岸驶来。秦军的阵前将军下令自己的队伍后撤一点。

秦军士卒并不愿意打仗。有的害怕战死,听说后撤,急不可耐,唯恐与晋军有所接触;有的不想打仗,听说后撤,高兴得大喊:"晋军打来了,我们后撤了!"

有人一喊,别人不知怎么回事,也跟着一面喊一面向后跑:"晋军打来了,撤呀!"

秦军一时大乱,纷纷向后跑。有的唯恐逃之不及,甚至丢下旗鼓兵器。这一来,秦军倒是果然成了溃退的架势。

苻融听到阵前大乱,一片喊声,不知何故,急忙骑上战马迎过去。只听士卒们乱喊:"晋军好厉害啊,杀死我们的人啦!快跑啊!"其实,这时晋军与秦军根本还没有接触。

苻融急忙上前大喊:"不要退了!我军小退是计,马上就要反击了!"

他一个人的声音怎能压过几千个逃跑士卒的喊声?多数士卒也不认

得他。他拼命地阻拦,反而被退潮一样的逃兵撞倒了战马,连他自己也被士卒们践踏而死。可怜这位叱咤风云的将军,竟死在自己拼命逃跑的士兵的脚下。

谢石见秦军自乱,抓住时机,指挥晋军追击。晋军没有追击的时候,秦军尚且溃退不止。这一次晋军真的追杀上来了,秦军的溃逃就更加不可阻止。晋军一直追到青冈。秦军尸横遍野。苻坚也中了箭,仅在几十名贴身卫士的保护之下才逃了出来。

这就是历史上有名的淝水之战。强大的秦军被比自己弱得多的晋军打得大败。秦军的著名将领苻融也在这次战斗中丧了命。

# 大将遭诛　长城被毁

## ——檀道济

历史的车轮滚到了一个纷乱的年代——南北朝。东晋恭帝元熙二年，即公元420年，把持东晋皇朝大权的大将军刘裕废掉了他亲手立起来的皇帝——东晋恭帝司马德文，自立为帝，国号为宋，后世称他为宋武帝。这就是南北朝时代的开始。而在中国的北方，先后出现了由五个少数民族建立的十六个国家。其中真正强大起来并且逐渐统一了北方的，是由鲜卑族拓跋氏建立的魏国。到了南朝宋国元嘉十六年(公元439年)，北魏已经统一了中国北方，并且不断地侵犯宋国，掳掠宋国的土地和人民。

元嘉二十七年冬，魏军再次大举南下，直达长江北岸的瓜步山(在今江苏省六合县东南)，与石头城(今江苏省南京市)隔江相望。魏军非常野蛮，所过之处，杀掠无数。宋文帝刘义隆虽然只有五十几岁，却已经是满头白发，灰黄的胡须，弯腰驼背，显得十分地苍老。他听说魏军已经退走，便在左右的搀扶之下，登上石头城，遥望江北。瓜步山下的点点村落再也没有了袅袅炊烟，那倒塌的房屋依稀可辨。北风送来几声凄凉的狗吠，刘义隆打了个寒战。跟随的宦官说："陛下，请回驾吧。"刘义隆好像没有听到。他的心里翻腾着，当年他是那样地充满自信，决心北伐，统一中国。并且确实出现过统一有望的大好形势，北方失地不断被收复。可是现在，朝廷内部纷争不断，宋军的锐气已不如前，而北方的魏国却气焰甚盛。如果没有长江天堑，魏军很可能席卷南方。他自言自语地哀叹道："如果檀道济还在，何至于如此！"他对默许弟弟刘义康杀害檀道济，好像颇有后悔之意。他在寒风中注视着汹涌的江水，百感交集。

檀道济是高平(在今山东省巨野县附近)人，后来移居京口(今江苏省镇江市)，就长期居住在那里。东晋后期，世族出身的军阀掌握国家大权，甚至废立皇帝。不堪重负的农民也纷纷起义。元兴二年(公元 403 年),大军阀桓玄废东晋安帝司马德宗,自立为帝。另外一些军阀则以维护晋宗室为名,起兵讨伐桓玄。靠镇压农民起义起家的刘裕这时正在京口,他在这里进一步招兵买马,起兵讨伐桓玄。檀道济和他的哥哥檀韶、檀祈等都参加了刘裕讨伐桓玄的行动。刘裕等讨伐桓玄的力量杀了桓玄,让安帝重新登上皇帝的宝座。

在讨伐桓玄的过程中,檀道济屡立战功,很快就升任太尉参军。对于一个年轻人来说,这是一个很高的职务,如果一定要用今天的官阶来比较,相当于国防部长的参谋。他还被封为男爵。刘裕由于在镇压农民起义、平定司马氏内部纷争以及北伐等军事行动中立了大功,逐渐控制了东晋皇朝的大权。义熙十二年(公元 416 年),他给自己加上一个"都督二十二州军事"的官衔,实际上控制了晋国的军事大权。这时的北方在前秦灭亡之后,除了魏国之外,又出现了后秦、西秦、南凉、北凉、西凉、北燕、夏等割据小国,同时并存。这一年夏天,刘裕再次下令北伐,他亲自出征,并以冠军将军檀道济为前锋。

檀道济治军有方,军纪严整,一路上,敌军望风披靡。后秦的军队无法抵挡檀道济的攻势,被檀道济一直打到洛阳。檀道济还俘获了大量敌军。这时,有人向檀道济建议说:"我军俘获甚众,应把所俘北军全部杀死,垒成京观。""京观"是古代战争中一种残酷的庆功方式:把敌军的尸体集中起来,垒成大堆,再用土封上,称为"京观"。檀道济说:"北军多为北方戎狄,以杀戮为荣。我们晋军本是仁义之师,而且我军此次北上,是为了惩罚那些对百姓犯下滔天罪行的人,而对于百姓,我们则应该安抚他们,使他们了解晋师是爱护他们的。"于是,他下令放了所有的俘虏,让他们回家种田,与家人团聚。檀道济释俘的消息不胫而走,各族百姓都觉得晋国的队伍是真正仁义的队伍,很多人都自动地归顺了檀道济的晋军。檀道济在第二年的 8 月就攻入长安,灭亡了后秦。

刘裕是一个很有谋略的人。他不甘心为别人打天下,在取得了相当的权力之后,就开始为自己当皇帝作准备。义熙十四年(公元 418 年)六月,他自封为相国宋公，半年后，又杀了晋安帝司马德宗，立司马德文为帝，史称恭帝。第二年，他又自封为宋王。再过一年，也就是恭帝司马德文元熙二年（公元 420 年），刘裕废了司马德文，自立为帝，建立宋国。东晋王朝自此也就结束了。刘裕被后世称为宋武帝。

刘裕雄心勃勃，改革政治，发展生产，为统一中国作准备。可惜，他已经六十岁了，身体又不做主，在他称帝的第三年，也就是公元 422 年的 3 月，一病不起。他请了五位亲信的大臣和将军在身边侍候，并且这些人还可以佩带班剑上朝。其实，“班剑”只是一种木质的剑，是没有什么杀伤力的。因为它的表面被涂得五色斑斓，所以才叫了这么个名字。这里的“班”与“斑”的意义相同。对被请的人来说，这既是极大的信任，也是无上的荣耀。他们是太尉、长沙王刘道怜、司空徐羡之、尚书仆射傅亮、领军将军谢晦，这第五位就是当时的护军将军檀道济。可见刘裕对他的器重。

请五位重臣进宫侍候，这只是让众人知道皇帝对他们的信任和器重，可是他自已心里怎样想，别人是无法知道的。刘裕的病前两个月本来是逐渐好转的，为了庆贺御体康复，还大赦天下。可是到了这年的 5 月，他的病又加重了，这一次他并没有把重臣们特意请进来。有一天，他觉得自己不行了，还让大臣们退下，只留下了他的七个儿子：太子刘义符、二子庐陵孝献王刘义真、三子宜都郡王刘义隆、四子彭城王刘义康、五子江夏文献王刘义恭、六子献郡王刘义宣、七子衡阳文王刘义季。刘裕得子较晚，刘义符这时才只有十八岁。他拉着刘义符的手，断断续续地说：“檀道济这个人虽然有才干，有谋略，但是缺乏远大的志向。他不如他的哥哥，是一个不容易驾驭的人。徐羡之、傅亮是可以信赖的。谢晦虽然跟随我南征北战，应变的能力也很强，但他很可能背叛我们。”可惜，刘裕的预言并不怎么准确。

宋武帝刘裕死后，由太子刘义符继帝位，史称少帝。他的母亲张夫人被立为皇太后。别看刘义符年纪不大，可在享乐荒淫上却很有办法。他让人在皇家园林华林园里修了个街市，他扮演商人，亲自叫卖，觉得十分有趣。这个玩够了，他又在园中挖河垒山，造大龙舟小游船，整天在上面寻欢作乐。他又怕这快乐日子被弟兄们抢去，就想除掉兄弟中年纪大一些的。

他常听人说，庐陵王刘义真聪明仁义，对他一直怀恨在心。刘义符按照父皇的临终遗言，亲信徐羡之。徐羡之也不喜欢刘义真。就在刘义符当上皇帝的第二年，有一天发生了日蚀。徐羡之向少帝奏告说："今日日蚀，表明宫中可能有乱。我观庐陵王义真，自陛下登基以来一直郁郁不乐，心中必有异志，应该废为庶人。"庶人就是平民百姓。刘义符听了这话，当然很可心。檀道济奏道："庐陵王年轻，即使有过，也应原谅。先帝驾崩不久，不宜在兄弟之间出现隔阂。"刘义符哪里听得进檀道济的话，就下令贬庐陵王刘义真为庶人，并要他把家搬到新安(在今浙江省淳安县西)。没过几天，刘义符又在徐羡之的唆使之下，派人把自己的弟弟刘义真杀了。

不久，徐羡之找到檀道济，悄悄地对他说："太后今天突然问我知不知道晋代海西王的事情，我一时想不起来这海西王是谁，不知将军是否知道。"檀道济摇了摇头说："不知道。""哎，这就是前朝的事，至今不过五十余年，将军如何能够不知道？"檀道济反问道："徐将军不是也不知道吗？与徐将军比较起来，我实在是孤陋寡闻。"徐羡之不好意思地笑了笑："檀将军自谦，自谦！太后还提醒我说，当今皇上太不争气，让我们找个时间揭露一下他的过失和罪恶。"檀道济故作惶恐道："请将军免开尊口。这样的事情可不是你我应该谈论的。在下告辞了。"檀道济隐约地感觉到，徐羡之似乎是在挟持太后，并且处处打着太后的旗号行事。可是，那庐陵王刘义真也是太后亲生的儿子，难道她连自己的亲子也杀？所以，檀道济在徐羡之面前是不敢多说话的。

就说海西王的事情吧，檀道济怎能不知道？那是东晋时候的事。晋哀帝司马丕死了，由他的弟弟司马奕继位。但大将军桓温一直想夺取晋朝的权力，就勾结太后，说司马奕患有不育症，却有两位妃子生了三个儿子，这无法保证司马氏的血统。于是，便废了司马奕，贬他为东海王，而立司马昱为帝。在辈分上，司马昱还是司马奕的叔叔呢。司马奕是被废掉的皇帝，所以在历史上，他没有帝号。有人把他叫作废帝，有人把他叫作海西王。檀道济明白，徐羡之是在暗示他，他要伙同太后废立皇帝了。

几天后，檀道济与谢晦等人被请到太后宫中，徐羡之早已等在这里。

太后看了看徐羡之，对他们说："现在的皇帝不是个好皇帝。先帝还没有入葬，天下还处在悲哀之中，可是他却幸灾乐祸，每天玩得好高兴。在宫里养了大批的优伶倡伎，管弦之声不断，山珍海味备陈。平日还和宫女胡来，好几个宫女都怀了孩子，他竟一点也不觉得羞耻。更严重的是，他还大兴土木，建造宫殿，弄得国库都空了。这样的人怎能当皇帝？因此，我决定废掉他。我同徐将军已经安排好了，明天早晨开始行动。帝宫中的卫士都已布置好，你们进去时不会遇到抵抗。今夜，你们两位就在谢将军府中休息一宿。明晨，报晓的鼓声一响，你们便入宫，捉拿刘义符。"

檀道济与谢晦一同来到谢晦的府上休息。谢晦又激动又害怕。太后信任他，让他参加这次废立行动。如果成功了，他就是国家的功臣；如果不成功，就会招来杀身大祸。他想问问檀道济的态度，商量一下对策。他刚要去叫檀道济，却听见了檀道济那轻轻的鼾声。他指了指正伏在案子上熟睡的檀道济，自言自语地说："好你个檀公，真有个沉着劲！"

谢晦也不知道自己到底什么时候睡着了，只听得檀道济叫他道："谢兄，鼓声已响，我们该出发了。"谢晦说："檀将军，你说，这次行动我们能参加吗？""不要犹豫了。刘义符这样的人当皇帝，国家还能好吗？应该除掉他。现在正是国家用人的时候，我们行动吧。"他们二人只带了几个贴身的卫士，便向内宫走去。内宫大门——东掖门关得很严。门外的几个卫士见他们来了，不但没有拦挡，反而走到离大门两丈远的地方站下了。谢晦要敲门，檀道济拦住他，用一只手在门上轻轻一推，那大门吱的一声就开了。这个地方，平常除了宫女和宦官，别的男人是进不来的，所以他俩并不熟悉路径。他们先来到皇帝的寝宫，皇帝并不在这里。他们抓住一个宦官一问，才知道皇帝昨夜并没有住在宫中，而是住在名为华林园的御花园里的龙船上。他们来到云龙门，这里通往后花园。只见园中有山有水，在一座假山后面，有一条花枝招展的大船，这就是刘义符给自己新造的龙船。昨晚刘义符玩累了，就睡在船上。檀道济指挥随从武士上船，守船的宦官都是刘义符的亲信，他们奋起抵抗，被檀道济的人给杀了。刘义符睡眼惺忪，看身边的宦官被杀，就去拿宦官的剑，被檀道济的武士一刀砍在手上，"哎呀”叫了一声，便束手就擒。檀道济说：“我们是奉太后之命，来收回你的玺绶的。”玺绶就是皇帝的大印，是皇权的象征。刘义符交出玺绶，被檀道济押出后宫。这时，徐羡之已经招来文武大臣，列队两厢，“拜送”刘义符去吴郡(在今江苏省苏州市)。张太后手捧玺绶，交给徐羡之，然后泪流满面地上了刘义符的车，同他一起到吴郡去了。到了吴郡，刘义符就被关押起来。可怜只有十九岁的刘义符，在过了两年如梦如痴的荒唐日子后，便被徐羡之派人杀死了。

傅亮根据事先与徐羡之商量好的办法，率军到江陵，迎接刘裕的三儿子宜都郡王刘义隆来京。刘义隆问明了刘义真、刘义符的死因，控制不住自己，痛哭了一场。傅亮觉得情况不妙，吓出了一身冷汗。十七岁的刘义隆来到京城后，被推上了皇帝的宝座，史称宋文帝。操纵这次废立皇帝活动的徐羡之被晋升为司徒，还兼任卫将军和江州刺史。傅亮也被晋升为散骑常侍、左光禄大夫。谢晦被任为抚军将军，兼任荆州刺史。檀道济则被晋升为征北将军。刘义隆年轻，又是由徐羡之等人扶上台的，便由徐羡之、傅亮二人辅政。所以，大权实际上是控制在徐羡之等人的手中。不过，刘义隆是个很有心计的人，他对徐羡之等人的用心还是心中有数的。第二年，徐羡之就不得不把实际大权交还给刘义隆。

徐羡之交出大权后，心里很不是滋味，整天待在家里，闭门不出。他的亲信和朋友都极力劝说他重新出山。文帝刘义隆为了笼络他，也下诏征他继续做官。徐羡之借着这个台阶，又回到朝中当他的司徒。不过，这一次做官与前一次不同。从前是皇帝得听他的，现在则是他得听皇帝的。徐羡之万万没有想到的是，转过年来的正月，文帝刘义隆就下诏，揭露了徐羡之、傅亮、谢晦三个人穷凶极恶地杀害了庐陵王刘义真和少帝刘义符，命令中领军到彦之立即与征北将军檀道济去捉拿徐羡之和傅亮，又命令征虏将军刘粹断他们的后路。傅亮被诛，徐羡之出逃时走投无路，在追兵到时自杀身亡。

这时，谢晦正在荆州任上。他的弟弟在宫中当黄门侍郎，在徐羡之、傅亮被诛的前几天就看出了苗头，秘密地派人向他报了信，谢晦便在荆州起兵造反了。为了平定谢晦，文帝亲率大军北讨。

文帝听说檀道济在徐羡之杀害刘义真的时候，曾极力劝止他们，因此对檀道济是另眼相看的。在诛徐、傅二人的时候，才会派檀道济配合到彦之去捉拿他们。谢晦造反后，文帝在挥师北上的同时，又派檀道济分兵去平定江陵。谢晦还以为檀道济也会被文帝杀掉呢。可是前线的谢军很快吃了败仗，说是朝廷派檀道济来镇压他们，他们抵挡不住。谢晦一听这消息，大吃一惊，知道檀道济原来是站在文帝的一边。谢晦急忙带上几个从人，乘条小船，从行营逃回江陵。不想在江陵让到彦之的军队抓获，被押解到京城砍了脑袋。

檀道济在平定徐、傅、谢等人的过程中立了大功，受到文帝的信任，被改任为征南大将军、开府仪同三司，兼任江州刺史。“开府仪同三司”是个官名，是除了几位宰相外职位最高的官员。所以，檀道济算是比较受文帝信任的大臣。

文帝是一位比较有作为的皇帝。他在巩固了自己的统治地位后，继续实行父亲在世时实行的整顿吏治、抑制豪门的政治方针，在经济上则提倡节俭、奖励生产、减轻人民的负担。因此，在刘义隆在位的三十多年间，宋国的经济得到很大发展，社会繁荣，统治秩序稳定，史称“元嘉之治”，因为他的年号就叫作元嘉。中国又出现了统一的希望。在元嘉年间的前期，檀道济在军事上还是发挥了一定作用的。

文帝比较重用到彦之，想给他“开府”的官。为了让大家信服，他决定先派到彦之去征讨北方，立下战功，他也好讲话。于是，在元嘉七年，文帝拨给到彦之大量的粮草兵器，到彦之开始北伐，乘船沿淮河、泗水（在今山东省境内）向北进发，攻入魏国。泗水水量不足，船行得很慢。他又水陆并进，并攻占了洛阳、滑台（在今河南省滑县）、虎牢（在今河南省荥阳县）和金墉（在洛阳附近）。但是，第二年，魏军开始反攻，很快夺回了金墉、虎牢，在滑台包围了到彦之。这时已是严冬。黄河一旦封冻，魏军就会大举越过黄河，而宋军的粮食已经耗尽，到彦之一着急，又犯了眼病，形势非常危急。文帝只好派檀道济去救到彦之。

檀道济率军北上，一连打了三十多次小战役，大多获胜，但军粮不足，无法深入。因为有了檀道济的胜利，魏军不得不放松对到彦之的攻势，到彦之这才得以突围，烧掉船舶辎重，从陆路逃回彭城（在今江苏省徐州市）。当檀道济得到到彦之已经撤回的消息时，他的军粮也已耗尽，士兵已经开始饿肚子了。有一些动摇分子就逃跑投向魏军，并向魏军报告了宋军粮尽的情况。魏将知道檀道济足智多谋，未敢轻信，派人到宋营去侦察。

魏军的探子来到宋军营边，只见营西北角有营火，还不时传来“哗哗”的声音，似乎还有人在点数。两个探子赶忙摸过去躲在树影后面，想要看个究竟。只见几个兵士手中拿着一个柳条编的撮子，从地上的囤子里撮什么东西，然后倒在车上的囤子里。边上还有一个人一边数着，一边在纸上画记号，嘴里念叨着：“一百八十一斛，一百八十二斛……”另一个人说：“靠这些粮食，即使打不到长安，夺回洛阳也不成问题。”两个探子发现旁边无人处，还有几辆已经满载的车，正卸下了牲口支在那里。两个探子潜过去，在车上抓了一把，好家伙，全是黄澄澄的小米！他俩往自己口袋里装了一把小米，立刻回营报告。魏将一听，只说了一句：“果然不出所料！”便下令杀了来降的宋军士兵，然后后撤，堵住宋军进军洛阳的道路。

第二天，檀道济率领宋军迅速地撤回宋国安全地带。原来，昨夜他用了疑兵之计。那些装粮的士兵装的都是沙子，只是把仅剩的一点小米盖在那几车沙子的上面。檀道济这次出兵，虽然并没有夺回魏国土地，却把队伍安全地带了回来，又完成了营救到彦之的任务，因此声名大振。北魏对檀道济很是害怕，甚至举行驱鬼仪式，以为檀道济身上一定依附着什么魔鬼，所以他才会这样强大。

檀道济的功劳举国称是，文帝刘义隆当然也得承认。魏国害怕他，这对他来说也不失为一件好事。但他心里也不能不犯合计。自古以来，功臣功劳太大、权力太大，对朝廷来说，都不是好事。远的不说，就说汉代以来，曹氏代汉，司马氏代曹，刘氏代司马氏，历历在目。并且，檀氏整个家族的势力都在发展。他的孩子个个精明强干，他的朋友很多位居要津。这些都不能不引起文帝的忧虑。有一天，只有他同弟弟彭城王刘义康两个人在一起时，两人谈起了檀道济的战功。刘义康看了看文帝，小声说："安知他不是司马仲达呢？"司马仲达是司马懿的号。文帝听了这话，心里不由一动，但嘴里却没有说什么。

文帝身体不好，经常闹病。这在历朝的守业帝王中是很平常的。刘义康一直担心哥哥万一有个好歹，会控制不了檀道济。特别是檀道济身在江州，这更使他们不放心。元嘉十二年，刘义隆的病更重了。这时，又逢魏军向南进犯。文帝刘义隆下诏让檀道济进京。

檀道济接到诏书后，也有点犯嘀咕。他现在是征南将军，主要是防卫南方各少数民族。魏兵犯境并不与他相干，为什么召他进京？他的妻子向氏说："聪明的大臣向来忌讳功劳太大。现在，本没有什么大事，却召你进京，恐怕不是好事。"檀道济说："如果我不去，不是更要引起朝廷的怀疑吗？"等檀道济来到首都石头城，文帝的病已经好了。这时，魏军虽然已退，但文帝又以魏军随时有可能来犯为由，没有让他回到江州。

元嘉十三年，文帝答应檀道济，可以让他回江州。但他刚要起程，文帝的宿疾又犯了。刘义康就以皇帝的名义下诏，让檀道济来参加祭祀活动。半路上，刘义康派的兵士突然包围了檀道济的车，宣布奉命捉拿他。檀道济怒目圆睁，两眼发出瘆人的光，像两把燃得正旺的火炬，吓得兵士们谁也不敢靠前。过了好长时间，他才像给自己的兵下命令似的说："给我拿一大杯酒来。"那些士兵中的将领乖乖地给他端来一大杯酒，他咕咚咕咚几口就喝了下去。然后脱下帽子，往地下狠狠地一摔，愤愤地说："你们这是自己毁坏万里长城！"当天，檀道济就被杀害了。他的几个儿子，还有他在朝中的一些朋友也都遇害。

这消息传到魏国，即将统一整个中国北方的魏武帝拓跋焘兴高采烈地说："檀道济死了，宋国就没有什么可怕的了。"从那以后，魏国几乎年年进攻宋国，颇想借这个机会一举打过长江去。刘义隆问他的一位大臣："谁可以代替檀道济抵抗魏国？"那位大臣说："檀道济屡立战功，魏军十分害怕他。现在没有什么人可以代替檀道济。"文帝说："不至于吧。汉代李广在世的时候，匈奴不敢进犯。李广死后，不是还有几个人代替他吗？"那人没有回答他。事实上，确实没有人可以像檀道济那样让魏军害怕。在以后同魏军的军事争夺中，宋军很少能占到便宜。到了元嘉二十七年，魏军竟长驱直入，一直打到长江边。这就发生了刘义隆登石头城的感慨。

第二年，文帝杀了自己的弟弟刘义康。元嘉三十年，刘义隆的太子刘劭杀了刘义隆自立，仅三个月后，武陵王刘骏又杀了刘劭自立。“元嘉之治”的大好形势也就一去不复返了。

# 高举义旗　英勇悲壮

## ——杨玄感

皇宫正殿，肃穆无声。数十位文臣武将按爵位职位排列两厢。随着“陛下驾到”的一声吆喝，隋文帝杨坚在宦官、宫女们的簇拥之下，一步一步迈上高高的陛阶，坐到御榻之上。他那高高扬起的御冕上悬挂着十二根串满珍珠的旒，大臣们即使抬头，也看不清他的眼睛。他却能清楚地看见下面每一位大臣的脸。在山呼万岁之后，他突然觉得有点可乐：杨素、杨玄感父子竟站在同一个等级里面，都是二品。父亲在前，儿子在后，这可不大合适。不过，这也怨不得他们父子，而是他自己的疏忽。

这只能怪杨素的功劳太大。

我们在介绍檀道济的时候，也介绍了南朝的宋国。以后，宋国被齐国取代，齐后又相继出现了梁国和陈国。而北方的魏国也没有强大到底，在一度统一了北方之后，又出现了一个东魏，原来的魏国就成了西魏。后来，宇文氏篡夺了拓跋氏的江山，建立了周国，史称北周。我们曾经说过，这是一段乱糟糟的历史，不是专门搞历史的人，很难把这一段风云变幻说清楚。

在北周武帝宇文邕(yōng)的年代，杨素就因与北齐作战立功，被任为车骑大将军、开府仪同三司。到宣帝宇文赟的时代，杨坚做了丞相。杨素与杨坚的关系日益密切，得到杨坚的器重，被杨坚任命为汴州刺史。杨坚取代宇文氏当皇帝建立了隋朝，便任杨素为上柱国。这是授予功勋卓著的人的一种级别很高的官职。以后，在杨坚灭陈、统一中国的过程中，杨素不断地立功：他建造大战舰，渡过长江天险，使杨坚能够灭亡陈朝；他击败北方的突厥，使大漠以南的百姓得以安居乐业……他不断地立功，文帝就经常地给他封赏。杨素的官为二品，仅次于三公，几乎到了头。同时，作为功臣，文帝杨坚也不想让他拥有太大的权力、太高的地位，不想授给他最高的官衔。后来再封赏的时候，除了赏给他大量的财物、土地、奴婢之外，就授给他儿子杨玄感官位。所以，杨玄感因为父亲的功劳被任为开府仪同三司。这种官名的含义是：可以成立官属，自选僚属。虽然不是三公，但待遇却同三公相同。当然，在实际级别上，还是比三公低一等。以后杨素再立功勋，文帝杨坚除了赏赐之外，就给杨玄感加官。由此，一点功劳也没有的杨玄感竟然官至柱国，同父亲的级别相同，都是二品。以至于上朝的时候，父子二人竟并排地站到了一起。

文帝杨坚觉得杨素父子站在一起不太合适，就对杨玄感说："你年纪轻轻，尚未为国家立下什么功劳，就同乃父平列，朕以为不妥。朕打算给你降一等，你看如何？"杨玄感急忙跪下谢恩，说道："想不到陛下对我这样恩宠，说出了我想说又不敢说的话，使我在父亲面前也有了脸面。"

杨素心里明白，既然父子同列不妥，既然我杨素战功显赫，为什么不可以给我升一级而要给我儿子降一级呢？杨氏的天下已经打得差不多了，功臣的存在已经成了皇帝的心病。杨素根据历史的经验，知道自己已经不那么安全了。特别是他的几个儿子都受到了封赏，他所得到的赏赐累千累万。他家仅奴仆就有几千人，他家的宅第不比皇宫差多少，在东京洛阳、西京长安都有大量的土地、房屋，散在各地的土地、水车、作坊等等也有数百处。这样富有，这样显赫，能不引起人家的忌妒？

他也为自己的长子杨玄感捏着一把汗。这孩子小时候发育得慢，四五岁了还不会讲话。那时，杨素多么担心自己的儿子将来是个傻子啊！当人们为这孩子的呆头呆脑而摇头的时候，特别是当有人用一种惋惜的口气夸奖孩子说："这孩子长得多好，眉清目秀，只是……"这时，夫人往往就会同人家解释说："这孩子就是懂事晚，其实他一点也不傻！"现在想起来，他多么希望这孩子当真是个傻子啊！

后来的发展证明，杨玄感一点也不傻。特别是当他长大成人以后，更加证明他不但不傻，而且很有心计。他不仅长得高高的，腰杆直直的，眼睛大大的而且充满了一种智慧的神气，胡须也长得又黑又直又长，只是略显硬了一些。人们再当着夫人的面夸他，后面就再也没有"只是"二字了。

文帝杨坚开皇元年，江南陈国的军队北犯，杨素奋起反击，并用自己督造的大船打过长江，又顺江而下，夺取了荆州等地。那一次，杨素被文帝拜为荆州刺史，杨玄感也被任为开府仪同三司，兼任郢州（在今湖北省武汉一带）刺史。接受任命后，杨玄感并没有立即走马上任，而是利用大多数人不认得他的条件微服私访。还派出许多亲信，暗中调查各地官吏的政绩、为人、能力等等。这样，他到任以后，就了解到很多别人无法了解到的情况，因此当地的官吏和百姓都很服他。从郢州回来的人也经常当着杨素的面，甚至当着皇帝的面称赞这个年轻人能干。这也是促使杨坚更加提防杨素乃至整个杨家的一个因素。

可惜杨坚防得了功臣，却防不了自己的亲儿子。文帝仁寿四年（公元604年），太子杨广杀杨坚自立，后世称为隋炀帝。

杨广继位后，对杨玄感家族的势力强大、经济富足也是十分警惕的。杨素对这一点也不可能没有预料和察觉。杨广登基的第二年，就是大业二年（公元606年），杨素得病了。炀帝杨广特意请名医去看视，赏赐给上等药品。但当医生回来时，他总要问一句："老家伙还能活多少天？"杨素心知炀帝并不是真心希望他的病快好，正相反，是害怕他的存在会对皇族构成威胁。因此，他拒绝吃药，只求速死。没有别人在场时，他对弟弟说："我难道还不愿意多活几天？可是，即使我不得病，恐怕也不会活得很长久的。你看看我的名位有多高，财富有多少！能让我活下去才怪！"杨素得病不久后便死了。

按那时的规矩，父母去世，儿子要停止做官一年。在杨玄感因父亲去世而离官的这一年当中，不断有各方文人学士来拜访他。那一天，杨玄感刚刚在父亲的灵前拜过，就有童仆来报："余杭刘元洪来拜望大人。"杨玄感听后喜不自胜，忙说："快快请进！"不一会儿，那人走了进来。只见他拱起双手，说道："玄感兄，久违了！我去年出门求学，昨日方归，听说令尊司徒大人不幸作古，不胜悲痛。还望玄感兄节哀。"刘元洪放下手，那手竟耷拉到膝盖以下，好长的胳膊！他伸出那差不多有一尺长的大手，从自己的袖口中拿出一纸墨迹，对杨玄感说："玄感兄，我最近又练了一些字，但总不理想。今日特拿来一篇习作，请玄感兄指点一二。"

"我的书法也很不长进。所以，指点实是不敢当，我们可以共同切磋。"杨玄感一面接过刘元洪的字迹，一面说道。刘元洪说："玄感兄不可过谦，东西两都，谁人不知玄感兄的文章和书法？"两人正说话间，书童又来报："长安李密前来拜见大人。"杨玄感站起来说："今天真是个好日子，一下子来了两个好朋友。快请，快请！"说话间，李密已经走进门来，边走边说："真是没有想到，老将军怎么突然仙逝了？"

"家父临终前曾对人说：时至今日，我就是不得病，也是不会让我活长久的。其余的话，我就是不说，两位仁兄也会明白的吧？"

李密说："令尊大人错就错在功劳太大了。可以说，没有杨将军，就不会有大隋朝今天的天下。"

杨玄感说："看来，还是李密兄了解家父啊！"

"这位仁兄可是牛角挂书的李密李玄邃先生？"刘元洪问。

"你看，我只顾高兴，竟忘记为两位引见一下啦。这位是刘元洪先生，是我的挚友，我们经常在一起切磋文章学问。这位是李密，你已经猜到了，你说牛角挂书的那位就是他。当年，我们兄弟几个跟随家父出门，路遇一牧牛少年，骑在牛背上，边行边看一本书。牛角上还挂着一整卷的书，卷帙上写着"汉书"二字。家父问他：'你在读哪一篇？'那少年头也不抬地说：'《项羽列传》。'家父指着我们弟兄几个说道：'你们看看这位少年，比你们用功多了！你们要好好地向人家学习。'那位牛角挂书的少年正是面前这位李密。就是他，当年让我们吃了家父一顿教训。"

三个人哈哈大笑起来。

李密见杨玄感笑中带有几分苦涩，就说："玄感兄尚未从悲痛中解脱出来。我看，杨将军拒绝医治而弃世，正是他心胸豁达的表现。他已经把杨广父子看透了。与其受害而死，不如自己超脱。"

杨玄感说："确是如此。我家树大招风，家父又功劳卓著。先帝在时，江南统一、四夷平定之后，就已开始猜忌于他。如今，弑父继位的杨广凶残暴戾。我想，终有一天，我也不免会遇害。如果到了那一天，还望两位兄弟每年清明之际到我的坟头来看看，免得我想念你们。”

“玄感兄不要说得这般悲戚。”刘元洪说，“当今皇帝干尽了坏事。他为了舒舒服服地游江南，不受颠簸之苦，就让上百万人来修运河。他为了征伐高丽，就让成千上万的人造船。听说那些造船的工匠整天泡在水中，身上都生了蛆，惨不忍睹。”

李密说：“古人说过，多行不义必自毙。杨广恶贯满盈，他是不会有什么好下场的。现在，全国上下怨声载道，几乎人人都有造反之心。他的天下不会很长久了。”

“当今皇帝以征伐为乐，我已经接到命令，让我跟着他去征讨吐谷浑(谷读 yù)，不知能否全尸还乡。”杨玄感说，“这次相会，权当我与两位兄弟道别了。”

大业四年(公元 608 年)，炀帝杨广派将军宇文述征伐吐谷浑，他亲自督军。大胜后，回师途中，大军在大斗拔谷(在今甘肃省民乐县东南)扎营休息。夜深后，杨玄感与同行的叔叔杨慎商议说：“吐谷浑之战虽然大胜，但诸将都很疲劳，现在睡得正甜，我们何不利用这个机会偷袭杨广行宫，杀杨广，立其弟秦王杨浩为帝？”杨慎沉思良久，说：“还不是时候。现在军心还比较一致，国家也还算稳固。这时举事很难成功。”

杀杨广的计划，杨玄感早已有之。一是杨广残暴无道，修运河，修宫殿，修长城，修驰道，四方征战，搞得生灵涂炭，人人想反。二是杨广对杨玄感一家的猜忌越来越明显，这样下去，就是不造反，他们一家也很难保全，总有一天会大祸临头，性命、财产同样不复存在，灭门之祸同样难以避免。杨玄感觉得，自己有反心是绝对不能外露的，相反，他应该设法取得杨广的信任，要建立一些战功。他现在的爵位和官职毕竟都是从父亲那里继承下来的。回到东京洛阳后，杨玄感对兵部尚书杨文振说：“我家两代人都受到国家的恩赏，而我玄感却并未立下什么战功，时时惶愧。因此，我希望能有一个到边疆杀敌立功的机会。先生负责用兵，如果有了边警，请考虑让我出征，也好为国建立一点点功劳。”

杨文振听了这话很高兴，就说："国家现在正是用人之时。如有战事，我一定请陛下点你的将。"杨文振是杨素的老部下。他想：现在满朝文武之中，杨素的部下很多，我如果给杨玄感点面子，这些人也都会支持我的。

第二天上朝的时候，杨文振就当着大家的面，把杨玄感的请求说了。炀帝杨广听了很高兴，因为自他登基以来，战事不断，将士们的厌战情绪很浓，现在居然有人请求戍边立功，这是对他最大的支持。他兴奋地对大家说："看来，将门必出将，相门必出相，此言不虚呀！"他还下令奖给杨玄感一千匹绸缎。朝廷有什么大事，有时也找他来商量。

大业八年（公元 612 年），隋炀帝调集了一百二十万大军，号称两百万，第二次征伐高丽，命令杨玄感在黎阳（在今河南省浚县东）督运军粮。那里有一处巨大的官粮仓。杨玄感在督运军粮的过程中，亲眼看到了百姓的苦难和他们对战争的不满，觉得是起兵造反的时候了。他秘密地派一名家童到长安，请李密与弟弟杨玄挺同来黎阳谋事。

李密果然很快来到，杨玄感喜不自胜。他说："李兄，你就是我的主要谋臣。我很想听听你的意见。"

"我以为，有三个方案可供选择。"李密出主意说，"第一个方案是，皇帝要东征，必然经过辽西走廊。这里南面是大海，北面是戎狄，距内地千里之遥，只有一条路可通，极其艰险。如果我们出动大军，直入蓟县，这就等于扼住他的脖子。隋军前有高丽，后无退路，不过十天半月，军粮必断。这时，号召他的军队造反，必然群起响应，不用大的战斗就能捉住杨广。这是上策。第二个方案是，关中地区四面都有关口，易守难攻，是天府之国。可以尽早地率领我们的军队到那里去，中间如果遇到城池，绕过去，避免战斗。皇帝回来的时候，我们已经在那里站稳了脚跟。我们据险坚守，然后反击，也一定能战胜他们。这是中策。第三个方案是，如果我们不愿意远行，就就近求战，先取东都洛阳。敌军必然固守，形成拉锯战，迁延时日，胜负很难预料。这是下策。"

杨玄感摇摇头，想了一会儿，说："我看你的第三个方案并不是下策，而恰恰是上策。你想，朝廷的百官、家属都在洛阳。我们不取洛阳，如何能使他们受到震动？如果我们路过洛阳反而不去进攻它，如何显示我们的威风？”杨玄感没有采纳李密的建议，决定就在黎阳起兵。

在正式起义之前，杨玄感想给隋军制造一些困难，从而削弱他们，所以他总是故意延迟发运军粮。炀帝派人来催，杨玄感答复说：“水路上海盗太多了。为了防止他们抢劫，不能连续发粮。”他的弟弟武贲中郎将杨玄纵、鹰扬郎将杨万硕也跟着炀帝东征，杨玄感秘密地派人把他俩召来，准备正式发动起义。

这时，将军来护儿率领的船队正在东莱（在今山东省掖县附近），准备从胶莱河河口入海进攻平壤。

有一天，有一个人自称从东莱来，要向杨将军报告重要消息。杨玄感说：“让他进来！”那人进来便说：“将军来护儿没能按命令准时出发，害怕受到惩罚，率军造反了。”杨玄感听后，对众将官说：“来护儿在山东造反，必然先奔黎阳夺粮！”于是率领军队退入黎阳城，关闭城门，并向百姓宣布道：“来护儿已经反隋，即将来攻黎阳。为了抵御来护儿，全城的成年男子都要从军！”他还命令大量征集帆布用来制造盔甲，并命令各地的官府都按文帝时代的规矩办事。他又给各州郡写信，号召他们发兵到黎阳的皇仓集合，共同讨伐来护儿，还任命了几个州的刺史。这样，他一开始就召集了一万兵马。其实，并没有来护儿误期反隋的事，那是杨玄感编造的，来报信的人也是他自己安排的。

洛阳朝廷得到杨玄感反隋的消息后，十分害怕，因为黎阳距离洛阳并不很远，快马一天就能到达。炀帝不在京，越王杨侗和民部尚书樊子盖急忙调兵遣将，布置防御。修武县（在今河南省焦作市附近）也有一些人组织起来把守临清关（在今河南省新乡市附近），阻挡杨玄感的队伍渡黄河。杨玄感躲过他们，从汲郡（在今河南省汲县附近）渡过黄河。读者可能会提出这样的问题：你说他们渡河的地方也不在黄河上啊？其实，这很容易解释：黄河在历史上多次改道。现在的黄河中下游河道是二十世纪三十年代才形成的，而隋代的黄河正是在汲郡、修武等地通过的。

过河以后，杨玄感的队伍可就热闹起来了：各地来投奔的人络绎不绝。他们的驻地就像市场似的，有成帮成伙来的，也有独自来的，纷纷要求加入反隋的队伍。他们在这里住了几天，队伍就发展到十多万人。然后挥师西指，包围了东都洛阳。樊子盖命令河南赞治裴弘策抵抗杨玄感的进攻，被杨玄感击败。洛阳附近的父老抬着刚刚宰杀的猪牛，担着酒坛来慰劳他们。刘元洪等人也在各地起义，响应杨玄感。

为了能够和平解决洛阳，杨玄感给樊子盖写了封充满激情的信。他说：我们尽忠于国家有很多种方式。商代伊尹放太甲于桐宫，汉朝霍光废刘贺于昌邑，都是为了天下。我们今天起兵，只是要求废掉当今的皇帝杨广。他篡夺了先帝创造的基业，自绝于天，残害百姓，败坏风化，连年征伐，荼毒万民，导致盗贼越来越多，民力已经被他征伐得凋零不堪。他荒淫酒色，多少家的女子被他蹂躏！他玩鹰犬、养禽兽，多少人受到他的毒害！士卒的尸体填满了沟壑，白骨遮盖了原野。黄河以北，千里不见人烟；江淮之间，满目尽是荒草。我杨玄感世代蒙受皇恩，官居高位。家父曾受先帝遗诏：我的子孙，好的，你就辅佐他，不好的，就为我罢黜他。抛弃这个荒淫无道的昏君，改立贤哲的皇帝，上顺天心，下合民意。所以，我们起事以来，四海响应，士卒们就像给自己报私仇那样勇猛。将军独守一座孤城，能够支持多久？希望将军以百姓社稷为重。

樊子盖没有听从杨玄感的劝告。杨玄感便对洛阳发动了攻击。他在誓师大会上对众人说："我身为上柱国这样的高官，家中的财产数以万计。在这两方面，我都没有什么追求了。现在，我不顾杀头灭族，不惜亿万家财，为了什么？只为了解天下倒悬之急，救生灵涂炭之苦啊！"杨玄感的话让将士们很信服。因为他确实是抛弃了富贵和身家性命，这使大家觉得他与其他那些朝廷官员不同，他不是为了自己，而是为了天下，为了万民。有几千人感动得热泪盈眶，挤到杨玄感面前要求艰巨的任务。

刑部尚书卫玄率领七万大军从长安来救洛阳。他在途中掘了杨素的坟，烧了他的尸骨，毁平了杨家的茔地。还举行了仪式祭告文帝，表示一定要消灭杨玄感。他下令先派两万步、骑兵渡过瀍(chán)河。这时，有人对他说："我们如果直接进攻洛阳，恐怕会陷入杨玄感的埋伏。不如乘船顺黄河而下，到达河阳（在今河南省孟县）。那里是洛阳外围重镇，我们在那里从后面进攻杨玄感，定可取胜。”

“这是凡夫俗子的见地。”卫玄以不屑一顾的神情回答了这个建议。他的密探已经探知，杨玄感的主力在洛阳城北，城南只有少量部队。卫玄先派武贲中郎将张峻率两万人渡过河，大张旗鼓地从南道进军，以迷惑杨玄感。自己则率主力部队向洛阳城北进发，想在那里消灭杨玄感的主力部队。他的南线疑兵果然与杨玄感遭遇，但这却不是杨玄感的主力。杨玄感以少胜多，歼灭了卫玄的两万疑兵。原来，杨玄感在城南的部队也是疑兵。卫玄没有迷惑住杨玄感，反而被杨玄感给迷惑了。

卫玄的主力在洛阳城北遇到了杨玄感的队伍。杨军果然敌不住隋军的攻势，且战且退。杨玄感在城南歼灭了一部分卫玄军后，又悄悄地转向城北。杨军有百姓的掩护，卫玄并不知道，还以为杨军真的被他打得溃退不止。他正在高兴的时候，就听军中有人高喊：“官军已经抓到杨玄感了！”这消息一传十，十传百，很快在官军中传开。官军以为已经获胜，便懈怠下来。谁知这时，杨玄感却率领数千骑兵冲杀过来。他冲在队伍的最前面，挥舞着长矛，高声呼喊：“杀呀！”士兵们也都个个英勇，官军被打得措手不及，狼狈溃逃。卫玄整理队伍的时候，只剩下八千来人了。原来，杨玄感特意派几个士兵化装成官军的样子，混入官军的队伍中，大喊捉住杨玄感了，以迷惑官军。官军中有人见到冲杀过来的杨玄感，吓得舌头都不灵了，支支吾吾地说：“杨军那个领头的，简直就是当年的西楚霸王项羽！”

在这次战役中，杨军还俘获了不少官军的人。有一个叫韦福嗣的，原来是官军中的一名军师，不太爱说话，但说起话来总是引经据典。杨玄感觉得他挺有学问，有些事情就常常请教他。但韦福嗣的答复总是模棱两可，让人怎样理解都行。

粉碎卫玄主力后，杨玄感问韦福嗣：“卫玄摆出了与我决战的架势，我是否要同他正面交锋呢？”韦福嗣说：“将军起义以来，天下响应，大业很快可成。按现在的形势看，别说洛阳，拿下长安也不在话下。”在韦福嗣来说，他并没有回答杨玄感的问题。可是杨玄感却觉得，这是韦福嗣在支持他同卫玄决战。探子也报告说，卫玄粮尽，无法支持。于是，杨玄感就在北邙山（在洛阳市北）与官军对阵，一天交锋十多回。以前杨玄感靠计谋取胜。这次打起阵地战，他的这些刚刚组成的军队就不如官军了，所以并没有取得明显的胜利。这时，李密过来对他说："韦福嗣并不和我们一条心，他只是在我们营中观望。我们初起大事，而让奸人在我们的身边，这是很不利的。我看应该除掉他。"杨玄感说："至于那么严重吗？"并没有采纳李密的意见。李密痛心地说："我们快当官军的俘虏了。"正在这时，有士卒来报："报大人，杨玄挺大人被流矢击中，伤势严重。"杨玄挺是杨玄感的弟弟，他一听这消息，急忙问人在哪里。这时，人们已把杨玄挺抬过来，他已经断了气。杨玄感悲痛欲绝，无心再战，便下令退离北邙山，择地安葬了弟弟。

卫玄虽然丧失了大部分军队，但却为官军争得了时间。炀帝派来了武贲郎将陈稜、武卫将军屈突通、左翌卫大将军宇文述、右骁卫大将军来护儿，赶到洛阳附近支持樊子盖。杨玄感一下子由数量上的优势变成了劣势。原来的民部尚书李子雄这时来投奔杨玄感。杨玄感问他在这样的形势下该如何应战。李子雄说："屈突通是比较通晓军事的，如果让他们渡过黄河，我们很难取胜。不如分兵抵抗，让他们过不了河。"杨玄感觉得李子雄说得有道理，就分兵堵住各个渡口。樊子盖却派兵偷袭杨玄感的兵营，杨玄感顾了这头顾不了那头，还是让屈突通过了黄河，在洛阳附近的破陵扎营。杨玄感东有屈突通，西有樊子盖，两面受敌，被他们逐渐向北逼到黄河边上。

"洛阳的援军会越来越多。"李子雄又对杨玄感分析说，"我军已经多次失败，不应该在这里停留太长的时间。我想，我军不如西上，直入关中。在华阴县东北，渭水的南岸，有一个永丰仓，那里储备着大量的粮食。我们可以攻占这个仓，开仓放粮，赈济贫寒。这样，关中地区很快就可以被我军占领。拥有了府库中的财富，我们就可以同东都抗衡，争夺天下。"这时，有一些华阴人自告奋勇来当向导，杨玄感就放弃了洛阳，向西进发。一路上，他们宣传说，他们已经攻占了洛阳，现在是去夺取长安。在半路上，大家发现韦福嗣不告而别。原来他又投奔官军去了。

途中，李子雄又对杨玄感说："将军起义，天下响应，可见民心已经背离隋朝。将军不如趁这个机会称帝。"

杨玄感觉得这可是件大事。他起义的时候并没有这样的打算，只想换一个皇帝，使社会能够安定，使他全家能够安全。要当皇帝，可不能这样草率。他毕竟是信任李密的，就去找李密商量。李密最近明显地感到杨玄感对他的建议不感兴趣。听了他的问题后，李密说："当年，陈胜想称王，张耳建议他不要这样做，结果被疏远了；三国时代，曹操想让皇帝给他九锡的赏赐，等于凌驾于皇帝之上，荀彧(yù)劝止他，也被疏远了。我不想成为这两个人。但是，我又不愿意做一个阿谀奉承的人。我们起兵以来，虽然取得了很多次胜利，但是我们并没有夺得郡县之类的地盘。洛阳的防卫还很严密，各地的援兵陆续到达。将军的首要任务是身先士卒，尽早平定关中。如果你急着当皇帝，就会让人们觉得你没有远大的志向。"

杨玄感笑笑说："贤弟所言极是。"他便放弃了当皇帝的念头。

李密又说："在陇右(今甘肃省六盘山以西，黄河以东)地区守卫的将军是元弘嗣，他统率着一支很强大的军队。我们可以扬言说，元弘嗣已经向我们投降，西去迎接他。用这个理由入关，可以使很多人投向我军。"

杨玄感接受了李密的建议，继续西行。但当他们到达弘农(在今河南省灵宝县北)附近时，那些华阴向导和当地人都说，这里城防空虚，储粮很多，很容易攻下来。占了弘农，进可以断绝敌军的粮食供应，退可以断绝敌军的进路。杨玄感听了这些话，很感兴趣。但李密却对他说："我们是用计西行的，宜速不宜迟。我们进攻弘农就会延误时间。"杨玄感被那些人的话所诱惑，还是决定先进攻弘农。

可是，弘农并不像想象的那样容易攻，三天也没有攻下来，而官军的援兵却赶到了。杨玄感不能再攻，向西退去，官军紧追不舍。退到阌(wén)乡(在今河南省灵宝县)，被官军追上。杨玄感布阵迎敌，边战边退。由于是行进中遭遇，战线长达五十里，这对杨军非常不利，一日三败。在董杜原这个地方，杨军被官军打得大败。杨玄感在十几名骑兵的保护下逃到树林中。敌军还在步步紧逼。杨玄感和弟弟杨积善的马都已被射死。他转过身来，高高地举起长矛，向着追上来的官军冲过去，高喊：“杀呀！”其余的人也跟着高喊：“杀呀！”一齐向敌军冲去。官军被这突如其来的举动吓晕了，不知他们虚实，急急后退。

杨玄感几个人总算暂时摆脱了追兵。杨玄感说：“我们这样退，早晚都得被官军追上。我与积善二人又没有马，连累你们也都步行。这样下去，我们都免不了遇难。”

一个士兵说：“杨将军，请骑我的马先行。”其他几位战士也都要让出自己的马。杨玄感说：“这不行。我的目标大，只要有我在，敌军就会穷追，我们谁也跑不了。我看这样，我与积善步行，往这个方向跑，你们骑马，往那个方向跑，总会有人跑得出去的。”

“不，杨将军，我们决不离开你。有我们在，就有杨将军在！”将士们都坚持道。

“我们不是要一起去死。能保存一个人，就要保存一个人。炀帝残暴无道，百姓受尽其害，我们不能看着他继续为非作歹。我们当中不论哪一位活了下来，都要把我们的义旗扛到底！我与积善两个人不骑马，或许可以缩小目标，逃得出去。”

杨玄感反反复复地讲这些话，将士们才被说服。他们高高地拱起双手，对杨氏兄弟说：“请将军放心，只要有我们在，我们就不会让那个暴君安生！”

只剩下兄弟二人了。杨玄感说：“我们失败了。但是，我不能让官军杀了我。来，弟弟，举起你的刀，把我砍死。”杨积善一把抱住兄长：“不！哥哥，我不！我们要活下去，我们要报仇！”

“别傻了，弟弟。我们是逃不出去的。不过，我心里很高兴。我们已经多次打败官军。各地纷纷响应我们，他们不会都失败的，那个暴君也不会活多长时间的。再说，我们就是不起义，那个暴君也会杀戮我们全家的。不反是死，反也是死，我们这样死，死得值得。动手吧，弟弟！”

“不！我不让你死，我们要报仇！”

“积善，我们不是死，我们是到阴界等着杨广报仇，他很快也会去的。

你不是杀我，是送我走上复仇之路！动手吧，我的好弟弟！不要手软。要一刀成功。”

“哥——”杨积善一把抱住自己的兄长，泪如泉涌。良久，他的泪干了，说：“哥哥，你转过身去，向着前方，我送你上路。”

杨玄感看着弟弟，安详地笑了笑，慢慢地转过身，看着东方。杨积善一刀砍了下去。他看也没看倒下去的兄长，就把刀转过来，向着自己的头砍来。

可惜，杨积善砍自己的这一刀力量不够，没有死成，落到官军手中，而后被官军杀害。

李密在这次战斗中被俘。但他与几个同伴在被押送洛阳的途中成功脱逃。他再次举起义旗，并且写出了著名的讨伐隋炀帝的檄文。文中提到隋炀帝的罪恶时，说：“罄南山之竹书罪未穷，决东海之水流恶难尽！”

尽管最后李密也失败被杀，但轰轰烈烈的农民大起义爆发了。在杨玄感就义五年之后，隋炀帝到底被混战的军阀所杀，隋朝也就灭亡了。

# 残酷狠毒　祸及骨肉

## ——来俊臣

人们说到“骨肉”一词，往往指的是亲生儿女。我们这里说的骨肉可指的是人自己身上的骨头和肉。那是唐朝年间的事。不过，这一段年代在历史上却是被称为“周”的。因为武则天自己当上皇帝后的第八年，就把国号由“唐”改为“周”了。女皇武则天的年号经常改，有时一年就改两次。这一年，已经是她的第十一个年号了，叫作“万岁通天”二年，后来又改成神功元年。论公元，则是697年。

6月的一天，长安的大街小巷中人们奔走相告：“来俊臣伏诛了！来俊臣伏诛了！”

一时间，不管是着官服的达官贵人，还是着民服的平头百姓，都像潮水一样向着刑场方向涌去。因为来俊臣被诛后，立刻被观看的人围得水泄不通，以至于竟无法收尸。已经九十岁的狄仁杰也乘着百姓用的车前去观看。离刑场还有一里路，他的车就无法前进了。有的人哭着往里挤，一定要看看来俊臣的尸体，好像看不见他的尸体，自己的亲人就无法安生。也有人大笑着往里挤，嘴里还喊着：“哈哈，你来俊臣也有今天！”一个中年人高高地举着一把杀猪尖刀，刀尖上还挑着一条小指大小的肉，拼命地往外挤。他也喊着什么，等他挤到狄仁杰附近，才听清楚他喊的是：“不要往里挤了，那家伙只剩下一副骨头架子啦。我搞到的这一点肉就是从骨头架子上刮下来的。成块的肉早就被人刮光了。”一个小姑娘走近他，哀求道：“大叔，分给我一点吧！一丁点就好，哪怕只有小指甲那样大。不用来俊臣的肉祭我的父母，他们的在天之灵是不会心安的。大叔，给我一点吧！”小姑娘的泪水哗哗地流下来。

那中年汉子听了小姑娘的话，竟哇哇地大哭起来。过了好一会儿，他才哽咽着说:“小妹妹,别笑话我。我答应分给你一半。我也是要用这块狗肉来祭我父母的亡灵的。他们死得好惨啊!”小姑娘听了这话,也哇哇地哭出声来。周围的人落泪的、大哭的,都已控制不住自己。狄仁杰也止不住呜呜地哭起来。这时才有人注意到:“这不是狄大人吗!”“狄大人也让来俊臣害惨了。大家让开一条路,让狄大人的车进去!”

谈何容易,人都挤不进去,何况马车呢!狄仁杰的胡子颤抖着,说道:“不用往里挤了。只要百姓解了心头之恨,我狄仁杰也就知足了。”他对车夫说:“我们回家吧。”有几个人过来给他吆喝开路,还有人给他牵牲口。他的车这才得以掉过头来,慢慢地往回家的方向走去。

路上的人太多,车快不起来。狄仁杰看着拥挤的人群,思绪万千。

作为丞相,作为被来俊臣迫害而死里逃生的人,他对来俊臣还是比较了解的。来俊臣是雍州万年(在今陕西省西安市附近)人,离首都长安很近。他出身在一个“无赖世家”。父亲是个赌徒,有一次赢了好朋友蔡本一大笔钱,蔡本还不起他,就用自己的妻子抵债。这时蔡本的妻子已经怀孕,到来家后,生了个孩子,就是来俊臣。因为在这之前,来俊臣的父亲就已与蔡本的妻子私通,所以来俊臣到底是蔡本的儿子还是他父亲的儿子,也很难说清。可能是由于家庭环境的影响吧,来俊臣从小好吃懒做,野蛮粗鲁。他不干正经事,却总是爱干犯法的事。有一次,因为犯法,他又被抓起来,押送到州衙,由州刺史王续审理。他被押到公堂上,刚一跪下,就大声喊道:“我要告密!”来俊臣喊这个干什么?

武则天是通过给唐太宗李世民当才人,也就是地位较低的妃嫔,再给高宗李治当美人、皇后逐渐取得唐朝大权的。李治死后,她先当皇太后,不久接连废掉了两个儿子,自己当起皇帝来。后来,连唐朝的国号都改了,叫作“周”。这对李氏皇族来说,等于篡夺了皇权,所以那些忠实于李氏的人就反对武则天这样做,在武则天称帝的当年,就有徐敬业起兵讨伐武则天的事。为了防止再发生这样的事,武则天制定了《告密法》,规定凡是各级官吏在审讯过程中,如果遇到有人告密,一定要立即报告中央。

王续已经不是第一次审问来俊臣的案子了。他明白,来俊臣是个地痞无赖，他告密，就是要诬陷别人，解脱自己。因此，王续并没有理会来俊臣的喊叫，命令道："拉下去，打一百大板！"

后来，王续受到陷害，被捕入狱，来俊臣再次要求告密。武则天听说有人要告密，就亲自召见了他，问他告什么事。他说："我要告徐敬业等人谋反的事。"武则天说："现在徐敬业已经事败被诛，你才来告，不觉得太晚了吗？""禀陛下，"来俊臣说，"我早在徐敬业等人事发之前，就到本州去告密。可是本州刺史王续不但不理睬，还把我打了一百大板，轰了出来，差一点就把我打死了。现在后面还满是伤疤呢。我这次斗胆再来告密，几乎是冒着生命的危险。"其实，来俊臣上次在王续堂上喊告密，根本就不是告徐敬业，因为那时他还不知道徐敬业是谁呢。不久前他听说徐敬业讨武则天被诛，又听说王续被人告密下狱，他灵机一动，就把这两件事掺和到一起，想来捞点好处。反正徐敬业已经死了，告他什么他都不会申辩。但他万万没有想到，他这一锤子敲正了。武则天现在正需要他这样的人。

武则天一听来俊臣的话，大怒道："王续包庇奸党，看来是早有不轨之心。大理寺要好好审一审王续，看他还有没有同党！"她又回过头对来俊臣说："难得你这样忠心耿耿。我看，你就先留在大理寺，帮助审一下王续的案子。"来俊臣来之前，哪里敢有这般非分之想，一听皇帝要重用他，喜不自胜，像小鸡啄米似的叩起头来："谢陛下恩典，谢陛下恩典！"

王续的案子大理寺已经审了几回，都没有什么结果，别人揭发他的事都没有证据，他自己也不承认。当他再一次被拉到大理寺的公堂上时，一看坐在上面的竟是他多次审问过的流氓无赖来俊臣，气得差一点昏过去。来俊臣说："王续，别的事我们先不用说，我先还给你一百大板！"说着，对下面的狱吏说："先打他一百大板，看他招不招。"狱吏们没见过这样审案的，愣住了。来俊臣对站在头前的一个说："你给我打！"那狱吏不敢不打，可又下不了手。来俊臣看他那板子轻飘飘的，说："住手！"大家还以为打完了呢。来俊臣却说："你给我趴下！"那狱吏只好趴到地上。来俊臣指着趴在地上的狱吏，命令第二个狱吏说："拿起板子，给我打他！"第二个怎敢不打？来俊臣又命令道："使劲！"一直打到那人告饶，才让他起来。"知道怎样打了吧？”“是，大人，知道了。”“那好，你继续打王续。”

这一次他可不敢轻打了。王续可与来俊臣不同。王续是官宦人家出身，身体虚弱，而来俊臣是个泼皮。来俊臣挨一百下大不了爬不起来，可王续挨不到五十下就昏死了过去。来俊臣命人用凉水把他浇醒，问他：“有人告你包庇叛臣，图谋不轨，你招不招？”王续说：“来俊臣，你强加人罪，难道就不要证据？”“你不就是要证据吗？证人早在门外等着呢。”来俊臣命令道：“去把门外那些人给我叫进来。”不一会儿，十几个人就进了大堂。他们都是来给王续的罪行作证的，每件事至少也有三个人作证。这些人很快录了证词，画上押，退下堂去。

来俊臣问王续：“还要多少证据？”王续瞠目结舌地说：“这些人我根本就不认得呀！”来俊臣说：“人证物证俱在，你还狡辩。给我打！”当王续再一次被凉水浇醒的时候，他想，这样硬挺是没有用处的，不如暂时承认了，免受皮肉之苦，然后再找机会申诉。他违心地在招供状上画了押。

武则天看来俊臣这样快就审清了此案，且人证物证俱全，毫无破绽，把来俊臣大大地夸奖了一番，立即宣布任命来俊臣为侍御史，把王续打入死牢，等候处决。她哪里知道，那些证人全是来俊臣的狐朋狗友，是他花钱雇来的。在堂上谁应该说什么话，作什么证，都是他事先安排好了的。可怜王续，哪里还有他申诉的机会！

来俊臣上任后的第一件大事就是把他的狐朋狗友派到各地去，让他们在各地再豢养走狗，让他们随时随地出来作证。他还把最得力的亲信侯思止、王弘义、郭霸、李仁静、康昕、卫遂忠等人安排在侍御史、司刑评事等重要岗位上。这样，来俊臣需要什么样的证词就有什么样的证词。他想诬谁有罪，易如反掌。但是在武则天看来，他能干得很，有什么案子断不清的，武则天就说：“交给来俊臣。”来俊臣又知道武则天需要什么样的结果，所以他总能让武则天心满意足。

武则天看来俊臣这样能干，需要他断的案子又与日俱增，就下令在丽景门附近新设立一个“推事院”，让来俊臣在那里断案子。有一次来俊臣与他的狐朋狗友们一起吃饭，王弘义得意忘形地说：“什么丽景门？应该叫作‘例竟门’,‘竟’就是完,谁进得此门,照例要玩完。”在座的人报以一阵狂笑。

来俊臣一本正经地对大家说:“请诸位仁兄贤弟注意搜集一些资料,我们大家一起来编一本书。”郭霸大笑着说:“大哥真能说笑话,我们这些人都是干什么的?哪一个能著书立说?”来俊臣说:“你们别笑,这本书只有我们能写,别人是绝对写不出来的。”“什么书?”“我给它定的书名就叫《告密罗织经》。”“罗织”就是无中生有地给人家编造罪名。“啊——”众人恍然大悟,“对,对!这部书只有我们能写,别人谁也写不出来。”后来,这本书果然编成了。用我们现在的语言来叙述这本书的名字,应该叫作《编造罪名及打小报告学》。据史书记载,这部书编得很有章法,但没有流传下来。

来俊臣负责诉讼两年,就诬陷了一千余名朝廷大臣和各地官员,基本上将他们全都全家族灭。特别是武则天需要铲除的李唐家族中那些反对她夺取权力的势力。她要铲除谁,就交给来俊臣,他保证找得到正当的理由。武则天的支持,使得一些残酷心狠的大臣纷纷效法来俊臣,弄得大臣之间见面不敢说话打招呼,只能用眼神交换一下询问:你还活着?他们每天早晨离家上朝,都要与家人告别说:“不知今天还能不能回来。”家人有的落下几滴眼泪,有的竟至号啕大哭,就像生离死别一样。

无独有偶,司刑少卿周兴也是一个与来俊臣齐名的酷吏。被周兴陷害的人也有上千人。天授二年,就是武则天称帝的第二年(公元691年),有人密告周兴与人谋反,武则天就把审讯周兴的任务交给了来俊臣。

来俊臣派人把周兴请到自己家里吃饭。酒宴之间,来俊臣唉声叹气。周兴并不知道有人告他,也不知道由来俊臣审问他,就问:“来兄有何不称心的事,这样长吁短叹?”

“我最近审了两个案子,不想是硬骨头,啃不动他。不知贤弟可有什么好办法?”

周兴想了想说:“这还不好办吗?我告诉你,你找来个能装得下人的大瓮,把它架起来,下面用炭火烧。烧热后,你要审谁,就让谁进去。还怕他不招?”

来俊臣说："这个办法能行？""行，不招就加火呗！"来俊臣说："也好，那我们就当场试试吧。"说着，他让人抬来一个大瓮，说："请贤弟指点一下，看如何架起，如何生火。"周兴兴致勃勃地帮来俊臣把大瓮架起来，烧上火。待瓮里的残渣被烧得冒起烟来的时候，来俊臣对周兴说："贤弟，真对不起。现在有人告你谋反，陛下让我来审。现在，请君入瓮！"周兴一下子就瘫坐在地。他自知这些年来害人太多，这一定不知是哪一个被他陷害的人，反过来又把他给告了。但事已至此，有什么办法？他知道别人进入火瓮中的惨状，自己怎么忍受得了？如不承认，只有做鬼一条路了。他只好给来俊臣跪下，按照他的要求，"供认"了全部犯罪事实。来俊臣得意地对他的打手说："我这叫以其人之道，还治其人之身。"

武则天念及周兴往日的功劳，宽恕了他，只是把他流放到岭表（即五岭以南地区）。但他在流放途中，被仇人杀死了。

狄仁杰是一个有名的正直官吏。在高宗李治的年代，他曾任大理丞，是负责狱讼的中央官员。他审理的久审不决的积案涉及一万七千余人。当时的右监门中郎将范怀义误伐了皇陵的两棵柏树，高宗要治他死罪。狄仁杰冒死力争，终于说服了高宗，救了范怀义一命。武则天称帝后，垂拱四年（公元688年）琅玡王李冲、越王李贞起兵讨伐武则天，试图匡复唐室，被武则天镇压下去。武则天要求把参与此事的人一律处死。当时，狄仁杰正在豫州刺史任上，越王李贞的部下两千人由他处置。按皇帝的命令，这两千人都得被处死。狄仁杰先把这两千人的枷锁卸下，将他们关押起来，然后暗中上疏说，这些人只是受越王的蒙蔽，误入李贞的队伍，他们也是身不由己。如果陛下能宽恕他们，他们将永远感激陛下。这些话，如果说出来，可能让陛下生气；如若不说，还担心会影响陛下的声誉。请陛下三思。

武则天也愿意人们都拥护她，也就批准了狄仁杰的奏疏，下诏免去这些人的死罪，让他们去戍边。这些人出发的时候，父老乡亲们都来送行，他们纷纷对这些人说："是狄使君让你们活命的。你们永远也不要忘记。"乡亲们斋戒了三天，然后才让这些人上路。

在他这个杀人如麻的酷吏身边，还有一个保护了几千人性命的狄仁杰存在,这是来俊臣难以接受的。如意元年(公元692年),来俊臣诬告地官尚书狄仁杰与益州长史任令晖、冬官尚书李游道等六人谋反,武则天照例把这几个人交给来俊臣审问。

狄仁杰被单独绑到丽景门。来俊臣假意为他解开绳子说:“狄大人是当朝著名贤臣,怎么能受绑呢?狄大人,我也是受皇帝的命令,没有办法,如果有什么不周的地方,还得请大人多包涵。我看,还是请大人在推事院中先巡查一遍如何?”

“这是洗鼻室。”来俊臣像个现代导游似的,带着狄仁杰在一大排刑讯室前走过,一边走还一边介绍,“一般来到我院的人,先在这里用醋灌鼻。有的人没有等离开这间屋子就招供了。”狄仁杰捂住自己的鼻子,这里又臊又臭。一个犯人看到有人来,爬过来说:“大人啊,给点东西吃吧。你看我把棉衣都吃了一多半了。”原来,这一间牢房连马桶都不预备,也不给送饭。来俊臣对那个苦苦哀求的犯人说:“你如实招供了不就结了吗?”那人说:“大人,我确实没有谋反啊。”“那你就在这间牢房里待着吧。”来俊臣接着说:“请大人来看这十副枷,它们各有名号,各有用途。这是我同索元礼将军一起研究制作的,用起来很见效。”

索元礼其人狄仁杰也是知道的,他同来俊臣是一样的酷吏。

“这第一号叫作定百脉。它的各个开口都很小,让人手足血脉不通。第二号叫喘不得,这道机关卡住脖子,让人喘不上气。这第三号叫突地吼,戴上它,直不起身,抬不起头,只能把头抵到地上。第四号嘛,是着即承,多厉害我就不说了,反正不管谁戴上它,都得乖乖地认罪。第五号最厉害,叫失魂魄。第六号叫实同反,第七号叫反是实,带上这两副枷,什么事实不事实都不重要了。第八号叫死猪愁,戴上以后是什么感觉,我就不用介绍了。第九号是求即死。第十号是求破家……另外,还有一个铁笼头与这十副枷相配。你看,就是它。它实际上是个铁帽子。戴上后,压得抬不起头,在地上打滚,一会儿就会憋闷而死。那些囚犯进来后,我先给他们看这些刑具,不管原来是贵是贱,都得尝试一番。他们无不老老实实地承认。狄公,您看您戴哪一个比较合适?”

狄仁杰当然不害怕。但是，面前这些刑具告诉他，他如果不承认，来俊臣是不会让他活着离开这座牢房的。狄仁杰说：“我看，哪一个都不合适。”

“狄公，您是聪明人，您不应该在受这些皮肉之苦后再承认。我们是有仁爱之心的。所以，凡是先承认了的，就免于死罪。”来俊臣笑着看着狄仁杰。

“大周革命以来，”大周是指武则天建立的周朝，武则天把取代唐朝叫作革命，“一切都是新的气象。唐朝的旧臣受到诛戮也是应该的。看来，我只有承认自己是想反周了。”狄仁杰是想先承认下来，争取不死，然后再想办法。

来俊臣达到了逼供的目的，向武则天报了功。有一天，判官王德寿对狄仁杰说：“先生的案子已经了结了，免了您的死刑。不过，我还接到上方的一个新任务，要求先生在证词中，把杨挚柔牵扯进来。他以前当过某司的员外，你把他拉到你的案子中，也没什么不好的。”狄仁杰明白，这是要他用诬陷别人来为自己求生。

狄仁杰不是那样的人，他冲着天大呼道：“皇天后土啊，你怎么能让我狄仁杰干这种事情？”说罢，他一头向墙柱上撞去，撞得血流满面。王德寿不敢再逼他了。不久，狄仁杰被判死刑，等着到期执行。因为当时有个规矩，每年只在一定的日子执行死刑。狄仁杰很老实，来俊臣对他的戒备也有点放松。

那时正是春来之时。狄仁杰趁其他狱吏不注意的时候，同一个对他很关心的狱吏要了一支毛笔、一块小砚台和一块墨头。他又从被头上扯下一块布，趁没有人的时候，把自己的遭遇写下来，然后塞到棉衣夹层中。他对王德寿说：“天太热，这棉衣穿不了了。麻烦你让我的家人把它取去，掏出里面的棉花，再给我带回来。”

狄仁杰的儿子在拆棉衣时得到了这封信，便拿着这封信去求见女皇武则天。

武则天看到这封信，很吃惊，找来来俊臣问道：“你不是说狄仁杰已经招供了吗？怎么他的儿子又拿着他夹在棉衣里的信来喊冤？”

“这怎么可能呢？狄仁杰是主动认罪的。他现在在狱中受的待遇也很好，我们连他的官服都没有给他脱掉。他每天吃得香、睡得熟。”来俊臣辩解道。武则天派一个小官周綝去狱中看个究竟。来俊臣让一个狱卒穿上狄仁杰的官服，当周綝来时，让他远远地背对着他们站着，并对周綝说：“你看，他不是很好吗？”那周綝不敢得罪来俊臣，不敢要求细看。来俊臣还让人以狄仁杰的名义写一份《谢死表》，表示承认自己有罪，甘愿受死，还签上狄仁杰的名字，让周綝带给武则天。周綝回去后，就按来俊臣的意思向武则天禀报了。

周綝禀报的时候，有个姓乐的小奴隶在旁边干活，那孩子只有八九岁的样子。他是已经被族灭全家的前凤阁侍郎乐思晦留下的唯一的孩子，被留在司农当一名小奴隶。他听周綝向武则天禀报这段事，就插嘴说：“我听说来俊臣是很刻毒的。陛下最好还是能召见一下狄仁杰，看看他怎么说。”已经七十多岁的武则天看这么大点个孩子也敢在她的面前说话，就被逗笑了。

武则天果然把狄仁杰召到皇宫。她问狄仁杰：“有人控告你要谋反，听说你已经招供了。看来，你是确有其事了？”

“陛下，如果我不招供，恐怕早已死在枷锁和棍棒之下了。”

“那你为什么还要写那份《谢死表》呢？”

狄仁杰愣住了：“什么《谢死表》？我从未听说过呀！”

武则天让人把那份《谢死表》拿来，说：“这不是你写的吗？”

狄仁杰看了那份表后说：“陛下，请赐臣纸笔，看看我署的名字和这份表上署的名字是否一样。”武则天听了这话，也就明白这不是狄仁杰自己的签字了。到此，狄仁杰的冤案才算大白。武则天下令把狄仁杰和其他五人都无罪释放了。

来俊臣并没有就此停止作恶。他又诬告大将军张虔勖(xù)和大将军内侍范云仙谋反。张虔勖不堪受刑，想办法托人向司刑少卿徐有功申诉。徐有功是一位正直的老臣，他曾经不顾自己死活，在女皇武则天面前与来俊臣争得面红耳赤，拯救了上百人。可惜，张虔勖的申诉信还没送到徐有功那里，就被来俊臣发现了。来俊臣恨死徐有功了，张虔勖向徐有功申诉，使他更加愤怒，遂下令把张虔勖乱刀砍死。

在给范云仙上刑的时候，范云仙怒斥来俊臣说："我是历朝老臣，有功于国。你们竟这般无道，我定要向陛下揭发你们的恶行。"来俊臣笑了，说："好啊，你这就去揭发吧！"他转身对打手说："把他的舌头给我割下来！"几个打手果然把范云仙按倒在地，割下了他的舌头。

并不是所有人都怕他来俊臣的。有一次，他贪污了一大笔钱，被人抓住把柄，告到武则天那里。因为赃证俱在，他被逮捕下狱。但武则天觉得他毕竟有很大的功劳，不久就把他放了出来，并让他当了殿中丞。后来他再次贪污，被贬为同州（在今陕西省大荔县一带）参军。万岁通天元年（公元696年）又被任为洛阳令。武则天还赏给他十名奴婢。

他不肯干什么具体事，整天看这几个奴婢跳舞唱歌。看了几天，又有点腻了。一个打手对他说："大人，昨天您让我们去买东西，我们在一个西域商人那里看到一个舞女，漂亮极了，高鼻深目，皮肤白白的，我们从未见过这么漂亮的女子。"来俊臣问："那商人姓什么？""叫斛瑟罗。""那好，你们安排几个人，告他谋反。"来俊臣又玩起他的"绝活"来了。不想这回惹怒了西域商人，他们联合起来，到长安去替斛瑟罗申冤。为了表示他们的冤情，有的人当众割掉自己的耳朵，有的人刺伤自己的脸。这件事惊动了长安，来俊臣才不得不把斛瑟罗放出来。

来俊臣有点利令智昏，他竟诬告起武氏诸王和太平公主来了。所谓武氏诸王，都是武则天娘家的人。武则天称帝以后，把自己的兄弟都封了王，被称为武氏诸王。而太平公主是武则天的女儿。所以，武氏诸王和太平公主也反过来告来俊臣。起初，武则天还为双方平息。来俊臣以为这是则天皇帝向着他，就更加肆无忌惮，给他们罗织了很多罪名。其实，来俊臣说的也有很多真话，因为武氏兄弟干的坏事也确实不少。不过，武氏兄弟是武则天在政治上的主要依靠，她夺取皇权，在一定程度上也是为武家夺取天下。来俊臣在政治上帮了武则天很大的忙，但在政治的天平上，来俊臣的分量是无论如何也不能同武氏兄弟以及太平公主相提并论的。在来俊臣与武氏诸王及太平公主的较量中，武则天曾经保护过来俊臣，但是当这种矛盾发展到很激烈的程度的时候，武则天就顾不得来俊臣了。

武则天神功元年（公元 697 年），武氏诸王及太平公主联合起来控告来俊臣贪赃枉法、残害忠良。武则天也知道来俊臣名声太臭，决定批准逮捕来俊臣并弃市，也就是处以死刑。由于来俊臣害的人太多，积怨甚深，所以来俊臣被处死后，人心大快。那些仇恨特别深的人争着把来俊臣的肉剐下来。所以，他的头被砍掉没多久，他身上的肉也被人剐净，只剩一副骨头架子了。

八年后，就是公元 705 年，武则天被迫把政权让给儿子李显，恢复"唐"的国号。李显就是中宗，这一年就叫神龙元年。他继位不久，就发布一道诏令，宣布给受来俊臣等人迫害的人平反，并把来俊臣等二十三人列入酷吏名单，他们的子孙不许当官。

也不能说来俊臣一点有用的东西都没给我们留下。有两个俗语——"请君入瓮"和"以其人之道，还治其人之身"，就是他和周兴共同为后人创造的。

# 力革弊政　倏忽身败

## ——王叔文

“你一个黑子占据要津，弄得我无处立足。”王叔文手里拿着一个白子，戏谑地对太子李诵说道。但他还是找了一个地方安上了他的白子。太子李诵一看，急忙跟上一个黑子。不想这是个败着，棋盘上形势骤变。王叔文说：“看来，选择什么样的位置，不论对白子还是对黑子，都是至关重要的。”“不过，从棋盘上看，每一个位置都是轻视不得的。如果哪一个位置没有用处，那不成了‘白望’了吗？”

听李诵说出这句话，王叔文郑重地问李诵：“殿下，您知道什么是‘白望’吗？”

“白望不就是占着位置不干事情吗？”作为太子，李诵虽然已经四十五岁了，但他对社会上的事却知道得不多。皇宫的生活本来就是与世隔绝的，他的身体又不好，除了从几位太傅、侍读等太子的老师那里学到的一些书本知识之外，“外面的世界”他知之甚少。偶尔听别人口中说出过“白望”二字，他还以为是那种白吃饭不干活的人呢。

“殿下有所不知，”王叔文很严肃地说，“‘白望’是市民送给我们的宦官们的‘雅号’啊。”

李诵听出来王叔文的话弦外有音，就追问他到底是怎么回事。王叔文反问李诵：“殿下知道您日常需用的东西都是从哪里来的吗？”李诵说：“我这样大的人了，这点事还能不知道。有一些是各地贡献来的，有一些则是在市上采购来的。”

“毛病就出在这‘采购’二字上。最近，宫内宫外都把皇宫的采购叫作‘宫市’。这‘宫市’二字就是‘皇家采购’的意思。每天，皇宫都派出上百名宦官到市场上去，看见什么中意的货物，口中喊着‘宫市’二字，一把夺过人家的货物,随便给人家点什么东西算作报酬,就算把人家的货物‘采购’过来了。我们给人家那点东西的价值,不到人家货物价值的十分之一。我们这样干,说得好听一点,叫作强买强卖,说得难听一点,就叫作强夺民财!百姓敢怒不敢言,就把我们这些去采购的宦官叫作‘白望’。因为他们到了市场上,左望望,右望望,看见好东西就白拿。这样下去,我们大唐朝廷还能得到百姓的拥护吗?”

李诵惊讶地说:“事情这样严重?这些宦官们也太不像话了。其实,采购的经费是有的,只怕是中饱了他们的私囊了。”

太子李诵下次见到父皇——德宗李适的时候,就把宫市的事及百姓的怨恨情绪讲了。他慷慨激昂地说:“父皇陛下,我们的人这样胡作非为,不是把我们在百姓中的信誉搞没了吗?也可能有人以为这是一件小事,可是这样的‘小事’日积月累,也会使我们失去人心的。得人心者得天下,儿臣怕这样下去,会危及社稷呀!”

德宗听了也很气愤,就问身旁的宦官刘贞亮:“文珍,可有此事?”刘贞亮是他的本名,他自小被一位姓俱的宦官收养,因此改姓俱,也改了名字。入宫当宦官后,常被人称作俱文珍。德宗贞元十五年(公元 799 年)的时候,一支叫作“宣武军”的部队发生了叛乱,俱文珍被叛军抓起来。后来他逃了出来,因为他了解一些叛军的内情,德宗就让他领兵去平定宣武军的叛乱。叛乱平定以后,还让他带领一支一千人的军队监督宣武军。以后,宦官当监军的越来越多。他听到皇帝问到宫市的事,就支吾着说:“不会吧?也许是个别宦官有什么不轨之处,下去后,我一定好好查问一下。”

唐玄宗的时候,信任重用宦官高力士。安史之乱后,宦官李辅国帮助肃宗李亨当上了皇帝。从那以后,宦官的权力越来越大,甚至掌握兵权,干预朝政,左右皇帝,成了中晚唐国家衰落的一个重要原因。那些有识之士对这一弊政是看得很清楚的,只是无力匡救。今天,太子关于宫市的一段话触到了宦官们的痛处,这使得那些不满宦官专擅朝权的人很兴奋。下朝后,有几个人到太子府上,对他为民讲话表示祝贺。

头一个来到的是翰林学士韦执谊。韦执谊是一个才气十足的人,能写诗会作画，二十多岁的时候就受到德宗的重用。有一次皇帝寿诞，太子李诵向父皇献佛像。这时，韦执谊给皇帝画的像也画成了。李诵看了画像，对德宗说："陛下的这幅画像，不但形神兼备，而且眉宇间透出英明睿智，把陛下万民英主的神韵表现得很充分。"德宗听了这番话能不高兴吗，就顺口说道："那你就替我赏赐他点什么吧！"太子便派人回自己居住的东宫取来几匹缣帛赠给韦执谊。那晚，韦执谊到东宫向太子致谢。李诵没有精神准备，一时不知说什么才好。后来，他想起一个话题，就说："你认得我的侍读王叔文不？这个人的才能可很了不起。我介绍你们认识一下。"说着，他让人请来王叔文。两人相见，十分亲热，他们的年纪又相仿，所以，以后韦执谊经常来东宫看望王叔文。两人谈得也很投机。韦执谊能不知道太子将来的位置，能不知道太子得意的人将来的作用？所以，韦执谊成了王叔文最要好的朋友之一，经常到东宫来，既是拜望太子，也是借着太子的介绍，来与王叔文攀谈。有时，他也直接到王叔文家中。王叔文也很愿意结交这些志同道合的朋友。今天，韦执谊来，一方面是向太子表示祝贺，一方面也是想找机会同王叔文再谈点什么。韦执谊被召进客室的时候，王叔文也坐在堂上。韦执谊拜过之后，说道："殿下，今天在朝上听了您关于宫市的话，我心里真是又兴奋又佩服。殿下现在就对朝中弊端了如指掌，这是大唐社稷的幸运！"

李诵说："我对民情的了解也不多，以后还望各位贤卿多多相助。"

说话间，左散骑常侍王伾(pī)也来了。他进门就说："今天真是出了一口恶气。殿下，您今天的话讲得太是时候了。这班宦官气焰这般嚣张，将来国家不败在他们的手中才怪！历来宦官干预朝政都没有好结果。现在，他们干预朝政，欺压百姓，无恶不作。如果不是殿下当着陛下的面把这事揭穿，陛下还蒙在鼓里呢。"显然，他的那股兴奋劲还没有过去。

王伾和韦执谊又说了很多才回去。太子李诵问王叔文："刚才大家谈论宫市的事，先生为何一言不发？我知道，你对宫市是深恶痛绝的，你对宦官干政也是颇为反感的。回避躲闪可不是你王叔文的作风啊！"

"我是为殿下忧虑。"王叔文低声说道。

“这是从何谈起？”李诵不解地问。

“殿下，你作为皇太子，在陛下面前只能谈一些饮食如何啊、身体如何啊这类的话题，是不能干预政事的。陛下在位很多年了，心腹之臣不会少。如果其中有人离间你们父子之间的关系，说你是受了人家的人情，才为那些反对宦官干政的人说话的，您将如何解释？就以本朝而论，废太子、杀皇儿的事也可以举出几桩吧？更为让人切齿的是，殿下大概不会忘记，宪宗、敬宗都是被宦官杀戮的。”

听了王叔文的话，李诵恍然大悟，不觉出了一身冷汗。说的时候痛快，还能博得一部分人的喝彩，可是一旦惹祸，谁能替你搪灾？他以一种十分感激的心情对王叔文说：“如果不是先生，我到哪里去聆听这样深刻的教诲？”

从此，太子李诵更加信任王叔文了。有一次，他甚至把声音压得很低很低地问王叔文：“先生以为，将来谁可以做我的宰相？”

王叔文听了这话，也是大吃一惊，出了一身冷汗。因为他俩谈论这个话题，倘若被人知道了，无论他俩哪一个，都会有掉脑袋的危险。不过，从这句问话里，王叔文更加肯定了李诵对他的信任。他一直把革新政治的希望寄托在李诵的身上，现在看来是对的。

看看周围确实没有人，王叔文说：“我觉得，韦执谊还是可以任用的。这个人聪明能干，看问题目光敏锐，有自己的见地。特别重要的是，我觉得他对殿下还是一片忠诚的。不过，这个人就是有点缺乏始终如一的精神。另外，我希望殿下今后还是慎谈这类话题为好。”

“我只同先生一个人谈过这类题目，并且只能同你一个人谈，难道你还不放心吗？”太子的态度是十分诚恳的。

这一次谈话也使王叔文非常兴奋。在回家的路上，他在他那漂亮的马车里，心里不断地唱着歌，哼着刘禹锡新近抄给他的新作《竹枝词》，有时几乎要哼出声来，又怕被车夫听见笑话，自己反而偷偷地笑了。

刚到家门，仆人就告诉他，家里来了好几位客人。原来，王伾从东宫出来后，就打发仆人通知几位最要好的朋友，一起到王叔文家畅谈一番。王叔文到家一看，好不热闹，屋中坐了一圈人。除了王伾外，还有左司郎中陆质、监察御史刘禹锡、殿中侍御史柳宗元、郎中韩晔、河中少尹陈谏、翰林学士凌准、户部郎中韩泰等七八个人。除了王伾长得比较丑之外，个个都是三四十岁，年轻英俊，气质不凡。王叔文一见这些朋友都在，更加高兴，说："想不到各位仁兄贤弟同时光临寒舍，真是蓬荜增辉。我这陋室竟然集中了当代名士，恰如梦得兄所言，'谈笑有鸿儒，往来无白丁'。"梦得是刘禹锡的字，王叔文引用的是刘禹锡读书时写的《陋室铭》当中的两句。因为当时王叔文觉得刘禹锡这篇短文特别好，又很短小，就背诵了下来。

众位见过礼之后，王伾首先说道："我已经把今天朝上太子怒斥宫市的事与几位仁兄说了，大家都很高兴。我看，如果太子继位，实行改革是很有可能的。"

刘禹锡快人快语地说："再不实行改革，我看，大唐的江山危矣。前几年，当时的户部侍郎杜佑就上疏，建议实行改革。他认为，解救国家经济的困难，最好的办法是节省开支，而节省开支最好的办法就是裁减官员。他举神龙年间的情况做例子，那时官府并不缺员，可是要安排的官很多，只好设立了两千名员外。'员外'，定员之外是也。九十余年以前尚且如此，现在则是更加严重，官员大量增加，百姓的负担能不增加？可是，天宝年间全国有九百万户，经过安史之乱以及前几朝的动乱，现在全国户口只剩下三百万，不足五十年前的三分之一。这样少的人，却要养活比从前多得多的官，民生不凋敝才怪！可是当朝大臣们只知因循守旧，不思变革，天下危哉，殆哉！我觉得，革新天下的任务，在座诸君有不可推卸的责任。"

"梦得不愧为当代奇才，所言极是。"众人几乎异口同声地赞成刘禹锡的看法。

"梦得说天下危殆，绝不是危言耸听。"柳宗元虽然比较深沉，也止不住要讲几句话，"安史之乱后，藩镇自立，割据一方，朝廷无力辖制，作乱于外；宦官专权，参与机务，横行于内。不改变这种状况，国家难于振兴，百姓难免水深火热。我辈生于乱世，确实责任重大。如果我辈之中有人跻居权要，一定要实行改革，其余的人也当鼎力相助。现在看来，这项重任是非叔文兄莫属了。请叔文兄放心，如果你能领着我们改革弊政，我们都会是你的支持者。即使宗元肝脑涂地，也在所不辞。”

大家又是一阵喝彩。

王叔文说：“叔文非常赞成诸位的意见，国家如果再不实行变革，颓势则将永难挽回。叔文自任太子侍读以来，自以为深得太子信任。据我观察，太子有实行改革的决心和勇气。但有两点，还望诸位多加小心。一是政坛险恶，风云莫测，在太子继位之前，大家还要隐藏锋芒。现在已经有人散布流言飞语，说我们是小人集团。所以，我们一要保护太子，二要自保。再者太子身体不好，令人担忧。前些日子他中了风，连说话都困难，现在他已经不能上朝了。只怕到了他继位的那一天，他也会被宦官控制，身不由己。不过，皇上的身体最近也很不好。他见太子病成这个样子，整天哭泣不止，所以他的病情也转重了。各位皇子都来服侍他，唯独太子不能来，这使他更加伤心。从朝廷上看，形势会怎样发展，还很难预料。”

大家谈得很晚，然后各自带着兴奋回家去了。

韦执谊回家后，有人捎来口信说，有一个叫张正一的人担任名为“补阙”的官，与他的六个同僚告韦执谊与王叔文是“朋党”，就是“小集团”。韦执谊采取了针锋相对的办法，也告他们是“朋党”，并举出了一些证据。经过调查，张正一等人是“朋党”证据确凿，被逐出长安。

德宗贞元二十一年(公元805年)正月，六十四岁的德宗死了，太子李诵在太极殿继皇帝位，后世称为顺宗。不久，他又勉强坚持着在紫宸门接受了群臣的朝拜。这一年的年号被改为永贞元年。

顺宗任王叔文为翰林学士，并按王叔文的建议，任韦执谊为尚书左丞、同中书门下平章事(这一大串都是他的官衔，就是宰相)。可惜，顺宗即位后没多久，身体就支持不住了。后来，就只好在病榻上听政。大臣奏事，他就在病榻前挂一顶帐子，在帐内对大臣奏的事表示可以还是不可以。后来，连这一条也做不到了，就让他比较宠爱的一个妃子牛昭容和一个比较信得过的宦官李忠言内外传达。很多重要的事情，顺帝都让他俩把话传达给王叔文，再由王叔文考虑一个意见，传达给顺帝定夺。所以那时，在很多重大事情的决定过程中，王叔文都起了重要的作用。那些与王叔文志同道合、主张改革的朋友们也都被委以重任。他们当初设想的一些改革方案大多得以贯彻实施。

顺宗感触最深的就是宫市。他曾为这件事在殿上同父皇力争过。这也是他爱民如子的一种表现。所以，他登基继位的事完成后，首先想到的就是废宫市。王叔文要求废除宫市的奏章一传上来，他立即就批准了。

杜佑被任为度支盐铁使，王叔文为副使，但杜佑不大管事，在盐铁政策方面，杜佑就放任王叔文去管。王叔文对杜佑说："自从设立盐铁使以来，每月有月进。表面上这是国家的一项收入，实际上盐铁使借这个名目向煮盐户和采矿户大肆搜刮，也是造成盐价上涨的一个原因，所以百姓们颇多怨言。我看，不如废除月进，这对平抑盐价会有益处。"杜佑说："那就照你说的办吧。"王叔文就把罢盐铁使月进的奏章让李忠言传给顺宗，顺宗很快就表示同意了。然后，由韦执谊起草诏令，宣布罢盐铁使月进。

为了节省宫廷开支，王叔文又建议裁减宫内人员。首先裁减了三百名宫女，让她们回家从事生产。不久，又放还了后宫和教坊的女伎六百人。这也是一件大得人心的事。这些宫女、女伎实际上是宫中的奴隶。放她们回家，就是解放了她们，还为她们的家庭增加了劳动力。

王叔文刚刚进行的这一点点改革都是有利于百姓的，因此百姓无不欢呼雀跃。卧病在床的顺宗见王叔文雷厉风行，对他很满意，又让他任户部侍郎，原来的翰林学士仍旧保留。这可使得那些皇帝身边的宦官们大为不快。俱文珍对顺宗说："王叔文户部的事已经很多了，陛下就不必让他继续兼任翰林大学士了。"顺宗说："也是，那就免去翰林学士一职吧。"这表面上是减轻王叔文的负担，实际上是要大大剥夺他参与朝政、实行改革的权力。因为翰林院在宫内，顺宗有什么事就让他们传给王叔文，请王叔文作决定。而户部在宫外，远离皇帝，再想参与朝政，就多了一层障碍。

偏偏在这个时候，王叔文的母亲又得了重病。他觉得这个时候若离开朝廷，他们的改革事业就会半途而废。忠孝不能两全，王叔文坚持着不离开户部。尽管离皇帝远了一些，但毕竟宫内还有王伾。他对王伾说："我必须能够经常进入皇宫,商量公事。削去了翰林职务,我就无法进宫了。”王伾多次请求恢复王叔文的翰林职务。后来,顺帝答应王叔文可以三五天进宫一次。

俱文珍对那些看不惯王叔文改革的人说:“以前,王叔文总在宫内,大家以为他能力很强。就好比狐狸,当它深居山林之中的时候,人们会觉得它很神秘,甚至以为它是神灵。如果它在大街上走一趟,大家就知道它的真模样了。”

俱文珍的言行不可能不传到王叔文的耳中,特别使他感到恼火的是韦执谊的变化。他最近给王叔文捎来口信说:“我现在之所以还按先生的意见办事,是因为我不愿意违背我们以前的誓言。”王叔文明白,韦执谊的这段话等于告诉他,他韦执谊不赞成王叔文的做法。王叔文更明白,这都是宦官和那些反对改革的人在韦执谊身上做工作的结果。他益发感到,排除宦官的捣乱是当务之急。

现在,内宫被宦官控制得比较严密,难以下手。特别是顺宗的病情不断地恶化,实际上已经不能理政了,真正的大权控制在俱文珍等几个人的手里,只不过外界多数人还不知道而已。这时,王叔文提议让老将范希朝统管京西北诸镇行营兵马使,并让韩泰当他的副手。这时宦官们只把注意力集中在宫内,对外地兵权不太注意,王叔文的建议比较顺利地就被通过了。但过不了几天,俱文珍反应过来,原来是兵权让王叔文给夺去了,俱文珍就传令各地驻军不得入京。韩泰掌握大部兵权后,本来是计划进驻京师的。但他的军队到达奉天(在今陕西省乾县)的时候,发现他通知的那些部队都没有来,心知有变,又退了回去。

为了笼络以宦官为核心的那些反对革新的人,王叔文在翰林院请客,宴请翰林院的学士,并请俱文珍以及同他站在一起的刘光奇等人参加。酒过三巡,王叔文略有醉意地说:“家母病重,我之所以没有请假回家尽孝,还不是为了尽心尽力地为国家?我不怕人说闲话,不怕事情有多难,就是想报答陛下的知遇之恩。看来,我是要离开我的这个职位了。一旦我离开这个职位,各种诽谤就会随之而来。到那个时候,谁能替我说一句话呢?”

他又喝了一口酒："大家开怀畅饮啊！"他看大家没有说什么，他自己又说上了："现在有人在背地里讲我的坏话。可是韦执谊却让这样的人给吓倒了，不敢仗义执言。我王叔文没有做什么亏心的事情，我做的一切都是为国家兴利除弊。那些反对革新的人，我真想一棒子打死他们！现在反而让他们逃之夭夭了，真遗憾。"

第二天，王叔文的母亲去世了。按规定，没有特殊需要的，都得回家尽孝一年。俱文珍正好利用这个机会要求王叔文回家尽孝。王伾找到俱文珍和杜佑，对他们说："当今陛下御体欠安，以前颁布的各项政令还没有来得及完全贯彻实行，这个时间是不应该让王叔文回家休息的。为社稷考虑，我觉得还是应该重用王叔文。我建议任命他为宰相，并兼任北军总管。"其实，王伾是有点看不出火候，人家赶还赶不走他呢，怎能重用王叔文呢？俱文珍自然不可能答应，而杜佑也只能看俱文珍的眼色行事。

王伾还不死心，又提出来让王叔文担任同中书门下平章事，俱文珍还是不同意。他一天之内上疏三次替王叔文争取，都没有成功，这才明白过来个中的奥妙。他高声喊道："我也得快点准备车回家喽！"

王叔文在家中听到了广陵王李纯被立为太子的消息。他心里明白，这一定是俱文珍等人的主意。因为他在朝中的时候，从未议论过立太子的事。不用说，无论李纯的态度如何，他被宦官们左右这一点是没有疑问的。改革的前途险恶呀！他走出屋门，看着皇宫的方向，吟起杜甫《蜀相》中的诗句来："出师未捷身先死，长使英雄泪满襟。"自己也落下泪来。他觉得自己似乎看到了有人在窃笑，有人在私语，他甚至看到了眼前一片血光。

顺宗只当了八个月的皇帝，身体就基本上支持不住了，连话都说不出来。在宦官们的操纵之下，永贞元年（公元805年）八月，已经不能说话的顺宗李诵"宣布"让太子李纯继帝位，自己当太上皇。李纯，后世称为宪宗，他虽然已经二十八岁了，可他毕竟是在宦官们的挟持之下当上皇帝的，不得不受制于宦官。他上台不久，11月，就宣布贬王叔文为渝州（在今四川省重庆市）司户。接着，又把凡是参加王叔文改革的人都贬了官：王伾被贬为开州（在今四川省开县）司马；韩晔被贬为饶州（在今江西省波阳县）司马；陈谏被贬为台州（在今浙江省临海县一带）司马；凌准被贬为连州（在今广东省连县一带）司马；韩泰被贬为虔州（在今江西省赣县一带）司马；刘禹锡被贬为朗州（在今湖南省常德市一带）司马；柳宗元被贬为永州（在今湖南省零陵县一带）司马；程异被贬为郴州（在今湖南省郴州市一带）司马。因为有八位京官同时被贬为偏远地区的司马，这次事件史称“八司马事件”。后来，韦执谊也被贬为崖州（在今海南省海口市一带）司马。

俱文珍等人对王叔文还活着很不放心，因为他实行的政策毕竟是受老百姓拥护的。第二年，俱文珍就派人到渝州把王叔文杀死了。这次以王叔文为代表的革新活动就这样悲惨地失败了。

# 忠贞勇武　贬死雷州

## ——寇准

北宋时代，边患不绝。北方契丹族建立的辽国势力很强，一直以咄咄逼人的态势觊觎着南方宋国的土地。而宋朝又是中国历史上最软弱的朝代之一，对辽国步步退让，但求保住那缺边少沿的江山。外患的存在，使得北宋的皇帝们需要各种不同的人才，用和与战这两手，替他们保住江山。所以，纵观北宋时代，像以往历代那样大规模诛杀大臣的事件并不很多。但正因为皇帝软弱，奸臣时时当道，他们往往用软刀子，以“杀人不见血”的方式迫害那些忠正刚直的有功之臣。寇准就是一位被这种软刀子置于死地的耿介之士。

宋太宗赵炅(jiǒng)太平兴国四年(公元 979 年)冬，在首都汴梁礼部所属的进士科报名处门前，挤满了身穿白色长衫前来报名的举子。他们年龄不同，口音各异。其中，有一位身材很高、颇为英俊的少年很引人注意。他向知举官，也就是主持报名的官吏递交了本州的推举书后，要了一份报名纸，借来笔墨，伏在案子上认真地填写起来：

姓名寇准，祖籍华州下邽(在今陕西省渭南市北)，年纪十九岁。

他刚写到这里，一个人用胳膊肘拐了他一下，暗示他到边上去。寇准不知何意，拿起纸笔，同他到人堆外面。那人说：“小兄弟，看来你是头一次应举？”

“是的。不知仁兄有何见教？”寇准有点茫然。

“你不要填十九岁，要填得大一点。”

“那是为什么？”

“这是我的经验。我已经是第二次应试了。上次考试时，陛下亲临试场。他对上千名举子逐一验视卷头上填写的年纪、祖籍等等。陛下不喜欢年纪小的，往往把一些年纪小些的举子劝出考场。所以，我建议你重新要一张报名纸，把年纪填得大些。”

寇准不假思索地说：“谢谢仁兄的关照。不过，我寇准刚刚要出来为陛下做些事情，怎么能欺君呢？”他抱歉地冲那人笑了笑，又回去继续填写他的这张报名单。填完后，他会同几个外地考生合租了一间屋子，在汴梁住了一冬，准备考试。第二年3月开考时，太宗皇帝果然亲临考场。但他这一次没有劝寇准退场。

两个月后发榜时，寇准竟然榜上有名。考上了进士，就等于考上了官。不久，他就被任命为大理评事，也就是一种专在审理案件时从事写判词之类工作的官员。后来又当过归州巴东县(在今湖北省秭归县附近)知县和大名府成安县(在今河北省成安县)知县。因为有政绩，后来又回京做了京官，一直做到三司史盐铁判官。当时，盐和铁是国家的重要税收来源，因此各朝代差不多都实行盐铁专卖。国家越是控制得严，私自贩运的利益就越大，私自贩盐的人就越多。

正在这时，太宗皇帝下诏，让百官上朝“言事”，就是让他们各自谈谈自己对一些问题的看法。寇准就大胆地到殿上去谈自己的看法。因为他的官职不高，轮到他说话的时候，天色已晚，皇帝急着下朝。但寇准已经站了出来，又不能不让他说，于是皇帝听得就不大耐烦。寇准并不在乎皇帝是否愿意听，慷慨激昂地说：“自我大宋立国以来，私自贩盐一直未绝，使国家收入大量流失。臣请严明法律，禁绝私自贩盐。”其实，私自贩盐的人很多都同各地乃至朝廷的官员有牵连，所以有些人表面上喊严禁私自贩盐，实际上却从中阻挠。太宗皇帝看这件事一时难以作出决定，就说：“你的提议很好，我们以后再议。”寇准不死心，说：“既然皇帝让我们来言事，就应该让臣把话说完。”皇帝有点生气，起身走下陛阶，就要宣布散朝。寇准当时跪在地下还没有起来，见皇帝从面前走过，一把就拉住了皇帝的龙袍下角。其他人都吓得渗出汗来。这要是皇帝恼怒了，马上就可以要寇准的脑袋。寇准却没有放手，并说：“陛下，盐税是国家重要的收入来源，继续流失，危及社稷。望陛下重回御座，议罢再散。”皇帝看寇准年轻，又确实是冒死为社稷直谏，就压住火气，真的重新回到御座上，对大家说："难得寇准这样忠心，我们就此事议一下吧。"众位大臣看皇帝要大家重议，谁敢不从？只好附和寇准，建议制定严格的法律，禁绝私盐。第二天，诏书就下来了，规定凡私贩盐一斤就论罪，五十斤流放边境，一百斤以上判刑下狱。皇帝对寇准牵衣挡驾并没有责怪他，还经常在人前背后称赞寇准说："朕得到了寇准这样的大臣，就像当年唐太宗李世民得到了魏征一样重要。"

淳化二年(公元991年)，发生了严重的旱灾。古代人们迷信，遇到自然灾害，往往认为是上天对天子进行谴责的一种方式。所以这时，一些比较贤明的皇帝就要请大家检讨他是不是有什么过错。有的还要发《罪己诏》，也就是皇帝的检讨书。宋太宗也想让人们说他是贤君，就让大臣们议论一下朝政的得失，找出"天谴"的原因。

右正言知制诰(官名)王旦说："天道轮回，周而复始。几年发生一次灾害，是天数，是必然发生的，这不是天谴。陛下治国有方，人神共知。"王旦说完后，很多朝臣也都相继附和。

就在太宗听了这些话喜不自胜的时候，寇准却站出来讲话了："陛下治国有方，有目共睹。可是，再英明的君主也难免有失。以我所见，大旱的原因在于我们执行刑罚的时候有不公平的地方。"太宗的高兴劲让寇准的几句话就给打消了。他气愤地站起来，拂袖而去，回到禁宫里面。

过不多久，太宗回过味来，又传令寇准进宫。他问寇准："刚才在朝上，你说刑罚不公平，有什么根据吗？"

"如果陛下把二府召来，我就讲。""二府"指中书省和枢密院。

太宗果然下令把中书省参政王沔和枢密院知院事张逊叫来。"这回你可以说了吧？"

寇准说："不久以前，祖吉和王淮二人都犯了贪赃枉法罪。祖吉贪污的数额比较少，却伏诛了。而王淮贪污的数额大得多，有上千万之巨，但因为他是中书省参政王沔的弟弟，只受了杖刑，还恢复了他的殿中丞的官职。这不是不公平又是什么呢？"

张逊急急忙忙地反驳寇准道："寇判官乃是道听途说。王淮是我枢密院的殿中丞，经我们核查，确认举报不实，所以才复官免刑。”

寇准说：“张大人是否能够肯定王淮无罪？是否需要我把他私贩盐铁的罪证给大人看一看？”张逊从话中听出，寇准一定掌握了确凿的证据，否则是不敢以这样肯定的口气讲话的。想到这里，他也一时语塞。

王沔这时也在场。太宗转过身问王沔：“可有此事？”王沔也怕寇准当场拿出证据，那就更不好下台。他立即跪下谢罪：“请陛下恕罪！”太宗很生气：“你是掌管军国机务的重臣，怎能干出这等枉法的事情？朕令你尽快交出你的弟弟，革职法办，不得有误！”

通过这件事，太宗知道寇准的确是忠心耿耿，别无二心，是一个可以依靠的人。几天后，就升任他做左谏议大夫枢密副使。不久，又升一级，改任枢密院同知院事。同知院事只比知院事低一等，这使得知院事张逊很不舒服。在他的眼里，二十几岁的寇准还是一个毛孩子，竟然事事与他同列。并且，在皇帝的眼中，他的地位比寇准差多了。他不断地在人前背后说寇准的坏话，还千方百计地收集寇准的问题。正好，他的朋友判左金吾王宾到他家里做客，他就对王宾说：“寇准这个年轻人，不知天高地厚，对大臣，甚至对陛下都多有不敬。不知足下察觉没有？”

王宾神秘地把嘴凑到张逊耳边，悄声说：“巧了！正好有一件能要他命的事。”

“什么事？”张逊有点急不可耐了。

“前天，寇准与刑部尚书温仲舒离朝回家，骑马并行。突然有一个人拦住寇准的马，大呼万岁，路上的人都惊呆了。”张逊听完，乐不可支，对王宾说：“你为什么不把这情况奏告陛下？你明天上朝就奏！”

第二天，王宾果然奏告寇准欺君，竟唆使平民喊他万岁。这确实是一个严重的罪名，如果罪名成立的话，那是必死无疑。太宗质问寇准：“寇准，可有此事？”

“禀陛下，”寇准很激动，想不到竟有人会在这件事上大做文章，想置他于死地，他说，“那天确有一人拦住臣的马，大呼乱喊。但那人是个疯子，很快就被他的家人领回去了。我与那人素不相识，更不可能唆使他干什么。那日同行的刑部尚书温仲舒可以为证。那日的出事地点臣也还记得很清楚，请陛下派人调查。”

温仲舒也作证说：“臣温仲舒可以为证。当时我确与寇准并马而行。”

散朝后，王宾滞留不走。待别人走后，他悄悄走进后宫，对太宗说：“陛下，温仲舒作证不足为凭。他与寇准关系密切，现在，一提‘温寇’二字，谁人不知专指他们二人？他俩互相包庇，狼狈为奸。那天我正好在场，当时的情形历历在目，肯定是寇准事先有所安排。还望陛下明鉴。”

寇准也觉得事关重大，如果让王宾等人得逞，那事情可就严重了。所以，他也悄悄地去找太宗，对太宗说：“陛下，王宾是张逊家的常客，二人过往甚密，有目共睹。自从我在陛下面前揭露张逊包庇王沔弟弟的事以后，他一直耿耿于怀，总是伺机报复。这次，他们二人联合起来对我进行陷害。寇准恳请陛下做主。”

太宗最近身体不好，心情烦躁。对寇准与张逊的瓜葛，他心里是有数的，张逊寻衅报复是完全可能的。正在他心情烦闷的时候，王宾和张逊又来了，一来就说寇准的事。太宗耐着性子听他俩把话说完，说道：“张逊，你身为国家重臣，包庇他人罪行，还对揭发你的人肆行报复，你知罪吗？”张逊一听话头不对，忙不迭地叩头告饶。太宗宣布把张逊贬为侍郎，如果以后再发现有挟嫌报复，就要贬为平民。

由于有人不断地攻击寇准，除温仲舒外，太宗也找不到更有利的证据证明寇准无罪，便把寇准贬为青州（在今山东省西部）知州。

寇准走后，太宗总是闷闷不乐。他常问宦官：“寇准在青州，心情还好吗？”宦官们安慰他说：“寇准去的是个好地方，他在那里是受不着苦的。”过了几天，他又问周围的人同样的问题。有人知道太宗想让寇准回来，就对他说：“陛下思念寇准，一刻不忘。据说，寇准在青州天天喝酒，想必他也是很想念陛下的。”太宗听了，心里很不好受，嘴里却没有说什么。第二年，太宗果然下诏把寇准召回汴京，担任参政知事。

寇准回京后，马上到后宫拜见太宗。他发现太宗身体很差。太宗还把自己的龙袍撩起来，给他看自己的脚，说道：“你看，我的脚都烂了，走不了路。你也不早一点回来看看我。"寇准说:"没有陛下的诏示,臣进不了京城啊。"太宗问寇准道:"你看我的这些皇子当中,哪个可以付给神器?""神器"指的是皇权。

"陛下是在为天下选择君主。"寇准非常郑重地说,"如果同妇人商量,同宦官商量,都是不可以的;同近臣商量,也是不可以的。只有请陛下自己选择能够符合天下百姓愿望的人才是。"

太宗低下头,想了很长时间,然后示意周围的人退下,说:"我想选襄王为太子。你看怎么样?"

寇准很高兴地回道:"知子莫如父。陛下认为可以,臣希望能立即作出决定。"

太宗很快把大臣们召来宣布道:"朕已决定,以襄王赵恒为开封府尹,改封为寿王,并立为太子。"赵恒是太宗赵炅的第三个儿子。很快太宗又选择了一个吉日,到宗庙去举行了祭告祖先的仪式。

从宗庙回来的路上,百姓听说赵恒被立为太子,夹道观看。人们都兴高采烈,异口同声地夸赞这位二十二岁的太子道:"真是少年天子啊!"谁知太宗听了这话却不大是滋味。回宫后,召来寇准,对他说:"这一立太子,人们的心都归向太子,把朕这个皇帝还往哪里摆?"

"恭贺陛下!"寇准跪下再拜,嘴里还说着贺词,"这乃是社稷之福啊!"

太宗很生气:我心里不好受,你却来祝贺我,这不是和我作对吗?

"百姓满意,说明陛下选择了合适的人继承天下。如果百姓对陛下的选择不高兴,那就说明陛下选择错了。"

太宗把这话到后宫去说了一番,后宫的妃嫔和宦官们也都对他表示祝贺,太宗心里那种酸楚的滋味这才缓解一些。他又回到殿上,让宦官拿出一个非常精致的小盒子,递给寇准,说:"这里面装的是一条带子。前些年吐蕃送给我一只通天犀牛角,我请工匠做成两条带子。这一条就送给你吧。"寇准跪下叩头,说:"谢陛下厚恩。"太宗又对寇准说:"朕今天还要赐你酒喝。"君臣二人一在上,一在下,直喝到太宗大醉方休。

太宗这样信任寇准,招致一些人的忌妒,不断有人在太宗面前诋毁他。寇准不拘一格擢拔人才。有一个叫彭惟节的人，才能出众，被寇准推荐提拔为屯田员外郎。另一个叫冯拯的人，被改任虞部员外郎。过去，冯拯的职位比彭惟节高，上朝的时候站在彭惟节的前面。职务变动后，两个人同级了，按部门排列，彭惟节应站在冯拯的前面。但冯拯不肯让，彭惟节也不好意思争。上朝后，寇准看冯拯还站在彭惟节的前面，很不高兴。他就写给冯拯一个便笺说："请足下不要搅乱朝廷的制度。"

冯拯为了报复寇准，就在太宗面前告寇准的状说："寇准当权，极力任用私人。与他关系好的，都提拔起来；与他关系紧张的，都被贬斥。"一个姓康的广东转运使与冯拯联合起来攻击寇准，上奏本说：谁能逢迎寇准，他就提拔谁。还举出了不少人做例子。太宗听了这些话很生气。他最怕的就是他亲信的大臣擅权，树立自己的势力。那些攻击寇准的人说得有根有梢，使太宗不由得不信。他找了几个被指为寇准心腹的人问了一下，有人怕寇准一旦失势，自己受牵连，就说："寇准自作主张，不肯听别人的意见，我们也不好说什么。"寇准知道后，要求与告他任用私人的人当堂对质。太宗说："不必了吧。那样做，岂不是乱了国体？"寇准仍旧不服，拿出中书省的记录簿，一个人一个人地给太宗解释。太宗听了这些，更加不高兴，叹口气说："麻雀、老鼠还知道人的意思，怎么你这么大的人就不懂得我的心思呢？"太宗一气之下罢了他的官，把他贬到邓州(今河南省邓县)任知府。

至道三年(公元997年)三月，太宗病重。他预感到自己不行了，就让人把太子召来，命他待自己死后，在自己的灵柩前举行简单的继位仪式继承帝位(后世称为宋真宗)。而后当天，太宗赵炅就驾崩了。

真宗继位后，寇准的职务几经变化。咸平六年(公元1003年)，被任为三司使，"三司"是把盐铁、度支和户部合三为一的机构，三司使的地位仅次于丞相。寇准又设立了六个判官来管理三司。人们普遍认为，现在的规模繁简是比较合适的。真宗一直想让寇准当宰相，又担心他的性格过于耿直，难以胜任。

真宗想起了毕士安。在他被封为寿王并任开封府尹的时候，毕士安是他的判官，他被立为太子的时候，毕士安是他的给事中，相当于他的大管家。这个人有才气，有涵养，是可以任为宰相的。真宗把毕士安召来，对他说："我想任你为宰相，并且还想再任一位宰相，与你同时工作，你看谁比较合适？"所谓宰相，本来就不是指一个人，它的概念有时和三公相同。

"臣已老朽，又很驽笨，是很难胜任宰相这一职务的。"毕士安推辞说。

"我想任你当宰相，并不是从今天开始的，先生就不要推辞了。只是想让先生再推荐一位能与你配合又有能力胜任这项工作的人。"

毕士安不假思索地说："寇准这个人又忠诚又讲信义，善于决断大事，他才是当宰相的人才。"

真宗说："朕听说这个人过于刚直，又好使气。"

"不然，"毕士安说，"寇准为人正直，慷慨激昂，大节好，舍己为国，坚持正义，疾恶如仇，这是他一贯的性格。在当朝的大臣中，很难找得到比他更强的人。但是，那些庸庸碌碌之辈却不喜欢他。当前，天下的百姓虽然受到陛下的恩德，过着安逸的日子，但西北边境并不太平。像寇准这样的人，正是国家急需的人才。"

"先生说得很对。"真宗是同意毕士安的看法的，"应该以先生的稳健去弥补寇准的过分刚直。"未过一个月，真宗就任命毕士安与寇准同为同中书门下平章事，均是宰相，但毕士安排在寇准的前面。这是景德元年（公元 1004 年）八月的事。

这时，北方契丹族建立的辽国圣宗皇帝耶律隆绪不断地派小股部队侵犯和骚扰宋国深州（在今河北省深县一带）、祁县（在今山西省太原市附近）一带，打不过宋军就退回去，看不出有久战的意思。寇准对真宗和毕士安说："这是契丹人在迷惑我们，让我们误以为他们不会对我们发动大规模进攻。其实，我判断，他们很可能在冬天黄河封冻以后，就对我国发动大规模的进攻。我建议现在就开始训练军队将士，派精锐部队把守重要关隘，以备边患随时发生。"

这年的 11 月，契丹果然大举进攻宋国，辽圣宗与他的母亲萧太后率二十万大军向南扑来。一个晚上，寇准接到了前线五封紧急信件。他把这些信扣在自己手中，照样谈笑自如。第二天上朝，有人说："听说昨夜寇丞相一连接到五封边境告急的信件。”真宗大吃一惊，急忙问寇准：“果然有此事？”寇准说：“禀陛下，确有此事。近日，契丹已经犯我边界，围攻澶州（在今河南省濮阳县附近）。”

真宗急得说话都有点结巴了：“这，这可如何是好？寇准，你怎么不早一点告诉朕？”

“陛下不用急。”寇准胸有成竹地说，“如果陛下真想解决这件事，有五天就足够了。请陛下亲幸澶州，战斗数日即可解决。”

在场的大臣们听了寇准的话，吓得直往后缩，真宗也要退朝。寇准一下子跪在真宗面前，挡住他的去路，说：“臣请陛下勿回内宫。陛下回到内宫，我们见不到陛下，会误了大事的。”真宗不得已，只好留下来，并把大臣们都请来商议御辽的对策。就在大臣们刚刚到齐的时候，又一封紧急信件从前线送到了皇宫。真宗拆开一看：辽军又进攻瀛州（在今河北省博野到大成一带）。寇准说：“陛下，我先去处理一下。陛下同大家先议。”

寇准刚一出去，参知政事王钦若就说：“陛下，汴京离前线这样近，黄河马上就要封冻，守在这里很不安全。至于亲征澶州，谁能保证陛下无虞？根本就不可取。我建议陛下幸金陵。那里远离战场，可以保证陛下绝对安全。”又有一位蜀人叫陈尧叟的，站出来说：“王钦若是江南人，所以建议陛下幸金陵。其实，到金陵并不安全，过了长江便一览无余，如何防卫？我看还是应该幸蜀。常言说，‘蜀道之难，难于上青天’。那里易守难攻，才是万全之地。”

这时，寇准回来了。真宗问他：“寇准，刚才先生不在时，有人建议朕幸金陵，也有人认为应该幸蜀，不知足下的意思怎样？”

寇准一听，就明白这是谁的主意了。但他假装不知道：“谁为陛下出这样的主意？其罪当诛！陛下智慧勇武，将军和大臣们团结和谐，如果陛下能够御驾亲征，贼军很快就会退去。即使陛下不亲征，我们也可以用计策粉碎辽军的计谋，用坚守来消磨敌军的锐气。敌军奔波疲劳，我军却是以逸待劳，那还不是稳操胜券吗？如果我们放弃宗庙，放弃抵抗，到江南或者四川，我们的人心就会崩溃，敌人就会乘势深入，天下还能保得住吗？”

毕士安也力主御驾亲征，只是他主张再等些日子。寇准主张立即亲征。真宗勉强同意了毕士安的意见。

阴历的十一月，黄河已经封冻。辽军的攻势越来越猛烈。寇准布置的各要隘的军队进行了顽强抵抗，辽军在几处战场都没有占到便宜。但宋军受到的压力很大。这时，寇准建议真宗立即亲征。真宗见寇准的抵抗确实有效，也就大着胆子答应了。听说皇帝同意亲征，王钦若和他的朋友三司盐铁副使丁谓主动要求去为军队筹集粮饷，王钦若去当了河北转运使，丁谓成了齐、濮等州安抚使。

寇准有意把亲征的声势搞得很大，仪仗、鼓吹一应俱全。一路上浩浩荡荡，向北进发。当亲征的队伍进军到黄河北岸的时候，有人建议驻下来扎营。寇准说："御驾亲征的目的主要是为了鼓舞我军士气，震慑敌军。我们不过黄河，这个目的就达不到。再说，我军王超率强兵扼守在中山(在今河北省定县一带)，牵制辽军；李继隆、石保吉为他的左右翼。并且，各地的援军纷纷来到，陛下不必有什么顾虑。"

一些随行的大臣不说自己害怕，只说要保陛下安全。真宗在一些不敢前进的大臣们的影响之下也犹豫不决，命令停下御驾商量商量。寇准见自己说效果不太大，就找到太尉高琼，在御驾的后面问他道："将军身受国恩，今日想报答吗？"高琼说："我是一个武夫，即使为国而死，也是在所不惜的。"寇准把刚才的争论告诉高琼，请他上前说几句。

寇准回到御驾前面大声说："陛下不相信臣的话，就问问高太尉吧！"

高琼说："寇准说得很有道理，机不可失，应该赶快起驾！"说着，他就下令卫士驱车前进。真宗半推半就、忐忑不安地过了黄河，来到澶州城上。寇准命令立即竖起龙旗，仪仗队高高举起皇帝的御盖，乐队也奏起了雄壮的乐曲。这时，城内外的军民见到皇帝来了，到处是一片高呼万岁的声音，他们像波浪一样纷纷拥到城下，望着城楼上的真宗皇帝。真宗坐在高高的御座上，在震耳欲聋的欢呼声中，眼睛都被泪水模糊了。他端坐不动，看着城下踊跃的军民，这才感到了寇准的主张是多么正确。他立即决定：前线的军事问题，一切都由寇准决定。

皇帝御驾亲征,几十里内的人都欢呼起来,奔走相告,军心大振,民心大振。

河两岸的欢呼声也传到了远处的辽军营中。辽军却是人心动摇,军队不能成列。

这时有人来报:“一股辽军数千人,向澶州城扑来。”寇准只简单地说:“陛下命令你们还击!”士卒们奋不顾身地向敌军冲去。他们的身上一下子就增加了无穷的力量和勇气。辽军从未见宋军这样英勇过,吓得扭头就往回跑。宋军乘势追击,斩杀了大半辽军。

真宗从来没有像今天这样兴奋。寇准安排皇帝到临时改建的行宫,自己就留在城上。

来到行宫,真宗还是有点不放心。天黑以后,他找来一个宦官,对他说道:“你到城楼上去看看,寇准现在干什么呢?”那个宦官拿着皇帝发给的号牌,所以一路上遇到的哨卡都没有阻拦他。半个时辰后,他回来向真宗禀报说:“寇大人正在与杨亿将军饮酒划拳,嘴里还哼着小曲,逗得大家不断地哈哈大笑。”真宗听罢,知道寇准一点也不惊慌,自己的心情也就稳定下来。

宋军和辽军在澶州附近相持了十几天,澶州城岿然不动。辽军攻不下来,有些急躁。辽军统帅挞览亲自阵前督战。宋军中有一支名为虎威军的部队,士气尤其高昂。它的首领名叫张瓌,守在一架叫作“床子弩”的弩机旁。“弩”是一种带有机械的弓,射程远,射得准。张瓌见挞览张牙舞爪地在辽军阵前指挥,气不打一处来。他往弩机上安放好一支利箭,瞄准挞览就是一箭。这支箭正好射中挞览的前额。挞览一下子扑倒在地,再也没有起来。辽军阵前折将,一时大乱。

第二天,一名辽军单骑来到澶州城下,说明自己是辽军送信的使者。寇准知道敌军支持不住,要来求和,就下令说:“放他进来。”那使者递上一封信,果然是要求议和的。寇准对那人说:“回去告诉你们皇帝,契丹连年犯我中原土地,掠夺百姓和财产。我大宋以仁义和睦为重,你们竟以为我们软弱。其实,我们中原大国力量充实,打败你们这样的戎狄小国不在话下。若想休兵也容易，你们让出多年来侵占我中原的土地，如数退还。否则，我们将战斗到底。”

以后几天，辽军天天派使者来要求议和。真宗本来就害怕打仗，希望能与辽国相安无事，想借澶渊（澶州又名澶渊）小胜取得议和的有利地位，倾向于接受和谈。寇准对真宗说：“陛下，议和也可以。但是得让辽国向我国称臣，并要求辽国把幽州割给我们。”寇准刚走，就有人对真宗说：“寇准这个人，不顾社稷和陛下的利益，只求抬高自己。”真宗听了这话，对寇准就更加防备了。这话也传到了寇准的耳朵里，他觉得再坚持下去，反会受到更多的怀疑。他感触最深的，是自己的身边君子少，小人多。他也只好同意和谈了。

派谁去同辽国谈判呢？选来选去，选到了右班殿直（官名）曹利用的头上。真宗召见他说：“两国议和，责任重大，朕决定派你去完成这项任务。契丹南来，要么是想要夺取土地，要么是想要钱财。黄河以南早就是大宋的领土，不能再给人了。以前，汉代曾经赠给匈奴单于以玉帛。所以，给他们钱财是有先例的。只要每年不超过一百万，都可以答应他们。”曹利用明白了真宗的意思：要给辽国财物，以求和平。但他又想，我国是胜利者，为什么还要给人家钱呢？他想不通。但这是皇帝的旨意，又不能反驳。他只是愤愤地说：“他们要是有过分的要求，我曹利用宁可不生还！”真宗说：“好一个壮士。选你去同辽国议和，没有选错。”

曹利用心里不好受，找到寇准。寇准说：“答应给辽国的钱，不准你超过三十万。如果你超过了三十万，我就斩了你。”

经过一段时间的谈判，曹利用到底达成了每年给辽国三十万两银子、两国互不侵犯的协议。真宗高高兴兴地回到汴京后，宴请大臣庆功，他的兴奋劲就别提了，大臣们也都开怀畅饮。战前反对寇准的丁谓等人，这时也俨然以功臣自居，坐到了寇准的旁边。席间，丁谓不小心，从盘中溅出几滴羹，有一滴正好溅在寇准的胡子上。丁谓急忙从自己的衣袖中取出手帕，给寇准擦胡子。寇准笑了，说：“丁大人是堂堂参政，也给长官擦胡子？”说得丁谓老脸绯红。

寇准仍旧做他的宰相。按说,他给国家立了这样大的功劳,他这个宰相应该更好做了。事实却不是,他总觉得自己的工作中有许多说不明白的障碍。有些人莫名其妙地成了他的对手或敌手。有些人话里话外说他自负有功。这还是比较好的。

有一次,在征得皇帝的同意之后,寇准又提拔了一批官员。刚宣布完任命,就有人拿着写有任命名单的簿子来质问寇准:“我一直在他的前面,这次怎么让他到我前面去了?”寇准说:“我当宰相的任务就是进贤能、退不肖,不论辈分。”那人说:“按您的说法,我是属于‘不肖’之列喽?那么,就请大人说说我哪里不肖好吗?”第二年,真宗皇帝又给寇准加了兼任中书侍郎和工部尚书的官。

新职务宣布后不久的一天,散朝后,王钦若没走。等别人都走完了,他对真宗说:“陛下以为澶渊亲征是一件光彩的事吗?”

“什么意思?”真宗从来不怀疑澶渊之行给他带来了光彩、威信和万民对他的崇敬。

“陛下不以澶渊之行为耻,还以为寇准为陛下立下了大功?陛下不会不知道,从春秋时代起,人们就以城下之盟为耻。难道澶渊之盟不是典型的城下之盟吗?陛下是中原大国无比尊贵的国君,竟签订了城下之盟,难道不是陛下的耻辱?”

真宗听了王钦若的话,心里很不是滋味。王钦若看他的话起了作用,又进一步说道:“陛下听说过赌博吧?有的赌徒输红了眼,就把他所有的钱都作为赌注压上去。陛下就是寇准这最后一笔赌注。”真宗听了王钦若的话,脑袋轰地响了起来。难道臣民就这样看待我这亲征澶渊的皇帝?

对寇准的不快,很快就变成了对他的厌恶。第二年,真宗就免去了寇准宰相的职务,把他降为刑部尚书,而任王旦为宰相。他还对王旦说:“寇准经常答应给人官当,借以树立自己的威信,希望你能警惕。”

以后几年,寇准几易其职,几易其地。有一次,寇准在枢密院使任上,负责督运黄河以北缴纳的绢。三司使林特素与寇准不睦,嫌寇准督运上来的五万匹绢太少,拒绝接收。这就造成宫廷的供应不足。林特就禀告说寇准督运的绢不足。真宗听说后很不高兴,对王旦说:“寇准这个人,还是像过去那样倔。”王旦乘机说:“寇准这个人,好用小恩小惠来笼络人,以使别人怕他敬他。这是为臣子的人应该避免的。而寇准却偏偏要这样做,这是他的短处。”此后不久,寇准又被免官,降为武胜军节度使。

天禧三年,真宗中风了。这时他想起了寇准的为人,觉得还是寇准这样耿直的人可靠,这才把寇准召回来,任为集贤殿大学士。这时,真宗已经立他的第六个儿子赵祯为太子。真宗的病日益严重,不能理政,由刘皇后辅政。有一次,只有真宗和寇准两个人在场,寇准对真宗说:“皇太子是大家瞩望的人。陛下以社稷为重,是不是可以把帝位传给太子?并且选择几位正直的大臣辅助他?”真宗说:“我也有这想法。”寇准又说:“丁谓一班人是一些小人,不可以让他们辅佐少帝。”真宗同意寇准的意见。寇准就让翰林学士杨亿起草诏令:通告让太子继位,由杨亿辅国。但杨亿在起草诏令时,被刘皇后发现。刘皇后把寇准贬为太子太傅,给太子当老师,实际上是把寇准置于刘皇后的监督之下。

天禧四年(公元1020年),英州团练使周怀政也想让真宗传位给太子,并想借机诛杀大臣,制止皇后干政。但他的计划被丁谓发现,并因此被诛。就因为他曾经打算让寇准出任宰相,丁谓就同刘皇后背着真宗把寇准贬为太常卿知相州。相州在今河北省临漳县附近。真宗躺在病榻上,问身边的人:“我这几天怎么没有看到寇准呢?”周围的人谁也不敢讲真话。

乾兴元年(公元1022年),真宗病重。在他弥留之际,还对身边的人说:“寇准是可以托以重任的。”但那时,丁谓已经当上了宰相。他见真宗这样信任寇准,就在真宗去世后不久,把寇准贬到雷州(在今广东省雷州半岛)任司户参军。

谁知丁谓好景不长。真宗去世后,太子继位,后世称为宋仁宗,刘太后(真宗刘皇后)仍旧辅政。仁宗和刘太后以丁谓勾结宦官和巫婆为由,把他罢了官,后来也贬到雷州。寇准的家人听说后,人心大快。家人们纷纷要去找丁谓算账,寇准就把他们关在家中,让他们喝酒行令,使他们不能出门。

天圣元年(公元1023年),寇准又被调任衢州(在今浙江省衢州市一带）司马。这时，他已经六十二岁了。一天，他让人到老家去取当年太宗送给他的犀角带。取来后，他沐浴更衣，穿上朝服，围上犀角带，然后对家人说："快给我铺床。"他见人把床铺好，就端端正正地躺上去。开始，人们以为他睡了。可是后来人们发现，他已经去世了。

安葬寇准的时候，灵柩经过哪里，哪里就挤满了前来吊唁的百姓。路两边的竹枝上，挂满了百姓挂上的纸钱。

## 专权卖国 死有余辜

### ——贾似道

宋代是个软弱的朝代。历代皇帝苟且偷安的居多，这就使他们对投降派从感情上亲近。而像寇准这样对外族侵略主张抵抗的人，往往会受到各种各样的迫害。所以，在宋代的历史上，曾经出现过一些著名的投降派。寇准抗辽的大好形势本来可以发展成辉煌的成果，可是由于真宗的求安，只换来了向战败的一方纳贡的“业绩”。澶渊之盟后，宋国与辽国倒是相对稳定了一段时间。后来，辽国也衰落了，两国之间的战事不多。可就在这时，北方又兴起了一个由女真族建立的更加强悍的金国。金国建立不久，就在宋徽宗宣和六年(公元 1125 年)灭亡了辽国。接着，金兵乘胜南下，进攻宋国。宋徽宗和钦宗都重用投降派，排斥抗战派，结果在钦宗靖康元年(公元1126 年)，大开汴京开封大门，向金人投降。第二年，金人押着徽、钦二宗退回北方，史称“靖康之难”，北宋皇朝从此灭亡。宋徽宗的第九个儿子赵构被拥戴为帝，后世称为宋高宗。宋高宗为了保住自己的皇位，不想营救徽宗和钦宗回来。他先把首都定在南京，后来觉得不安全，又迁到临安(今浙江省杭州市)，史称南宋。高宗任用投降派秦桧，迫害死爱国将领岳飞，断送了抗金的大好形势，继续向金国称臣纳贡。后来，金国也逐渐衰落了，北方又兴起了一个更加强大的蒙古族。蒙古军在成吉思汗的指挥之下，横扫欧、亚两洲。南宋理宗端平元年(公元 1234 年)，蒙古军联合宋军，灭亡了金国。这样，在中国大地上，就形成了南宋与蒙古对峙的局面。

宋理宗赵昀与他的前几代南宋皇帝一样，但求偏安于江南，不思统一中国，每天沉醉在花天酒地的生活之中。

这一天晚上，理宗在贾贵妃和一群宫女的簇拥之下，登上顶楼，观赏西湖夜景。在一阵丝竹乐声中，一个歌妓唱起了《竹枝词》。这一曲刚刚唱罢,又有舞娘翩翩起舞。理宗时而看着舞娘,时而看着湖面。苏堤白堤,暗灰色的如烟柳树,衬托着青白的天际,别有一番情趣。理宗注意到苏堤不远处有一条高高的楼船,船顶几乎高过了堤上的柳树,船上灯火通明。他对身边的贾贵妃说:"那条楼船上一定有令弟!"

"陛下如何知道?那条船听人说是红楼妓院的。"贾妃娇滴滴地说道。

"不信,我们就打个赌。明天我们当面问他。"

"陛下,是也好,不是也好,现在的少年眠花宿柳,也不是什么稀奇的事。兴你三宫六院,就不兴人家去个快乐地方玩玩?"贾妃斜着眼睛看了理宗一眼。理宗的脸上马上堆满了笑容。贾妃继续说道:"小弟聪明能干,又对陛下忠心耿耿,陛下都是亲眼看到的。可是陛下才给他一个军器监的官当,陛下可真小气。"贾贵妃特意往理宗的身上靠了靠。

"爱妃,令弟还年轻嘛。要做官,那还不有的是!只是你这当姐姐的,有时也得开导他几句,不要让他太放纵了。"

"你说小弟,就是说我,我不要听。"贾贵妃是很会撒娇的,她故作生气的样子说,"我看小弟还是很规矩的嘛!"

"好,好!规矩,规矩,令弟贾似道很懂规矩!他身上虽然还有一些少年习气,但他是个大才,一定会有大用途的。"

贾似道是靠父亲制置使贾涉当上官的。他从小就不务正业,只知道赌博喝酒。后来,他的姐姐被选进宫,并受到理宗的宠爱。"弟以姊贵",贾似道也就不断地升官。

第二天,理宗派宦官到红楼去打听,昨晚在船上整夜未归的的确是贾似道。但这并不妨碍他对贾似道的重用,因为他想讨贾贵妃的欢喜。不久,贾似道就被任为澧州(在今湖南省澧县一带)知州,以后又升任湖广总领、户部侍郎、宝章阁直学士、沿江制置使等等,总之就像芝麻开花节节高,有时一年就升任两次。到了淳祐元年(公元1241年),刚刚三十岁出头的贾似道就已经官居端明殿学士了。

他不仅是官位越来越高,关键是他的权势也越来越大。还在淳祐五年,他担任江陵府(在今湖北省江陵县一带)调席的时候,就享有赏罚得以

“便宜施行”的权力，实际上就是为所欲为的权力。到宝祐二年（公元1254年）他任同知枢密院事的时候，已经是“威权日盛”了。有一次，谏官批评了他的两员部将。贾似道听了，气不打一处来，说：“那就把他俩赶走！”他那表情，他那气势，反而使得别人不敢说什么了。孙子秀是一位年轻有为的进士，丞相董槐打算把他提为淮东（指今安徽省淮河南岸一带）总领。但任命刚刚发表，董槐就从小道听说贾似道已经密奏皇帝表示反对。这一来，董槐可为难了。如果贾似道真反对孙子秀任这一职务，而他董槐却给任命了，这还了得？董槐找个理由去见皇帝。谈话间，他试探着问：“陛下，我想任命孙子秀为淮东总领。听说贾学士似道大人对孙子秀在陛下面前有过评价，不知怎样？”理宗支支吾吾地说：“不记得他同朕说过这类事了。”董槐搞不清楚贾似道是否真的反对任命孙子秀，弄得他晚上翻过来覆过去睡不着觉。后来他想，不论贾似道是否说过这样的话，还是找一个万全的办法吧。他取消了对孙子秀的任命，改任陆豁代替孙子秀，因为陆豁是贾似道的朋友。

先前，绍定五年（公元1232年），当蒙古帝国的大军南下准备灭亡金国的时候，南宋朝廷也觉得金国已经衰弱无力，想借蒙古军的力量灭亡金国，并从中得到一些好处。恰巧这时，蒙古也派人到宋国来，表示愿意共同灭亡金国。宋便派驻守襄阳的忠顺军统帅孟珙与蒙古军会谈，约定两国共同伐金，获胜后，两国瓜分金国土地，以陈州（在今河南省淮阳县）、蔡州（在今河南省上蔡县）为界，以南归宋，以北归蒙古。这时的金哀宗完颜守绪已经被蒙古军打得只有招架之功，没有还手之力，连后妃、宗室都被蒙古人俘虏了去，自己逃到蔡州。在这种情况下，孟珙出师大捷，在襄阳附近的马登山大败金军。接着，又与蒙古军合攻蔡州，并在转过年来的正月攻陷了蔡州，灭亡了金国。在一片胜利声中，宋国觉得自己也很强大。两淮制置使赵范建议说，我们何不乘胜恢复中原？这建议被理宗采纳，理宗下诏命令收复三京（开封、洛阳、商邱）。其实，宋兵哪里是蒙古兵的对手？赵范被打得大败，仅从洛阳逃出几千人。蒙古人还遣使责问宋国为什么背约。从那以后，宋国北方的敌人就由金人变成了蒙古人。

淳祐十一年(公元1251年),蒙古人立蒙哥为大汗。第二年,蒙哥亲率数万大军攻打属于南宋的蜀地。雄悍的蒙古兵长驱直入,由元帅兀良哈台统率的大军一直打到云南、广西,并进入交趾(今越南的北部),又回过头来攻入湖南。蒙哥派自己的弟弟忽必烈进攻鄂州(在今湖北省武汉市一带)。蒙古人不断传檄(一种信件)声讨宋国背信弃义,破坏盟约。这可吓坏了理宗,急忙调兵遣将抵御蒙古军的进攻。贾似道被派到汉阳,援助鄂州守军,并在军中被拜为右丞相。

贾似道来到汉阳。这时,丞相吴潜来信,让他移驻黄州(州府在今湖北省黄冈附近),并让他分出一部分兵力加强江防。理由是黄州虽然在汉阳的下游,但是江防的重要地段。贾似道心想:这是不是吴潜要想办法杀我呀?虽然这仅仅是他的怀疑,但他却念念不忘这件事。不久,他就以鄂州告急为由,到鄂州去了。

那时已经发明了大炮,用火药把铁丸发射出去。那铁丸就相当于现在的炮弹,只是不能爆炸。不过,用它来轰城,在当时来说还是威力无比的。鄂州城被蒙古军轰开一个大口子,守城军民立即把它堵死。蒙古军再把它轰开,军民再把它堵死。英勇不屈的鄂州军民在守城将领高达的统率之下,艰苦抵抗,死伤一万三千多人。

贾似道哪里见过这样残酷的战斗,早吓得魂不附体,即使是到远离战场的地方,他也会戴上高高的头盔。将军高达很看不惯他这胆小如鼠的样子,每次看到他这副样子去督战,就讥讽他说:“丞相戴这么高的帽子,能打仗吗?”以后,每次上城的时候,高达都会先去叫一下贾似道,弄得他不想去也得去。而那些战士们一看他这副装扮,就哄堂大笑。他再也受不了这种胆战心惊的日子了,便悄悄地找来自己的心腹宋京,看看旁边没人,对他说:“你偷偷地到蒙古军中,去找他们的元帅,请求休战。条件是我们可以称臣,也可以给他们岁币。”“岁币”就是每年纳贡。蒙古军正是乘胜直追之时,哪里肯答应休兵,一口拒绝了贾似道的请求。

这时,由余玠(jiè)统率的另一支宋军也在钓鱼山(在今四川省合川县东)顽强抵抗,蒙古军四个月攻城不下。原来,余玠等守城将军从淳祐三年

(公元1243年)就开始利用这里三面临江、悬崖陡峭、地势险峻的特点,在钓鱼山修筑城堡,用以抵御蒙古军的进攻。开庆元年(公元1259年),蒙古军前锋大将汪德臣几乎被宋军的飞石打中,回营后又气又急,得病而死。这年7月,蒙哥被宋军的炮石击中,死于军中。蒙古军奉丧退兵,这才减轻了对宋国的压力。钓鱼山所在的合州郡守急忙派人顺长江而下,把这个消息报告给贾似道。

这对贾似道来说,也是一个难得的机会。他派宋京再次到蒙古军中,要求纳岁币议和。这一次因为蒙古军急于给蒙哥办丧事,忽必烈还要回到蒙古的政治中心开平去争夺汗位,就同意了贾似道的要求。10月,蒙古军撤掉了工事,只留下张杰带领少量部队等候湖南方面回来的蒙古军,大部队向北退去。三个月后,就是景定元年(公元1260年)的正月,湖南方面的蒙古军果然来到。张杰在长江上搭浮桥,让这些蒙古军渡江。等到蒙古军快过完的时候,贾似道派来的士兵突然杀来,攻断浮桥,杀了一百七十名蒙古兵。贾似道便带上战利品,吹吹打打地回到临安,向理宗报告说:他已率领鄂州军民,彻底肃清了来犯的蒙古兵。理宗听说贾似道平定了湖北的蒙古军,极为高兴。他立即下诏说:“贾似道肃清来犯的蒙古兵,无异于再造社稷。朕特拜似道为少傅右丞相。今召似道入朝,百官应到郊外迎接,如文彦博故事。”文彦博是宋仁宗时代的一位老臣。有一次,仁宗派他到外地去当节度使,下令在郊外的琼苑设宴招待他。席间,仁宗两次派宦官给他送诗。这在当时是非常荣耀的事。这一次贾似道从湖北回来,理宗也要在郊外设宴欢迎他。

理宗没有儿子,想立自己弟弟荣王的儿子赵孟启为太子。可是吴潜不同意,因此理宗对吴潜有些不满意。贾似道知道这件事后,就想起了他在汉阳时吴潜让他到黄州的事。贾似道对理宗说:“陛下无子,而立储是一件大事,希望陛下早点考虑。”理宗说:“我以前提过这件事,想立孟启为太子,可是吴潜不同意,我就没有决定。”贾似道说:“吴潜这个人的用心是很难预料的。他做事经常先斩后奏,陛下不可不防。”贾似道又唆使他的心腹到理宗面前去说吴潜的坏话,把四川之败说成是吴潜指挥无方。这些话很符合理宗的思路，理宗便下令把吴潜贬到循州(在今广东省惠州市一带)去了。

整治吴潜成功，使贾似道又想到在鄂州军中时羞辱过他的高达。他每次见到理宗的时候，都要说高达的坏话，建议诛高达。但理宗觉得高达的功劳还是很大的，不忍心杀他，贾似道没有得逞。但他又想起了曹士雄和向士璧这两个人，在军中的时候，别人经常向他汇报些事情，但他俩什么也不对他讲。贾似道就以核查军费为名，说他俩贪污了军饷，把他俩也贬到边远的地区去了。

理宗为了庆贺打败蒙古军的胜利，在殿上召群臣聚会。实际上是因为贾似道给理宗献上了一本新写好的书，名为《福华编》。这本书是宣传宋军在鄂州等各路的大捷的。理宗让贾似道在会上宣讲这本书。贾似道自然把自己在鄂州的表现讲得英勇非凡。众大臣也都极力称赞贾似道有勇有谋，治军有方，为社稷立了大功。正在他讲得高兴的时候，有个部下悄悄地把他叫到外面，说："大人，淮东来人，急着要面见大人。"贾似道出去后，淮东来的那人说道："蒙古大汗派人来商谈和平条件，并索取岁币。"

贾似道听了这话，顿时脸上汗如雨下。因为这时正是阴历七月，临安本来就热，加上刚才他宣讲《福华编》又特别卖力气，现在再听到这么一条恰如五雷轰顶的消息，他的汗如何少得了？他低声对来人说："这消息不能对任何人讲，否则小心你的脑袋。"那人唯唯诺诺地说："小人不敢，不敢。""不但你不能讲，你还要告知所有知道这一消息的人，一旦泄露，决不轻饶！来人现在哪里？""禀大人，那人姓郝名经，是蒙古国的翰林侍读学士。此人刚一入境，说明来意，我们大人淮东制置使就立即派我送信来。如今他正在招待郝经，延迟他的行程。估计现在还没到真州(在今江苏省仪征市一带)。"

听了这话，贾似道心里的石头总算落了地。他对来人说："你们大人处置得很好。我会嘉奖他的。告诉他，一定要把郝经留在真州，我会派人到真州去与他谈判，千万不能让他继续南来。你立刻乘驿马连夜赶回。"贾似道亲自赏给那人一锭银子，让他上路。

原来,忽必烈赶回开平之后,在一部分支持他的蒙古贵族的拥戴下登上了汗位。可是,忽必烈的小弟弟阿里不哥在另一部分贵族的支持下,在和林也宣布登汗位。忽必烈要同弟弟争夺汗位,没有精力顾及征宋的事,就想起贾似道曾经求和、答应纳岁币的事,便派人来同宋国商谈议和和纳币问题。贾似道没有向任何人提到过称臣纳币的事,而是把它宣扬成自己的重大胜利。所以,当他听说蒙古人来算旧账的时候,就非常紧张。

淮东制置使名义上是招待郝经,实际上是在真州的军营把他软禁起来。忽必烈争汗位要紧,也顾不得这边的事。

北边的事是稳住了。贾似道明白,如果不想打仗,岁币的事是迟早要解决的,但是又不能公开,所以他必须现在就有所准备。怎样准备呢?这可不是一件容易的事。这要从长计议:既要瞒天过海,又要拿得出岁币。

理宗在位快四十年了。他身边的一些宦官侍奉皇帝几十年,逐渐取得了一些特殊的地位。特别是董宋臣、卢允升等人,利用他们的特殊地位聚敛财富。很多想升官发财的人就走他们的路子。凡是贿赂他们的人,都能给安排个有权有利的官当。他们又利用外戚子弟担任监司、郡守等职,从而为他们的胡作非为打通了道路。他们为了讨皇帝的欢心,为皇帝大修楼台亭阁,挑选各种艺人进宫,供皇帝取乐。皇帝高兴了,他们就更容易弄权了。如果有人指控他们的罪行,理宗就把指控的人给贬斥出去。

贾似道觉得这种情况可以为他所利用。一是这些人不得人心,除掉他们比较容易。二是除掉他们以后,他就可以取而代之了。

由于贾似道已经取得了社稷功臣的地位,在宫里是可以横行一时的。他进宫赶走了董宋臣和卢允升,连有些由他们推举上来的人也被他赶走了。还命令外戚不得担任监司、郡守职务。从那以后,外戚子弟们再也不敢横行霸道,干预朝政了。由于贾似道本身就是外戚,他做出这样的举动,反而更加令人敬畏。从此,贾似道在宫中就没有任何可以同他争宠的力量了。他把自己的亲信安插到重要的位置上,从而可以更加为所欲为。他把前几代的律法翻出来,按自己的需要加以修改,其中最重要的修改是在吏部内设立七司,负责购买公田,以停止"和籴(dí)"。"和籴"是官府以"议价交易”为名，强制向农民购买粮食。官府往往把价钱压得很低，又是摊派的性质，农民意见很大。贾似道要实行“公田制”，官府自己买田，交给佃户耕种。这不是一件大好事吗？

毛病出在地价上。贾似道他们把地价压得很低很低，强行购买，和抢夺人家的土地根本没有什么两样。在浙江西部，有的田每亩值四千缗，他们只给人家四十缗。“缗”本来是穿铜钱的绳子，后来就把一千个铜钱穿在一起叫作一缗，“缗”就成了钱币的单位。“卖”田多一点的，再给人家一点银子和绢。再多的，就发给一张“度牒”。“度牒”是出家为僧的凭证，僧人可以免除捐税。购买公田的官吏又从中作弊，坑害百姓，浙江一带的农民（也包括地主）被搞得叫苦连天。有人在朝廷上弹劾他们，可是朝中贾似道的人多，他们都说公田好，理宗当然不会把贾似道怎么样了。从那以后，购买公田就更厉害了，官吏们都以购买公田多为有功。而向上交粮的时候，七八斗就算一石（读 dàn，十斗）。对佃户却不客气，薄田也一样收租。佃户交不出来，就只好大量地逃亡。有些地方强买公田，甚至使用肉刑。

为了更多地掠夺百姓的钱财，贾似道还大量地印行纸币代替银钱。当时的纸币叫作“会子”，每三年换一次新币，旧币要兑成新币才能使用。每换一次叫作一界。这时正赶上兑换第十七界了。贾似道便让人印制第十八界会子，上面还盖上一个状似“贾”字的印章，叫作“银关”。要用三张旧会子兑换一张银关。银关的流行，造成物价飞快地涨起来，纸币越来越不值钱，贾似道从中得到了大量的好处。

这时出现了彗星。有人借这个机会上疏奏告皇帝，说彗星的出现，是实行公田、百姓不便、怨声载道造成的。贾似道也上疏，为公田辩解，并说：“我一心为社稷，才想出了实行公田的办法。现在，既然有人不赞成，我就辞去这个右丞相算了。”理宗说：“公田行不通，你提这个建议的时候朕就不赞成。可是，既然已经实行到现在，每年的军饷都依赖于它，所以又取消不得。似道啊，你不要耍小孩子脾气嘛，丞相怎么能不当呢？”贾似道顺水推舟，也就不再说不干的话了。这时又赶上有几个太学生上疏，斥责贾似道专权，理宗就让人调查这几个学生，把他们发配到边境才算完事。

得到皇帝的庇护，贾似道就更加有恃无恐。他又实行“推排法”，三年核查一次赋役，凡是农民、畜禽都得登记纳赋。至于土地，则要一块一块地丈量，叫作“经量”，一尺一寸也要纳赋。搜刮得江南百姓一贫如洗，无以为生，逃亡的人很多。

景定五年（公元1264年），理宗死了，由太子，也就是理宗的继子赵禥（qí）继位，后世称为度宗。以原来的谢皇后为谢太后。赵禥原名叫赵孟启，他能够被立为太子，是贾似道同丞相吴潜进行了一场殊死搏斗后取得的成果，吴潜为此丢了官，被流放。可以说，没有贾似道，赵禥是不大可能当上皇帝的。因此，他对贾似道是言听计从。每次上朝，皇帝都要拜贾似道，称他为师臣而不称他的名字。朝臣都得管他叫周公。即使这样，贾似道还是不满意，理宗葬礼过后，他就宣布要去守护理宗的陵墓，辞官不干了。一些大臣还上疏要求把贾似道留下，他就是不答应。

3月，有一个叫吕文德的人自称来自下沱（确切地点已不可考），说蒙古军进攻下沱，形势十分危急。原来，南宋朝廷上下，很多人还以为贾似道已在鄂州把蒙古军打得大败，再不会有蒙古军来进攻了。现在听说蒙古军又来了，不能不令他们想起淳祐年间蒙古军横扫千军如卷席的景象，个个惊得失魂落魄。度宗和谢太后不知所措，急急忙忙亲手起草诏令，召贾似道进宫。贾似道大摇大摆地走到宫里来，度宗赶紧起立：“师臣请坐。”贾似道看也没看度宗一眼，就问：“找我来干什么啊？我不是说过，我不干了吗？”

“师臣，刚刚得到下沱来报，蒙古军攻击甚急，我们母子没有经验，还得请师臣给拿个主意。”度宗弓着腰说。

“我去解救倒是不成问题。不过，我得以什么名义去啊？”

“朕已同太后商议好了，拜您为镇东节度使。”

“节度使，那也太羞辱人了。是不是应该拜我为太尉呀？”贾似道自己要价了。

“师臣，根据大宋朝的制度，拜太尉是要先出节的。”度宗有点为难，“节”是一种手杖似的信物，根据使用者身份的不同，上面有玉、角、牦牛尾等不同的饰物。授与中央官吏的节要由皇帝亲自主持仪式,叫作“出节”,是一件很隆重的事。因为它是用来表示身份的,含有皇帝委任的意思。

“那你就出节吧!”贾似道几乎是在命令度宗了。度宗只好请人取来一支节,举行了一个简单的仪式,把节授与贾似道。贾似道装模作样地接受了节以后,就命令军队向西进发。走不多远,他又说:“今日不是吉日,出师不利。先回营,等候吉日再走。”他又命令军队回城了。一直等了好几天,也没有等到“吉日”。度宗母子心急如焚,又不好催贾似道。第四天,又从下沱来了一个送军情的人,度宗一听,吓得魂飞魄散,瘫坐在御榻上,一时说不出话来。那个报信的人说:“禀陛下,北军(指蒙古军)听说由贾太师亲自率兵出征,不战自退,现在下沱已经平安。”

“是吗?”度宗一下子就从御榻上站起来,“师臣的威风真是名不虚传。”

其实,忽必烈刚刚结束了同自己的弟弟争夺汗位的斗争,内部事务还没有安排好,根本腾不出手来进攻宋国。下沱的事纯粹是子虚乌有,是贾似道捏造出来,又安排人“表演”的。

度宗咸淳三年(公元1267年),贾似道再次要求“归养”,就是回家养老。其实,这时贾似道才五十四岁。这一下度宗可不得安宁了,一会儿就来几个人:“禀陛下,可不能让太师归养。我们大宋朝没有贾太师可不行。”一会儿又来几个人:“禀陛下,不但不能让贾太师归养,还应该多多地奖励他!”每天来进言要求不让他走的有四五起,要求奖励他的有十几起。有人为了向皇帝提出这样的要求,甚至晚上就露宿在宫外。

度宗看这阵势,赶紧给贾似道升官,召他上殿,对他说:“朕欲拜师臣为太师、平章军国重事,不知意下如何?”度宗看着他的脸,贾似道脸上毫无表情。

“我年过半百,天天上朝,力有不支。”

“那师臣就每月赴经筵讲经三次,每三天上朝一次。”“经筵”是朝廷举行的讲论经史的讲座,一般由翰林学士或其他重要官员主讲。

“你看我这么胖,处理政务还是有困难。”贾似道还不满足。

“师臣,朕把在葛岭的别院赐给您,您就在那里休养。朕让太监把每天需要处理的案卷给师臣送到府上,您在家中处理。”度宗心里有数,贾似道权力很大,宫里宫外到处都是他安排的人,他自己的存亡都掌握在贾似道的手中。

这一次,贾似道总算满意了。以后,大小政事都由他在家中处理,他就让自己豢养的馆客、堂吏替他处理。宰相们的“任务”就是在每份文件的纸边上署上自己的名字而已。他虽然深居家中,可朝廷上的事都得先向他禀报。一些正直的人,像文天祥、陈文龙、陆达等人全都受到他的迫害,有的被贬斥到边远地区,有的终身不被任用。而那些争着给他贿赂的人个个飞黄腾达。能当到监司、郡守的人,给他的贿赂不可计数。有人和贾似道搭不上边,甚至巴结他的玉工。一时间贪污贿赂之风大兴。

又过两年,贾似道再次“因病要求”引退。度宗哭着说:“师臣,社稷不能没有您。如果您像现在这样上朝还有困难,那您就六日一朝,一月两赴经筵。”再过一年,又规定贾似道入朝可以不拜皇帝,退朝的时候,皇帝要站起来目送他出殿,然后才能坐下。入朝的次数也改为十日一入朝。

度宗继位不久,忽必烈已经整顿好自己的后方,开始准备向南发展了。咸淳三年(公元 1267 年)八月,忽必烈派小股部队试探性地进攻襄阳,一下子就掠走五万多人。贾似道派吕文焕为襄阳知府。年底,蒙古军向襄阳发动了大规模的进攻,吕文焕顽强抵抗。吕文焕不断把告急文书送到首都临安,这些文书照例要先送给贾似道阅办。

贾似道嫌葛岭的皇家别院还不够气派,又在周围大修楼阁亭榭,从皇宫中挑一些漂亮的宫女,又找些美貌的娼妓尼姑给他做妾。他整天同她们淫乐,还让过去同他一起赌博的人进来同他赌钱。但不许他们抬头看这里的女人。有一次,他看到有一个人在门外走来走去,好象想进院子,就喝令道:“那小子鬼鬼祟祟的,给我抓起来!”一问,原来那人是他一个小妾的哥哥,是来看妹妹的。贾似道说:“那也不行。”遂令左右点起一堆火,把那人绑起来,扔到火中活活地烧死了。

“上!上!”这日,贾似道正撅着屁股赶蛐蛐,和一群小妾逗着玩。这时,一个人走过来,站在一边不敢动。贾似道一眼就看见他:“我让你打听的事怎么样了，你怎么不快说？”那人说：“禀大人，你现在干的是军国大事，小的不敢惊扰。大人让我问的事，我已问明，余玠确有一条玉带，不过，在他死时已经陪葬了。”

“混账！陪葬了就取不出来了吗？”那人心领神会，领着几个人把余玠的坟掘开，到底把那条玉带给贾似道弄到手了。对死人尚且如此，何况对活人？他想要谁的东西，那人要是不给，就得倒霉。他玩得这么痛快，哪里还有心思上朝？

贾似道也自知自己的行为太过分了，担心会有人揭发他、议论他。因此，他封官许愿总是特别大方，用以笼络那些想当官的人。他又给太学加餐钱，放宽科举考试的录取限制。他的这些小恩小惠确实也起了一些作用，尽管他胡作非为，在朝中也没有人说他什么。

收到襄阳的告急文书后，他不愿上朝去禀报，就上疏说：“近闻北兵进攻襄阳，臣请亲赴襄阳督阵。”同时，他又派人去对度宗说：“当前国家大事系于丞相一人。如今师臣远行，于国不利。”其实，度宗也明白个中奥秘，说了一通国家如何离不开他的话，不让他去前线。可是，襄阳日益吃紧，吕文焕不断地告急，于是贾似道不得不再次要求去援救襄阳。度宗让大臣们商议一下。

“国家不可一日没有师臣，”监察御史陈坚说，“如果让他去襄阳，就顾不得淮东；去淮东，就顾不得襄阳。我看还是让师臣居中为好。”皇帝接受了陈坚的意见，在中书省设立机速房，相当于指挥中心，让贾似道在那里指挥作战。

贾似道来到机速房，就有监察御史李旺对他说：“我看高达比吕文焕更有能力守住襄阳。”贾似道说：“我若是让高达去守襄阳，那吕文焕怎么办？”否决了这个意见。李旺出去后，长叹一声：“吕氏安全了，赵氏却危险了。”

有人提议让高达接替吕文焕的消息不胫而走，也传到了远在襄阳的吕文焕的耳朵里。这使他很恼火。他的手下人对他说：“朝廷想换人，是因为襄阳告急。如果我们报告襄阳获胜，那就不会换人了。”吕文焕觉得有道理，就乘一次小胜捉了几名俘虏的机会，向临安报告襄阳大捷。其实，他不知道，贾似道根本就没有换人的打算。相反，贾似道还下令不准议论边事，有敢言边事者赐死。

统率蒙古军围攻襄阳的是镇国上将军刘整。刘整本是宋将，在内部受到排挤和诬告，向朝廷申诉，贾似道又不理睬，刘整就投降了蒙古军。他有勇有谋，又了解宋军内幕，屡败宋军。他觉得襄阳与樊城互为犄角，就集中力量先攻下樊城，从而孤立了襄阳。

咸淳八年，忽必烈已经基本肃清了内部，建国号为“元”。元朝从此正式拉开了帷幕。咸淳九年，刘整攻陷襄阳。忽必烈发布命令，要元军乘胜南进，并发布檄文，声讨贾似道违背岁币求和称臣之约，拘禁郝经。

度宗哪里知道贾似道还有这么多故事！他又气又怕，不想得了一场大病，一命呜呼，死时三十五岁。由他的儿子赵㬎(xiǎn)继位，后世称为恭帝。

前方战报越来越急，元军已经攻破了鄂州。在朝上，贾似道大言不惭地说：“我早就说要到前线去督战，可是先帝不准。如果让我去了，哪里会有这样的结果！”大臣们听了这话，都说：“要想打退元军的进攻，非师臣亲自出马不可。”贾似道一听此话，知道自己刚才失言，后悔不迭。这时，太学生们也上疏，请师臣出战。贾似道无可奈何，只好装模作样地在临安设立了都督府，但他对刘整实在是发怵，迟迟没有动作。

天无绝人之路。就在贾似道整天为如何对付刘整犯愁的时候，传来了刘整已死的消息。原来作为叛将，刘整在元军内部的争斗中也没有什么优势可言，结果忧愤发病而死。贾似道大笑道：“天助我也！”马上从各地征调精兵，上表出师。

长江江面上出现了一支浩浩荡荡的船队，东西绵延百多里路，逆水而行。船队中间是贾似道的大楼船，前后还有数十条大船，上面载着他的金银财宝、艺伎乐队、妻妾奴婢。有一次，贾似道的楼船搁浅了，用了一千多名士卒都硬是没有拉上来。还好他早有准备，把东西搬到另一条楼船上，继续西上。

贾似道表面上气势汹汹，实际上心里害怕得很。他从来也没有真正同元兵打过仗,又有上次失言的记录,元军对他是不会太客气的。前线不断传来消息:汉阳陷落,新城(在今湖北省房县附近)陷落,将军边居宜战死,将军王达战死,黄州(在今湖北省黄冈附近)、蕲州(在今湖北省薪春县附近)、江州(在今江西省南昌市)、德安(在今湖北省安陆县)、六安(在今安徽省六安县) 纷纷投降……贾似道这时真是心里发毛。当船行至芜湖的时候,抓到几个元军俘虏。这几个俘虏说,元国丞相伯元亲自领大军东下,正在向这里逼进。贾似道让人准备了一条船,装满橘子和荔枝,让这几个俘虏上船,又派上一个自己的使节。他对几个俘虏说:“我放了你们。你们把这些礼物带给你们的丞相伯元,并带我们这位使节去见伯元丞相。”原来那使节是代表贾似道找伯元谈判,以割地纳币、向元称臣为条件求和的。元军正是所向披靡之时,哪里肯答应和谈。

贾似道的将军夏贵从合肥带着兵来与他会合。夏贵见了贾似道,拿出一本历书来给贾似道看:“丞相大人,大宋已经三百二十年了……哈哈。”夏似道明白他的言外之意:宋朝也该灭亡了。他低着头,弯着腰,不断地点头说:“是啊,是啊!”他把七万军队都交给将军孙虎臣指挥,自己则与夏贵一起屯驻在芜湖附近的鲁港。

一天夜里,贾似道忽然发疯似的冲出屋外大喊:“虎臣败了,虎臣败了!这可怎么好啊?”原来,孙虎臣刚才派人前来,急报说:“元军来攻,我军败退,孙虎臣将军正在组织反击。”不大一会儿,孙虎臣果然狼狈地逃过来,双手捶打着自己的胸膛,大哭着说:“我的兵没有一个人听我的指挥,全都跑了。”贾似道哆哆嗦嗦地说:“夏贵、虎臣,你们看如何是好?”夏贵说:“各路军队都已让元军给吓怕了,我们已经没有战斗力了。丞相只有到扬州招集一些逃散的士卒,然后到海上去迎接皇帝。我留下来死守淮西。”贾似道听罢,也觉得别无他路,遂下令解下一条小船,载着他和孙虎臣来到扬州。

第二天,败兵果然铺天盖地般地从长江上游漂下来。贾似道命人在江边插上一面大旗,高喊:“宋军在此集合!”那些败兵有的根本不理会他们,有的冲着他们骂道:“你们早干什么了?”“大宋就让你们给糟蹋了!”只有几名军官跟着他们留了下来。贾似道派人给各州郡送信，让他们到海上迎接皇帝，同时上疏给皇帝，请求迁都。各州郡听说皇帝、丞相都在准备逃跑，大都纷纷逃散。

再说在临安的恭帝，他慌忙召集大臣，研究办法。知枢密院兼参知政事陈宜中说："我国之所以有今日，都是贾似道弄权误国的结果。请诛似道以谢天下。"谢太后说："似道毕竟有功于三朝，怎能以这一次过错就诛杀他呢？先罢了他的丞相再说吧。"后来，在陈宜中等人的一再坚持下，谢太后总算答应废除贾似道实行的一些坑害百姓的政策，把被流放到边远地区的官员召回来，将一些受到贾似道迫害的人复了官。贾似道的一些走狗这时看大势已去，好几个都自杀了。

这年的4月，有人又提出诛贾似道。贾似道从扬州上疏，要求皇帝保全他。谢太后只同意削去他的主要官职。左丞相王爚(yuè)据理力争道："作为国家重臣，贾似道应为国尽忠而死；作为人子，他应为母尽孝而死。可是，在国家危难之时，他率先逃跑；在他母亲刚刚去世之时，他又躲在扬州不肯回家尽孝。他既不死忠，也不死孝，太后是否对他过于宽厚了？"太后无奈，只好下诏让贾似道回家尽孝。

三个月后，又有大臣要求把贾似道流放到边远地区。谢太后还是不答应。王爚说："本朝的权臣，再没有谁比贾似道给国家造成的灾难更大了。各地官员不知多少次提出处分他，陛下和太后就是不答应。这表示陛下不但不重视臣下们的意见，也没有办法对天下表示歉意。"谢太后无言以对，只好同意把他流放到婺(wù)州(在今浙江省金华市)。婺州人听说贾似道要到这里来，就到处贴传单，不准他入境。监察御史孙嵘叟等人反复上疏，认为对贾似道的处分过轻。谢太后说："既然婺州不要，就让他到建宁(在今福建省建瓯县)吧。"这时，来自建宁的官员都站出来说："我们建宁是名儒朱熹的家乡，就是三尺孩童也知道爱憎。他们听说贾似道都恶心，何况见到他呢？"

"请贬贾似道至广南(在今广东省广州市)。"国子司业方应发跪下来提议道。

“我赞成！”有几个大臣也跪下，表示同意。可太后不点头。

侍御史陈文龙跪下说：“请太后听一听大家的意见。”说罢，另外几个大臣也跪了下来：“太后，不给贾似道适当的处分，难以平民愤、顺民心，社稷难安。”御阶的下面跪着一大片大臣。谢太后想，再这样下去，她也会同贾似道一样不得人心的，她自己的下场就更难预料了。“唉！”她长叹一声，说道，“只有听你们的了。那就把他贬为高州(在今广东省高州县)团练使，让他住在循州(在今广东省惠州市)。他的家产全部没收。这总可以了吧？”大臣们的愤怒虽然没有全部平息，但总算一个个陆续站了起来。

听说要把贾似道贬到循州，民心大快。有一个叫郑虎臣的武官主动要求护送贾似道赴循州。上路的时候，贾似道还带着几十个妻妾奴婢。郑虎臣说：“你到循州还当丞相不成？”遂把那些妻妾奴婢的珠宝全留下，把人全撵走了。他又让人把车上的伞盖卸掉。当时正是秋天，太阳火辣辣的，晒得贾似道身上直冒油。可他看郑虎臣一副凶神恶煞的样子，也不敢讲话。

走着走着，车夫用《一剪梅》的调唱起了小曲：

> 宰相巍巍坐庙堂，说着经量，便是经量。那个臣僚上一章，头说经量，尾说经量。
>
> 轻狂太守在吾邦，闻说经量，星夜经量。山东河北又抛荒，好去经量，胡不经量?

贾似道听了，心中好不惭愧。这首民谣就是讽刺他搞“推排法”的。“经量”就是丈量土地。特别是这最后两句，意思是说：在沦陷了的山东、河北，你们为何不去经量？你们为什么不去收复它们?这歌声比那烈日更让贾似道受不了。

晚间，他们来到一座庙里住宿。只见那庙墙上题有一首诗，一看那落款，竟是当年被贾似道贬到岭南的原丞相吴潜所写。郑虎臣特意问他：“贾团练，吴丞相怎么能来到这里题诗呢?”贾似道只好把头埋在双臂下，一言不发。

这时，朝廷中又在争论对贾似道的处理。孙嵘叟等人奏告：在没收贾似道家财的过程中，发现大量宫中的物品，说明他有造反之心，要求斩了贾似道。谢太后只好说："那就派人到路上去审问一下吧。"

可惜，谢太后的这个指示已经无法执行了。

再说郑虎臣一路上不断说一些暗示贾似道罪恶的话。对贾似道来说，这比给他用肉刑更让他难受。可贾似道有个好耐性，表面上不大在乎。郑虎臣反而有点沉不住气了，他指着贾似道说："贾似道，你不惜称臣纳币也要和元人讲和，你是个地道的卖国贼！你还有脸面活在人世？"贾似道说："太后答应不杀我。"

"你看看好端端的大宋天下让你们这些卖国贼搞成什么样子了？元军占了江淮，又过江占了建康。大宋国就要断送在你贾似道的手里了！你早就该死了！"

"太后准我不死。"贾似道嗫嚅道。

郑虎臣听贾似道反复说这句话，怒火蹿起，把贾似道从车上拉下来，顺手拾起一根竹杖，高高举起，狠狠地向贾似道劈下去，打在他的背上。贾似道在地上翻滚着说："你打我就是抗旨不遵。"郑虎臣还是不停手地打，嘴里还说："我为天下杀贾似道，我自己死了也值得！"其他几个护送的人和车夫也都拿起棍棒向贾似道打去。他们打死了贾似道，然后四散，各自回家去了。这时是恭帝德祐元年(公元1275年)七月。

此后，虽然有张世杰、文天祥、陆秀夫等民族英雄英勇抗战，但已被朝廷和贾似道之类的卖国贼败坏得凋敝不堪的南宋王朝，哪里经得住强大的元军的打击，终于还是在公元1279年灭亡了。

# 女真仓颉　蒙冤赐死

## ——完颜希尹

两匹快马奔驰在一望无际的大草原上。两个人都很兴奋。跑在前面的完颜宗翰来到一条小溪边，停下来饮马。只差几步的完颜希尹也停下来。完颜宗翰大声说："希尹，你知道契丹人怎么说不？他们说，我们女真的军队若是超过万人，那就不可抵挡了。这次阿骨打大人以两千五百人一举攻克宁江州（在今吉林省扶余县附近），活捉耶律谢石，我们的军队又可以大大地发展了。我看，用不了几个月，超过一万人是没有问题的。"

"宗翰兄所言极是。他们契丹欺人太甚，我们女真各部落对他们已是忍无可忍，所以我们的战士才能以一当十。"完颜希尹说，"汉人有一句话，多行不义必自毙，契丹人就是走上了这条路。他们建立辽国后，自以为比我们强大，比我们知礼仪，把我们当作野人看待。随意污辱我们的妇女，掠夺我们的人参、北珠、生金、蜜蜡。动不动就'打女真'，把我们的人抓起来，任意殴打欺凌。他们只不过比我们更靠近中原，从汉人那里学得的东西多一点，早一点而已。其实，我们女真人一点也不比契丹人差，我们英勇剽悍，勤劳能干。只要我们多多学习一些中原汉人的文化，契丹人不在我们的话下。"

"希尹兄弟，我真羡慕你，你会说契丹话，还会说汉话。你还能读懂他们的书。你能跟我说说'书'是什么东西吗？人看了上面那些黑道道，怎么就会变聪明了呢？"

完颜希尹笑了："那些黑道道好厉害哟！看了它，什么都能知道。那叫作文字。契丹人的文字只能读出声音，把话记下来。汉人的文字不但读得出声音，还能表示意义，两三千年以前的事情都记得清清楚楚。"

"我们女真人要是能有自己的文字，就会发展得更快，就更不怕契丹人欺侮了。"完颜宗翰对女真人的文字向往起来。

"会有的。宗翰,我们该上路了。我们今天得赶到宁江州,尽早地把我们的祝贺和希望转达给阿骨打大人。"

马儿也许是喝足了水,也许是知道了主人的迫切心情,跑得更快了。没有等到天黑,他们就到达了宁江州,见到了满面红光的完颜阿骨打。

"阿骨打大人,我们受家父撒改大人的委托,并代表我们谋克几十个猛安,对大人宁江州大捷,还生擒了耶律谢石表示祝贺。这一胜利表明我们女真人在大人的统率之下,已经由分散的部落变成了强大的民族。我们女真人现在是如日东升,会越来越兴旺发达的。我们祝愿您的身体永远健康,大人是我们女真人的希望。"完颜宗翰说的"谋克"和"猛安"是女真人的一种军事组织,是从氏族社会演化过来的。每猛安一百人,每谋克一千人。

"这次胜利,也是我们女真各猛安、谋克互相配合的结果。我们女真人从来也没有像现在这样团结一心。我们所有的女真人都是兄弟。只要我们内部团结一致,他们契丹人的辽国是不在话下的。"完颜阿骨打对前程充满了信心。

完颜希尹说:"大人,他们契丹人建立辽国已经快一百五十年了。依我看,他们气数已尽。当今辽国皇帝天祚(zuò)帝荒淫无道,国势已经大不如前。而我们女真人如能像现在这样发展下去,摆脱辽国的控制,甚至取而代之,都是不成问题的。"

"我知道你会说契丹话,懂契丹的文字。你对契丹的分析总是很符合实际,因为你知道他们的情况。"完颜阿骨打早就认得完颜希尹。

完颜宗翰说:"既然辽国气数已尽,它的国君又是无道昏君,我们何不取而代之?大人,您应该建国称帝,率领我们全体女真人推翻契丹人的统治。"完颜宗翰跪下一条腿,真诚地说道:"大人称帝立国吧!我们全体女真人都会拥护您的。"完颜希尹也跪下一条腿说道:"我们完颜各部愿大人称帝建国!"

完颜阿骨打过来把他俩扶起来,说:"现在,我考虑的是如何尽快推翻契丹人的统治,称帝建国的事以后再说吧。你们各部这样拥护我,我已经心领了。希望我们女真各部团结一致,早日摆脱契丹的奴役。”

完颜阿骨打今天的兴致特别好, 在饭桌上又滔滔不绝地讲起来:“宗翰,你父亲身体还不错吧? 打仗是最能锻炼人的。总打仗的人身体都好。你就挺像你父亲,作战很勇敢,军中都很服气,没有给你父亲丢脸哪。”他又转向完颜希尹说:“我和你父亲也是很熟的。虽然从族系上讲,你们这一支比宗翰他们这一支略远一点,但是他很能干,作战勇敢,还很有计谋。我特别佩服他的远见。就说他让你从小就学汉文和契丹文吧,就是很有远见之举。由于你通晓汉文和契丹文,在我们同他们打交道的时候,帮了我们很大的忙! 我现在越来越觉得,文字这东西真不得了,横道竖道,啥都知道。可惜我们女真到现在还没有自己的文字。听说,汉字是仓颉造的,难道我们女真就没有自己的仓颉? ”

完颜希尹看着自己的手,沉默着。完颜宗翰想说什么,又有点犹豫。

“没有文字,我们女真的发展就要受到限制。我的叔父完颜颇拉淑你们一定知道吧?他也懂一点契丹话,又了解契丹的内情。所以,以前凡是和契丹打交道的事,我都委托他去办。可是契丹人总是欺负他,让他远远地跪在官府门外,由翻译官里外传达。可是翻译官往往不给翻译全,耽误正事。叔父有意不把话同翻译官说明白,翻译官没有办法,只好让他自己去跟辽国长官说。见了长官,他从口袋里掏出一大把石头子、草叶和树枝。他拿过一个石头子,说一件事;拿过一个草叶,又说一件事;再拿过一枝树枝,再说一件事……每一个石子、草叶、树枝都表示一件事。在场的辽国官兵都看愣了,问他这是怎么回事。叔叔说,我们没有文字,请你们不要见笑。你们两个说说,以后我们的军国大事越来越多,光靠用这些筹码记事,不是太耽误事了吗?现在我们有时用汉文或契丹文记事,可是有几个人是懂得汉文和契丹文的呢? 这怎么能是成长久之计呢? ”

完颜宗翰终于开口了,他说:“大人,希尹既懂汉文,又懂契丹文。他又聪明,悟性好,何不让他创造我们女真的文字呢? ”

完颜阿骨打说:“我早有此意,我刚才说的这番话,就是有意让希尹想到造字的事。希尹，你看如何？”

完颜希尹说：“我早已考虑过这件事，并且有了一些设想，想借助汉字的形体、读音等等，创造我们自己的文字。如果大人信得过我，我就试一试。”

“我们一言为定。我今天正式把这个任务交给你。你可别辜负我的期望，别辜负我们女真人和我们的子子孙孙的期望。”

完颜希尹接受了这个任务，整天琢磨契丹文和汉文的区别，怎样创造女真文字。思来想去，他觉得还是汉字奥妙无穷，表现力强，应该参照汉字的字理来创造女真文字。但是，创造一种文字，谈何容易？他在完颜阿骨打交给他这个任务之前已经考虑好几年了，到现在还是没有一个眉目。这时又是战争年代，他还要带兵打仗，创造文字的事只能是他的“业余活动”。

宁江州的胜利大大鼓舞了女真各部落，他们纷纷加入完颜阿骨打的队伍，参加对辽国的战斗。完颜阿骨打把他们都编入猛安、谋克之中。几个月的时间，女真人的队伍已经接近万人。这时，辽军开始对女真军进行大规模的进攻。完颜阿骨打也布置了大规模的反击。辽国都统萧纠(jiū)里、副都统挞不野统率十万大军，逼近鸭子河(即今松花江在扶余县附近的一段)。完颜阿骨打亲自率领一支三千七百人的队伍，连夜举着火把赶去迎击。当他们的先头部队赶到鸭子河时，辽军为了阻止女真军渡河迎战，先头部队正在破坏山路。完颜阿骨打立即选派十几名精壮战士把他们赶走，然后下令渡河。在出河店(今黑龙江省肇源县西南)他们与辽军相遇。这时，天刚刚放亮，北风越刮越烈，飞沙走石。女真军过河的人才有三分之一，完颜阿骨打果断地命令女真军先头部队突然向辽军冲锋。辽军没有料到女真军能在凌晨赶到，猝不及防，向南溃逃。女真骑兵奋勇冲杀，后续部队也陆续赶到，把辽军杀得溃不成军。女真军缴获战利品无数。完颜阿骨打把战利品赏赐给各猛安、谋克的战士。这一仗后，女真军发展到一万人以上。各猛安的首领再次提出让阿骨打称帝建国的事。完颜阿骨打看时机和条件都已成熟，就在宋朝政和五年，也就是辽朝天庆五年(公元 1115 年)正月称帝。国号为大金，年号为收国。史称完颜阿骨打为金太祖。

此后，金国在完颜阿骨打的统率下，不断取得对辽作战的胜利，先后攻占黄龙府（在今吉林省农安县）、泰州（在今吉林省洮安县）、沈州（在今辽宁省沈阳市）、东京（在今辽宁省辽阳市）、乾州（在今辽宁省北镇县）、懿州（在今辽宁省阜新市）、上京（辽上京，在今内蒙古自治区巴林左旗）等地，从而在东北站住了脚根。

金军在军事上的节节胜利，使完颜希尹得以在领军作战之中挤出时间，创制了女真文字。他模仿汉字楷书的样子创造了女真字，还制定了相应的规则。有的借用汉字的音，有的借用汉字的义。这些字看起来很像汉字的样子，但绝不与汉字相同。完颜希尹总共创制了近一千个女真字。他反复检验，觉得确实可行了，便在天辅三年（公元 1119 年）的八月，骑上马，直奔都城上京（金上京，在今黑龙江省阿城县）。

在上京，金太祖完颜阿骨打看了完颜希尹创制的女真字，又跟他试了几遍，确实能将女真的语言用完颜希尹的女真字表达出来。完颜阿骨打非常兴奋："希尹，你为我们女真人立了大功，也为我们争了气。我们女真人从此是一个有文字的民族了！"他转身对身边的从人说："去挑一匹最好的马，做一身最漂亮的衣服，赐给完颜希尹。"他把在黄龙府的所有文武官员都找来，对他们宣布道："从今以后，我们的所有文书都要用女真字来写，再也不要用契丹文和汉文来书写了。完颜希尹就留在黄龙府，教授女真字。还可以翻译一些汉人的经典，供大家学习。女真人的子弟都要学习女真字。"由于女真族当时还是一个社会和生产都不太发达的民族，所以有不到一千个字也就基本上能表达意思了。这一千个字学起来也并不太难。

那时，完颜阿骨打还是以征战为主的。特别是在天辅四年（公元 1120 年），宋国派人从山东渡海来与金国谈判，约定两国共同灭亡辽国，金国攻长城以北，宋国攻长城以南。胜利后，原在辽国控制下的幽州（在今北京、河北省北部）、云州（在今山西省、河北省北部）归宋国。但宋国要把以前给辽国的岁币转给金国。因此，完颜阿骨打急于出兵灭亡辽国。当一些人已能初步掌握女真字以后，完颜阿骨打就舍不得让完颜希尹这样一位既有文才又有武略的人待在后方了。完颜希尹又带兵走上了战场。

天辅五年(公元1121年),完颜希尹随万户守(官名)完颜娄室向辽国的中京(在今内蒙古自治区宁城县西)进发。驻守中京的辽将叫雅里斯,号迪六和尚。雅里斯听说完颜希尹大兵来到,便弃城而逃。

奚族人的首领落虎听说强大的金军来了,主动投降了完颜希尹。完颜希尹又动员落虎把自己的父亲也招来。落虎的父亲叫讹里拉,是辽国的西节度使。讹里拉在儿子的劝说之下,果然投降了完颜希尹。完颜宗翰命令完颜希尹就地扩充实力和地盘。完颜希尹没费太大的劲,就在西线,相当于今内蒙古自治区南部一带站稳了脚根。

不久,完颜希尹的部下又活捉了辽军护卫耶律习泥烈。耶律习泥烈在被审问的时候,灰心丧气、自言自语地说:“唉,辽国也应该亡国了!国难当头,他还有心思打猎?”完颜希尹听到这话,就想:这小子是辽国的护卫,很可能是护卫辽帝的。他说那个打猎的人,很可能就是辽国天祚帝,并且离这里不会太远。他追问耶律习泥烈:“你们皇帝在哪里打猎?”耶律习泥烈知道自己走了嘴,忙掩饰说:“我在胡说,胡说。”完颜希尹笑笑说:“你不说我也知道,你们天祚帝就在这附近打猎。我若是自己去把他抓来,可就没你的功劳了。”耶律习泥烈为了立功,就说:“我说。他正在鸳鸯泺(在今河北省张北县)打猎呢。”

完颜希尹立即把这一情况报告给完颜宗翰,完颜宗翰又立即请示完颜阿骨打,想利用天祚帝不在辽京的机会打击辽军主力。完颜阿骨打同意他们的意见,并增派都统完颜杲支援完颜宗翰。这时的辽军大部队屯驻在古北口(即今北京市密云县东北的古北口)。完颜宗翰让婆庐火和浑黜二人合率两百骑兵骚扰辽军。浑黜与辽兵接触几次后,说:“辽兵人太多了,请增援大部队。”完颜宗翰说:“那我就亲自出战。”完颜希尹和完颜娄室都说:“这是小股部队,给我们一千人就解决了。”

再说浑黜的小股部队出击到古北口的时候,遇到几名辽军散兵,就下令追击。这几名散兵拼命向山沟里跑。等他们追到山口一看,山谷里驻着大批步兵和骑兵。两军接战,互有伤亡。浑黜一面派人去给完颜宗翰、完颜希尹等人送信,一面死死地守住古北口的关口。不久,完颜希尹的两百援兵赶到，一齐向山谷中冲杀。辽军不知虚实，看金军这样勇敢，早吓得魂飞魄散，阵势大乱，纷纷逃窜。完颜希尹和浑黜杀死数百辽兵，缴获了大量的甲胄和辎重。这次战役使辽军的士气大大下降。

班师的时候，完颜希尹对浑黜说："辽军人多，我军人少，我们虽然消灭了一些辽军，但他们在人数上还是占优势。一旦他们明白过来，对我们还是有很大的威胁。现在，他们很可能就在我们的归路上设下埋伏。不如你率部先行，我部在后面隐蔽而行，一旦遭到伏击，我们便两面夹击伏兵。"浑黜说："甚善。"便率队先行了。

不出完颜希伊所料，浑黜行进到一处峡谷的时候，果然从两侧山上冲下很多伏兵。浑黜假装惊惶，向前逃跑。等山上的伏兵全下来了，他就指挥队伍杀了回来。完颜希尹的队伍也已赶到，对辽军形成了夹击之势。辽军的伏兵是步卒，而金兵都是骑兵，片刻之间，辽军便被杀得丢盔弃甲，一千多人的辽国伏兵很快就被他们消灭了。

完颜希尹与浑黜整理队伍，率军与完颜宗翰会师。会师后，他们发现前面有一支辽军，便加速追击。完颜宗翰派完颜希尹率八名骑兵打前锋。辽军见金兵在后面追赶，就拼命地跑。完颜希尹率领的这八个骑兵，有时一天同辽军留下拦截他们的小股部队战斗两三回，每战必胜。有一名辽军向他们投诚，说："大辽天祚帝先逃往沙漠，扔掉辎重，又向西京（在山西省大同市）方向跑去。大金军有好几次几乎追上他了。后来，他骑上一匹快马，才算逃脱。"完颜希尹没有追上辽国天祚帝，缴获了他的财宝辎重，然后直逼西京。西京守军抵抗不住强大的金军，就向金军投降了。

宋、金虽然有约共同伐辽，但宋军腐败软弱，在与辽军的战斗中屡战屡败，而金兵却节节胜利。天辅七年（公元1123年），在宋军几次攻燕京（在今北京）不下之后，金军却一举夺取了燕京。在宋国多次要求，并答应每年给金国增加一百万贯代税钱后，金国才把掠夺一空的燕京交给宋国。

就在这时，金太祖完颜阿骨打病死军中，由他的弟弟完颜晟（shèng）（又名吴乞买）继帝位，后世称为金太宗，改年号为天会。不久完颜宗翰入朝，被任为勃极烈。"勃极烈"是大部长的意思。完颜希尹被任为权西南西北两路都统。

天会三年(公元1125年)金军俘获辽国天祚帝,辽国从此灭亡。这年冬天,金国背弃与宋国的和约,以完颜宗翰为左副元帅,完颜希尹为元帅右监军,还任命了其他一些武将,大举伐宋。不过,太宗完颜晟还没有忘记完颜希尹的女真字。他考虑到完颜希尹军务繁忙,就找一个已经掌握了女真字的耶鲁赴京教授女真字。

这时的北宋王朝已经乱作一团。宋徽宗把帝位让给儿子赵桓,史称钦宗,自己则带领几名主张投降的奸党,如蔡京、童贯等人逃往江南。钦宗心向投降派,主张割地赔款,屈辱求和。他们利用金兵暂时后撤的机会,排斥坚决抗战的爱国将领李纲等人。徽宗也以太上皇的身份重回开封,仍然过着荒淫腐朽的生活。

宋靖康元年(公元1126年),金天会四年,金军再次大举伐宋,完颜希尹以元帅右监军率军逼向开封。由于宋朝统治者不支持人民群众的抗战,开封守军不足,却让"神兵队"出战。结果一战即溃,开封陷落,徽宗、钦宗、后妃、公主、宗室、大臣全成了金军的俘虏。北宋王朝至此灭亡。第二年春,金军觉得长期占领开封有困难,就册立宋国投降派的头子张邦昌为"大楚"皇帝,企图让这条走狗替金人统治黄河以南的地区。完颜希尹则押着这些俘虏和大批的朝廷舆服、礼器、仪器、书籍等退回北方。完颜希尹由于攻陷开封等功劳,被太宗赐予铁券。有这个铁券在手,除了不可宽恕的罪过外,一般的罪过都不予追究。

徽宗、钦宗二帝被金人虏走后,徽宗的另一个儿子赵构在第二年(公元1127年)于南京(河南省商邱市)称帝,史称高宗,定年号为建炎。自赵构开始的宋朝因为后来定都在临安(今浙江省杭州市),被称为南宋。尽管这时开封已被宗泽等爱国军民收复,但赵构还是不敢在南京久留,以巡幸为名逃往扬州。完颜宗翰听说赵构逃跑,就再次渡过黄河追击。完颜希尹也回过头来,追到扬州。宋高宗建炎三年(公元1129年),在金军的追逼之下,赵构渡江逃往临安。完颜希尹和完颜宗翰在扬州大肆抢掠烧杀一番后,方才再度退回北方。

在同宋军的战斗中，完颜希尹节节胜利，势如破竹，这使得他越来越轻视汉人，也使得汉族文化在他心目中的地位大大下降，逐渐滋长了排斥汉族文化的情绪，觉得只有女真才是强大的，才是战无不胜的。

完颜希尹配合完颜宗翰冲杀在黄河南北，为金国立下了汗马功劳。他们二人回到北京(在今内蒙古巴林左旗)后，谙班勃极烈完颜杲得病死了。勃极烈是金太祖完颜阿骨打时代设立的四个皇帝以下的最高官职，其中以谙班勃极烈为首。他实际上就是皇位的继承人。在君主制的初期，往往实行一种“兄终弟及制”。就是国君死后，依次由他的弟弟继位。没有弟弟了，再由原国君的长子继位。完颜杲本是太祖完颜阿骨打的同母异父的弟弟。太祖在世的时候，因他屡立战功，当完颜晟被立为谙班勃极烈的时候，他被任为忽鲁勃极烈，权力仅次于谙班勃极烈。完颜晟继帝位的时候，因为完颜杲功劳很大，就被立为谙班勃极烈。他死之后，谙班勃极烈的位置就空缺了。太宗有自己的打算，可是又说不出口，就一直空着这个位置。完颜宗翰对完颜希尹说：“谙班勃极烈的位置如果长期空缺，一旦发生意外，就容易出现问题。我们应该向陛下提出这件事来。”

“我也在考虑这件事。”完颜希尹说，“当年太祖阿骨打在世的时候，主张兄终弟及。所以，尽管完颜杲不是他的亲生儿子，但他还是在临终的时候，在安排完颜晟继帝位的同时，安排完颜杲为谙班勃极烈。如今完颜杲不在了，我们还是应该坚持太祖的这一惯例，让完颜晟的弟弟完颜亶来做谙班勃极烈。”

完颜宗翰说：“我很赞成你的意见。我们应该向陛下提出这个问题，以免日久生变。立不当立的人为谙班勃极烈，危及社稷。”

当两个人在朝上提出这个方案的时候，还得到了其他几位勃极烈的支持。高宗虽然不赞成，但这些人势力太大，又都握着兵权，是得罪不得的，也就只好迁就了，正式下诏说：“完颜亶是太祖皇帝的嫡孙，立完颜亶为谙班勃极烈。”

天会十三年(公元 1135 年)，太宗完颜晟去世，谙班勃极烈完颜亶继帝位，后世称为金熙宗。

熙宗是一个立志改革的人。他继位后，废除了勃极烈制，再没有安排新的谙班勃极烈，并按汉人历朝的办法建立新的制度。完颜宗翰和完颜希尹都是开国的功臣，又有拥立之功，就任完颜宗翰为太保、领三省事，还封为晋王。完颜希尹也被任为尚书右丞相兼侍中。

别看熙宗是完颜宗翰和完颜希尹所立，但熙宗对他们却很有看法。拥立的本身就说明他们有着巨大的权力。今天他们可以拥立自己，明天不也可以拥立别人？完颜宗翰不但握有大权，而且他还是一个很残暴的人。他规定百姓平常不能离家出门，如果一定要出门，就得经过各级长官批准，开出“公据”，记上出门的路线，路上如果不按规定路线走，就要受罚。搞得百姓不敢出门，道路上几乎没有行人。他还强迫金国境内的汉人接受女真人的习俗，不得穿汉服，还得像女真人那样剃去头发。他还大量地抓汉人做奴隶，甚至把他们卖到外国去。他特别排斥汉族文化。

相反，熙宗却看到了汉族文化的发达，认识到金人要想得到发展，就必须吸收汉族文化，向汉人看齐。这就使得他同完颜宗翰产生了尖锐的对立。在熙宗继位后的十几年中，与完颜宗翰的矛盾日益发展，以致尖锐化。而完颜希尹又一直是完颜宗翰的部下或副手，政治主张也经常与完颜宗翰一致，这就使得熙宗对完颜希尹也怀着很大的仇恨。他甚至背地里对人说：“朕欲杀老贼久矣！”这里说的老贼指的就是完颜希尹。但他并没有立即对他们采取行动，而是一面利用他们，一面准备除掉他们。

天会十五年(公元 1137 年)六月，熙宗以贪赃的罪名杀了完颜宗翰的亲信高庆裔和刘思。完颜宗翰气得大病一场，在一个月后死去。

第二年，天眷元年，熙宗又把自己设计的一套女真文字公之于众，与完颜希尹的女真字同时流行。完颜希尹的女真字被称为女真大字，熙宗创制的女真字被称为女真小字。

天眷二年，完颜希尹被任为尚书左丞相兼侍中。那时以左为大，所以完颜希尹从右丞相变为左丞相是升级了。但天眷三年(公元 1140 年)九月的一天，熙宗突然把完颜希尹召到殿上，对他宣布说：“完颜希尹，有人揭发你心中没有君主，经常暗地里攻击朕，还同人家议论皇位的问题，表明你要造反的心已经萌生。朕现在赐你死罪。”说到这里，早已埋伏在两侧的武士过来，有一个人手里还端着一个方盘，盘中放着一把利剑。完颜希尹明白了，现在已经没有他申辩的余地了，便握住剑，向自己的胸膛刺去。当天，完颜希尹的心腹右丞相萧庆和完颜希尹的两个儿子也全都被杀。

皇统三年(公元 1143 年)，熙宗又宣布，根据调查，完颜希尹并没有谋反的意思，恢复了他的名誉，还追封了官。又按照中原人民给仓颉立庙的先例，为完颜希尹立了庙。

完颜希尹热爱自己的民族，为它做了很多事情。但他同时又热爱自己民族的落后，拒绝接受中原的先进文化。这是造成他的悲剧的根源。他创制的女真字并没有流行多久，随着金朝的灭亡，女真大字和女真小字都成了“木乃伊”。就是女真民族本身，大部分也都逐渐融合到中原民族中来。

# 功臣逆臣　上万冤魂

## ——蓝玉

谁能想到，放过牛、当过小和尚的朱元璋能当上皇帝？其实，这也没什么奇怪的。早在秦朝末年，陈胜就提出过一个尖刻的问题："王侯将相宁有种乎？"翻译成我们今天的话，可以说成："难道王侯将相也是遗传的吗？"

当年，成吉思汗指挥着蒙古骑兵四次西征，席卷欧亚大陆，征服了远至斡罗思（俄罗斯）、勃列儿（波兰）、马扎儿（匈牙利）的大片土地，建立了察合台、窝阔台、钦察、伊儿四大汗国。成吉思汗死后，他的子孙又灭亡了金国和南宋，在中国的土地上建立了元朝。四大汗国名义上是元朝的藩属，但由于那时的交通、通讯等条件的限制，它们都是独自发展的独立王国。

元朝的蒙古族统治者实行高压政策，把境内民族分为四等，进行残酷的民族压迫。由于元朝实现了整个中国的统一，社会和经济都得到很大的发展。但元朝的蒙古族统治者很快就腐朽了，再加上自然灾害、民族压迫等原因，引发了元末如火如荼的农民大起义。朱元璋就在这时候参加了以郭子兴为首的一支农民起义军。他作战勇敢，受到郭子兴的器重，从亲兵升为百夫长，很快就升为将军。郭子兴死后，他就成了这支队伍的首领，并迅速发展到十几万人。别看他没什么文化，可是却很重视知识分子。儒生朱升建议他"高筑墙，广积粮，缓称王"，他就照办。他还把李善长、刘基、宋濂等知识分子和徐达、常遇春等武将团结在自己的周围，使他拥有一批精明强干的文臣武将，用几年的时间统一了江南，进而提出"驱逐胡虏，恢复中华"的口号，大举北伐。公元1368年，朱元璋在应天称帝，建立明朝，后世称朱元璋为明太祖。当年的8月，改应天为南京，就是今天的江苏省南京市。这一年被称为洪武元年。

朱元璋建国的时候，还面临着严重的军事任务。在北方，元朝统治者还盘踞着以首都大都(即今北京)为中心的大片地区,特别是大漠以北,还有辽阔的地区可以做他们的后方,那里也保留着他们仍很强大的军事力量。同时,由农民起义军和地主武装形成的各地割据力量也还没有放弃与朱元璋的争夺。他要完全统一中国,还有一段很长的路要走。好在他有着在多年战争中成长起来的像徐达、常遇春这样的将领和几十万军队。

洪武元年闰七月,朱元璋立国不久,就下令右丞相、大将军徐达和副将常遇春北上伐元。临行前,太祖朱元璋给他们饯行时说:"你们这次北征,面对着上百万众的敌人。若论冲锋陷阵,谁也比不了副将军。所以,我并不担心你们能不能打硬仗,只担心你们是不是会轻敌。"

"请陛下放心。"徐达说,"副将军作战不但越来越英勇,而且也越来越有智谋。这几次同元军作战,副将军不论大战小战,处置得都很得宜。"朱元璋满意地望着常遇春说:"大将军从不埋没你的功绩。你也一定不要辜负他对你的期望。如果让你们去同敌人的下级军官作战,是不是会觉得与大将军的身份不符啊?"

"不会的,陛下。"常遇春听到大将军徐达在皇帝面称赞他,当然很高兴,"我现在打仗已经有了几位很好的助手。特别是我的管军镇抚蓝玉,几乎是每战必胜。一些规模不太大的战斗,交给他们打就行了。所以,我们这里不会发生轻敌的现象。"

"既然蓝玉这样善于打仗,为什么还只是个管军镇抚?"朱元璋问。

"禀陛下,因为他是我的内弟,所以我不便给他过高的官职。"常遇春解释说。

朱元璋笑了:"我看,你的这个说法可站不住脚。"他对身边的刘基说:"刘爱卿,你不是还对我讲过祈奚荐贤的故事吗?我们都应该像祈奚那样,内举不避亲,外举不避仇。国家现在正是用人之时,不能埋没人才。像蓝玉这样的人,只要对社稷有益,该提拔的就要提拔。"

常遇春跪下说道:"谢陛下隆恩。臣一定千方百计选拔人才。"

在以后的战斗中,蓝玉作战确实越来越勇,屡立战功。常遇春觉得又有皇帝的话在,对重用自己的内弟也就没有什么顾虑了。蓝玉很快就被任命为大都督府佥事。在这次军事行动中，明军攻克了大都，元朝就此灭亡。元顺帝率后妃、太子逃往上都（在今内蒙古正蓝旗东）。

这时的军事形势还远远不能让朱元璋松口气。除了元顺帝逃往上都外，还有元朝的左丞相扩廓帖木儿拥重兵占据山西，另一位丞相、太尉纳哈出据守辽东金山（在今辽宁省开原县），梁王占据云南，等等。他们都以强大的兵力各据一方，牵制着明朝。这样的形势也使蓝玉有了用武之地。

蓝玉也很作脸。洪武四年，他跟随雄武卫指挥使傅友德征蜀。傅友德出奇兵攻占了略阳关（在今陕西省略阳县），从而使明军得以顺沔水（即嘉陵江上游）直入四川。而后傅友德决定分兵前进。蓝玉率领的一支队伍很快就占领了绵州（在今四川省绵阳市一带），为傅友德略定整个汉中地区（在今陕西省南部）创造了条件。

第二年，蓝玉又随征虏大将军徐达北征盘据山西的元将扩廓帖木儿。徐达任蓝玉为都督。蓝玉率先头部队一举攻占了雁门关（在今山西省雁门关），在那里大败元军。之后，蓝玉率军北上，又在土喇河（在今蒙古国境内）大败元军。而徐达率领的明军主力却被元军打得大败。

洪武七年（公元 1374 年），蓝玉又率兵攻克了被元军控制的兴和，活捉了元朝封的兴和公帖里密赤等五十九人。

洪武十一年（公元 1378 年），蓝玉又同西平侯、征西将军沐英讨西番（指今甘肃、青海一带少数民族地区）。经过将近一年的战斗，活捉了那里的少数民族酋长，斩杀上千人，使明朝的疆域进一步向西扩展。第二年回京的时候，参加这次战斗的十二位将领都被封了侯，蓝玉被封为永昌侯。还被赐予世券，证明受过皇帝的封赏，可以受到特殊的优待。

总之，蓝玉的功劳越来越大，官位也越来越高。洪武十四年（公元 1381 年），蓝玉被任为征南右副将军，与征南左副将军沐英，随同颍川侯、征南将军傅友德率三十万大军出兵云南。傅友德命令分路前进。蓝玉进入云南东部的曲靖后，在一条叫作白石江（今南盘江上游）的江边与元军残部平章（官名）达里麻相遇。蓝玉派奇兵偷袭达里麻。达里麻仓促应战，被蓝玉活捉。这里的苗族部队见明军势大，投降了明军。这就为明军进入云南创造了有利的条件。蓝玉继续向西南挺进贵州，那里的苗族武装也向明军投降。元朝留在这里的梁王逃跑，死在贵州。元朝曾在这里建立乌撒宣慰司，统治这一带的各少数民族。这些少数民族的首领还有不少人忠于元朝。他们联合起来抗拒明军。蓝玉与傅友德打败了他们，杀死三万多人，并攻占七星关（在今贵州省毕节县），直取东川（在今云南省会泽县）、乌蒙（在今云南省昭通市）、芒部（在今云南省镇雄一带）等少数民族部落。水西（指贵州乌江上游鸭池河以西）地区的各部落也都投降了。从此，云贵地区基本上被平定，成为明朝的领土。在这一次出征中，蓝玉的功劳最大，太祖朱元璋不但给他增加了俸禄，还把他的女儿册封为蜀王妃。

洪武二十年（公元 1387 年）冬，盘踞金山的纳哈出屡屡出兵进犯明朝的辽东边境。蓝玉被任为征虏左副将军，随征虏将军冯胜共率二十万大军向东北进发，征讨纳哈出。

当蓝玉的部队行进到通州（在今北京通州）的时候，有探子来报，说纳哈出的军队有一支驻在庆州（在今内蒙古自治区巴林右旗）。蓝玉想，如能消灭纳哈出的其他部队，也可以大大削弱他的力量，压倒他的锐气。便当机立断，亲率一支轻骑兵，冒着漫天大雪向北进发。纳哈出在庆州的这支部队无论如何也想不到会有明军突然出现在他们面前，毫无精神准备，被蓝玉打了个措手不及。蓝玉看敌军营中大乱，立即下令冲杀。有一个将军模样的人刚刚牵出马来，正要带着一个年轻人上马逃跑，蓝玉追将上去，一枪刺穿那人心窝。这时，元军更乱了营，有人喊道："我们的平章让明军的一个大个子给刺死了！"蓝玉这才知道，刚才被他刺死的原来是元军的平章（官名）果来。蓝玉又用枪逼住那个年轻人说："往哪里跑？"那人一看蓝玉高高的个子，红红的脸，圆眼睛一瞪，十分可怕，忙跪下投降。一审问，原来他是果来的儿子，名叫不兰溪。这一仗，明军把上千名元军杀的杀、俘的俘，全部消灭。

当蓝玉追上冯胜的时候，已经接近金山。他们刚刚扎营，就有人来报：元军派使者来见。当时蓝玉正在同冯胜商议战斗部署，冯胜说："让他进来。"来使说："纳哈出将军听说大明军压境，不胜惶恐。特别是庆州一役，更表现了大明军是无敌天兵。因此,将军表示愿以全军向大明军投降。”

冯胜一听,当然很高兴,说道:“那就请纳哈出将军前来蓝将军帐前投降,由蓝玉将军代表我军受降。”当时就让来使回去了。

第二天,纳哈出果然率一百多名骑兵前来投降。蓝玉也出营在半路上迎接。纳哈出一见蓝玉,就用汉语说:“将军威名如雷贯耳,末将特率我部军官前来投降。大部队已经在原地作好准备,随时准备向贵军交出全部武器。”在场的还有冯胜的女婿常茂。

蓝玉很兴奋。他说:“纳哈出将军是元军名将,如今弃暗投明,足见将军的明智。”他又对从人说:“备酒。我今天要与纳哈出将军喝个痛快。”酒席宴上,两人越说越亲热。蓝玉就脱下自己的外衣说:“今日得见将军,真是三生有幸。如果将军不嫌弃,就请穿上我的这件衣服。”纳哈出推辞说:“败军之将,实不敢受。”两人你推我让,争执起来。这时,只听纳哈出用蒙古语同他随行的部将说了几句。蓝玉不知何意,就转过脸看看常茂。只见常茂拔出剑就向纳哈出砍去。

原来,纳哈出并不是真心投降。他昨天派来的使者其实是来探察明军的虚实的。他今天来是为了拖延时间,让他的大部队作逃跑的准备。他见蓝玉向他授衣,估计蓝玉有点醉了,就用蒙古语对前来的部下们说:“是时候了,动手!”打算杀了受降的明军,然后趁乱率军逃跑。可是蓝玉也并不是毫无准备。他让常茂来,就是因为他懂蒙古语。常茂听了纳哈出的话,觉得现翻译已经来不及了。他手疾眼快,当时就给了纳哈出一剑。纳哈出受伤,应声倒地。在场的明军将士也都有所准备,他们一见常茂行动,就知道怎么回事了,立即把元军全部抓住。

再说元军营中,听说纳哈出诈降不成受了伤,个个吃惊,不知所措,一时大乱,包括纳哈出的妻子、孩子,纷纷逃窜。冯胜派人去招降,得降众二十多万人,还有无数的牛马、辎重等战利品,被他们押回关内。押解降兵和战利品的队伍逶迤而行,绵延一百多里路。不过,冯胜只顾高兴,忽视了全军的防卫,特别是殿后的队伍安排的人太少,中途受到敌军的伏击,都督濮(pú)英被杀,损失三千多人。

太祖朱元璋见冯胜、蓝玉大胜而归，高兴劲就不用说了，因为这一仗一举解决了东北方面的问题。可是冯胜却不大高兴。他觉得这一仗蓝玉出尽了风头，心里有点不是滋味，甚至对自己的女婿帮了蓝玉的大忙也不满意。他想，如果他指摘常茂，不但可以表现得大义灭亲，还可以顺藤摸瓜，把矛头引向蓝玉。他就对太祖说："这次我军虽获大胜，但也有些将士破坏纪律，险些误事。"

"唔，还有这事？"朱元璋问。

冯胜跪下禀道："下官不敢相瞒，就是小婿常茂。他竟在受降的时候，拔剑砍伤纳哈出，险些激起重大事变，破坏这次受降。下官已将常茂拘捕，请陛下查问。"

太祖朱元璋说："既然人家已经投降，怎么还要砍伤人家？不像话。我一定好好调查此事。冯将军，你能大义灭亲，实堪嘉奖。"朱元璋见在场的蓝玉没有讲话，觉得这里也许还有什么蹊跷，便没有再讲下去。

太祖朱元璋在了解这件事时，有人对他说，明军缴获的纳哈出的良马，冯胜没有交给陛下，而是自己留下了。还有人说："冯将军派人看押纳哈出的夫人，授意那人给纳哈出的妻子送酒。在陪她喝酒的时候，乘机索要贵重物品。纳哈出的妻子无奈，只好给他一颗硕大的珍珠。"

常茂对自己的岳父也是一肚子气。自己本来有功，冯胜为了自己讨好皇帝，就连自己的女婿都出卖了。所以在审问常茂的时候，他就没有给自己的岳父留情面："说小人险些激起兵变，实不敢当。真正激出事变的是冯将军。纳哈出部中有一位蒙古亲王。王子刚被我军击毙。第二天，元军来投降时，他就强娶亲王的儿媳。亲王一怒之下，拒绝随部投降，并派兵伏击我军后卫，击毙濮英。"

这些话传到朱元璋耳中，他能不生气吗？立即下令收回了冯胜的印绶。从那以后，再没有派冯胜带兵出战。并且，也没有奖赏这次获胜的将士。太祖朱元璋任命蓝玉为总兵管事，不久又提升他为大将军，屯驻在蓟州（在今天津市蓟县）。

元顺帝的孙子脱古思帖木儿这时在大漠以北自称元朝（史称北元）皇

帝，经常骚扰明朝北边。洪武二十一年(公元1388年)三月，朱元璋命蓝玉率十五万大军剿灭脱古思帖木儿。蓝玉率军追到大宁(今内蒙古自治区宁城县)，不见元军踪影。又追到庆州(在今内蒙古自治区巴林右旗)，还是不见元军。这时，他派出去的侦察部队报告说，脱古思帖木儿现正在捕鱼儿海(即今内蒙古自治区呼伦贝尔盟的贝尔湖)。蓝玉让先头部队尽快请一名向导，抄近路，日夜兼程，向北挺进。已经进至距离捕鱼儿海只有四十里路的百眼井了，还是不见元军。

蓝玉对部下说："这里千里无人烟，他们不会在这里吧?别误了我们追击呀！"有意要撤兵，再向别的方向寻找。

定远侯王弼说："我们率十余万大军劳师远行，深入大沙漠以北。如果什么也没有得到就班师而还，怎样向陛下交待？"

"你说得对，"蓝玉琢磨着，"大漠上荒无人迹，这就使敌军很容易发现我们。是不是我们暴露了呢?"他下令全军偃旗息鼓。烧饭的时候，在地下挖烟道，避免烟火显露。白天隐蔽，夜间行军。第二天早晨，当他们来到距捕鱼儿海东北八十里的地方时，果然见到了敌营。蓝玉以王弼为前锋，迅速逼近敌营。脱古思帖木儿原以为这大沙漠之上缺乏水草，明军不会到这里来，并没有设防。当他突然听到震天动地的喊杀声时，惊惶失措，连妻子家小都顾不上，只带着太子天保奴和身边的几十名骑兵逃脱。他的名为蛮子的太尉被杀，其余的兵众一见军中无主，纷纷投降。脱古思帖木儿的二儿子地保奴、妃子、公主等都被活捉。还抓获了他封的吴王朵儿只、代王答里麻及平章以下的官员三千多人和他们的家属一万七千多人，以及皇帝玉玺、金牌、符敕、金银印等物和各种牲畜十五万头。无法带回的兵器被焚毁的不计其数。

太祖朱元璋接见蓝玉的时候，对他大加褒奖。他说："蓝将军此战使伪元政权基本被消灭，免除了我大明北方的一个大患。真是功大无比。"他转身对武英殿殿阁大学士说："要按卫青和李靖的规格对蓝玉将军的功劳进行奖励。"武英殿是朱元璋新设立的为他批阅奏章、充当顾问的机构之一。洪武十三年(公元1380年)丞相胡惟庸以"谋不轨"的罪名被处死以后，就不再设丞相，一切政务由皇帝亲自处理，并设立华盖殿、武英殿、文渊阁等殿阁大学士，协助他处理政事。卫青是汉武帝时代的大将军，曾七次出击匈奴，都取得重大胜利。李靖是唐太宗时代的兵部尚书，曾经大破突厥，捍卫了唐朝的北方疆域。这两个人都曾受到汉武帝和唐太宗的重奖。

蓝玉自然非常兴奋，在家里摆宴席请他的同事、老部下等吃饭。来得最早的是副将张温。蓝玉高兴地迎上去说："张贤弟，你来得可真早，这才叫老朋友！"其实，他们才认识几年的时间。

"蓝将军，我接到将军的邀请的时候已经迟了。不然，我会来劝您停止这次宴请的。"张温的表情有点悲戚。

蓝玉不解张温何意，惊奇地问："那是为什么？"

"将军不见胡惟庸的下场？我们还是谨慎一些为好。"

"你想到哪里去了？胡惟庸他是图谋不轨，自然当诛。你我为陛下屡立战功，陛下无论如何也不会说我们图谋不轨吧？"蓝玉很自信地说。

张温摇摇头说："原来我也那样想。可是现在，因为胡惟庸案受诛的已经超过万人。难道这一万多人都图谋不轨？如果这样多的人都图谋不轨，这大明朝的天下是靠谁打下来的？在被杀的人中，有很多都是有着赫赫战功的人。"

蓝玉解释不了张温的问题，但他还是说："我蓝玉从北打到南，从东打到西，受过陛下多次褒奖和赐予。我不相信陛下会说我图谋不轨。"这时，又有客人来，两个人的谈话就此结束。

为了表示自己对皇帝的忠诚，蓝玉作战更加勇敢，智谋也越来越多。洪武二十四年（公元1391年），他被派往兰州、庄浪（均在今甘肃省），向西追击逃寇，一直追到相当于现在的甘肃西部和青海一带。这时，原已归顺明朝的建昌指挥使月鲁帖木儿反叛，朱元璋下诏让蓝玉去征讨。当他赶到的时候，当地原来的驻军已经打败了他们。月鲁帖木儿逃往柏兴州（在今四川省盐源县）。蓝玉派当地少数民族的首领去诱降，把月鲁帖木儿和他的儿子都捉住了，送往京师。而原来由月鲁帖木儿统治的少数民族都归顺了明朝。蓝玉征得皇帝的同意后，在那里建立了屯田机构。

蓝玉觉得朱元璋对他是很信任的，多次让他统领大军，把最重要的军事任务交给他。他自己也认为自己确有大将之才，皇帝待他不会错的，因此对自己的行为也就不那么检点了。他的庄园中养了很多庄奴，有些受他青睐的，还认他做了干爹。这些人仗势欺人，胡作非为，侵夺百姓。他的一个干儿子在东昌(今山东省聊城市)强占民田，被人告发。御史找他询问，他竟发了火，把御史给赶走了。

有一次，蓝玉出征，回来得晚了。当他率兵来到喜峰关(在今河北省迁西县)的时候，关门已经关闭。他在城下叫关，守关战士不敢给他开，他竟下令让他的兵士把关门打破，冲进关门。这件事被人禀告给皇帝，朱元璋很不高兴。

这时，又有人向皇帝告状说，蓝玉曾经想奸污一位元朝皇帝的妃子，那妃子不乐意，上吊自杀了。朱元璋就把蓝玉叫来，狠狠地批评了他一顿，还把他的这一恶行记到他的世券上，有点类似今天的记过处分。可是蓝玉还是不醒悟，说话很傲慢，在军内，想罢免谁的官就罢谁的官，真是为所欲为。因此，他的下级也有很多人对他不满。朱元璋已多次当面责备他。

当他又一次西征回来时，满以为又会受到赏赐。谁知他来到殿上见到太祖朱元璋，朱元璋却对他说："朕觉得你劳苦功高，所以决定任你为太子太傅。"蓝玉跪下说道："谢陛下隆恩。"但他的心里却很不高兴，因为这个官位置虽然不低，但没有什么实权。他的不快在脸上也表现了出来。他想了想又说道："禀陛下，蓝玉恐怕胜任不了这项任务。"但朱元璋并没有考虑他的意见。从那以后，他再向皇帝提什么建议，很少有被采纳。

洪武二十六年(公元1393年)二月的一天，蓝玉起得很早，因为他最近总是郁郁不乐，睡不好觉。这时，有人来报：锦衣卫指挥蒋瓛(huán)求见。蓝玉一听这个名字，脸上的汗立刻就流下来了。

这锦衣卫可是小看不得的，那是在洪武十五年，由朱元璋亲自建立的。它表面上负责皇帝的仪仗，是天子的卫士，实际上是皇帝直接指挥的特务机构。它不受中央各部的节制，只对皇帝个人负责。它有自己的法庭、监狱，可以私自杖杀大臣。胡惟庸案就是锦衣卫处理的，受株连的人现在已经快到三万人了。所以，锦衣卫上门，凶多吉少。

蓝玉战战兢兢地把蒋瓛请进屋。蒋瓛先是寒暄几句，然后说道："蓝大人，现在有人控告你想要谋反。为了调查清楚，我今天特意来请大人到我们锦衣卫去一趟。"

蓝玉惊恐地看了看自己的妻子，好像在说：我们怕是再也见不到了。

到了锦衣卫，蒋瓛可就不那么客气了。他坐到自己的桌子后面，冷冷地说："蓝将军，你是招啊，还是不招？"蒋瓛并没有看蓝玉，而是环视着这屋里的各种刑具。

"蒋大人，我此生为了陛下南征北战，怎能有不臣之心呢？"蓝玉以为蒋瓛会听他说明真情的。可是蒋瓛只是对旁边的人说："大刑伺候！"便要离开座位出去。蓝玉急忙给蒋瓛跪下，说道："请蒋大人不要走。你说让我招什么吧？"

蒋瓛回来重新坐下，说道："我知道蓝大人是明白人。"就这样，蓝玉按照蒋瓛的"提示"，招认了自己企图谋反的"罪行"：准备在皇帝去耕藉田（皇帝祭祀祖先用的土地，有时他们自己也象征性地去耕种一番）时杀害皇帝。

几天后，蓝玉这个为明朝打了半辈子天下的将军就被处决了。不久，凡是与蓝玉有点联系的官员，也都因为是蓝玉的同党而被处死，总计有一万五千人因蓝玉案而做了刀下之鬼。像我们之前提到的张温，因为长期同蓝玉在一起，就更是必死无疑了。

到这时，胡惟庸案株连三万人，蓝玉案株连一万五千人，明朝建国时的功臣已经几乎被杀尽了。到了这年9月，朱元璋也觉得自己做得太过分了，反正除掉功臣的目的已经达到，便将凡是受胡党、蓝党案牵连受刑而没有死的人一律赦免。

# 狠毒奸佞 天理不容

## ——魏忠贤

李进忠被一群人围着。“我以后一定还给你们还不成吗？”他一面作揖，一面哀求。

“以后？你欠我都多长时间了？你玩一把输一把，越欠越多。不行，你今天非还不可。”说着，那人掏出一把尖尖的杀猪刀，“李进忠，今天不给钱，我就宰了你！”

李进忠当然怕他，他是有名的泼皮屠户。“我今天实在是拿不出钱来，再缓我几天吧！”其实，李进忠在当地也是一个颇有名气的无赖。他好要钱，却总是输。越输越想赢，想赢就得玩，一玩又得输。李进忠就是在这样的循环中，把赌债越积越多的。他明白，以他现在的能力，不用特殊手段，这笔债他是无论如何也还不清的。他的债主今天才来了一半，就已经围着他满满一圈了。泼皮屠户并不是最大的债主，可他不依不饶，别人就跟着起哄。

泼皮屠户拿着尖刀，逼近李进忠：“你拖得我好苦，我今年房子都盖不上了。今天不给钱，我就要你的命！”李进忠没穿上衣，泼皮屠户就拽他的裤带。可李进忠的裤带并不结实，一拉就断了。李进忠赤条条地站在人群中，也不提裤子，趁大家哈哈大笑的时候，他一把从泼皮屠户手中夺过屠刀。屠户吓了一跳，向后躲去。别人看屠户都在躲，也跟着向后躲。这时，只见李进忠一手握刀，一手握住自己那东西，嚓、嚓、嚓三下，就齐刷刷全套连根割了下来。众人想去拉他的时候，李进忠已把那血淋淋的东西高高地举起来：“你们不是要我的命吗？我今天把命根子都给你们了，这笔债还清了吧？”说着，他昏死在血泊中。这时大家赶忙去找金创药，给他敷上，送他回家。这事发生在明朝万历年间的肃宁(在今安徽省凤阳县附近)。

李进忠早就想过，像他这样又穷又没有人望又满身是债，想要出人头地比登天还难。他有一个方便的办法，那就是自宫，也就是把自己阉割了，然后进宫当太监。然而，他几次想下手，都舍不得那命根子，又怕受不了那肉体的痛苦。今天，在债主们的逼迫之下，他也是情急生智，果断采取了这次行动。这样，既可以赖掉那些债，又可以了却夙愿。

那种痛苦简直让人无法想象。可是，人的耐受力也是让人难以想象的。三个月后，李进忠居然活过来了。只是说话的声音越来越细，听起来不男不女的。嘴边的胡须也渐渐褪去，看起来也是不男不女的。

这一次李进忠大难不死，自己也以为这是他福分大。后来，他果然通过别人介绍，进宫当上一名太监，也就是宦官。唐朝的时候设内侍省，就是专为皇帝及其家族服务的部门。它的首长被称为监。到辽代，又叫太监，以后就沿袭下来，把宦官都叫作太监。那时是明神宗朱翊钧万历年间，李进忠进宫后，做了王才人的典膳，就是侍候王才人饭食的太监。王才人并不是神宗皇帝的才人，而是太子朱常洛的才人。王才人有一个儿子，也就是皇孙朱由校，所以王才人在宫内的地位比较高。

李进忠的上司姓魏，叫魏朝。因为李进忠能说会道，所以很得魏朝的重用。魏朝经常在皇长子伴读王安面前说李进忠的好话。

当时的太监，多数是自小不懂事时便被父母或人贩子阉割，等他们长大了，对男女的事也就没有什么要求和兴趣。李进忠则不然。他是在长大成人以后"自宫"的，不但懂得男女的事，而且有这方面的要求，只不过丧失了能力而已。在外观上，除了胡须和声音，别处也看不出太大的变化。进宫后，整天在美丽妖冶的女人堆里转，这就使他不能不有一种怅然若失的感觉。

朱由校当时年纪尚小，有个奶妈姓客，人称客氏。客氏在宫中，除了太监，见不到几个男人，心中也是很不自在。以前，她对魏朝挺好。自从李进忠进宫后，她觉得李进忠还有点男人的样子，就主动靠近他。两个人一拍即合，十分要好。朱由校的养母姓李，在嫔妃中位居选侍，很受太子朱常洛的宠爱。李进忠自然也极力巴结李选侍。这三个人的关系也就非同一般了。

朱由校的父亲就是皇长子朱常洛。朱常洛的父亲神宗朱翊钧宠爱郑贵妃，而郑贵妃总想立自己的儿子当太子。神宗万历四十三年五月，有一个叫张差的人手持大棒，闯入太子朱常洛居住的慈庆宫，打伤了守门的太监，被抓住。张差供认是受两个太监的指使干这件事的。大家都怀疑是郑贵妃唆使这两个太监干的，目的是要杀害朱常洛。但神宗皇帝不愿追究郑贵妃，杀了张差和那两个太监就算结案了。这件事被称为"梃击案"。"梃"(tǐng)在这里就是棍棒的意思。

神宗皇帝在位多年，虽然越来越老了，但却整天在后宫淫乐，没有心思上朝视事。大臣们站在朝上没有事干，就仨一群俩一伙地在一起议论朝政，特别是关于神宗想立第三子或第五子为太子的事。吏部考功主事顾宪成给皇帝上疏，力主按明朝的祖训立长子为太子，这件事使神宗心里大为不快。后来，顾宪成被免官，他就在江苏无锡的东林书院讲学。由于顾宪成的声望很高，来听讲的人很多，一些名流也到这里来讲学或是议论政事。一时间，东林书院成了舆论的中心，参与其事的或与他们志同道合的被称为东林党人。当时，东林党人的势力很大，依附于他们的人也比较多，特别是大学士叶向高，德高望重，皇上也不敢把他怎么样。很多东林党人赖他的保护才得以免除祸患。

万历四十八年(公元1620年)，神宗皇帝朱翊钧驾崩，朱常洛继位，史称光宗。光宗让李进忠监督神宗陵墓的收尾工程。当年郑贵妃为了讨好朱常洛，缓解在立太子问题上与朱常洛的矛盾，曾送给朱常洛八个美女。其中李选侍最得朱常洛的宠爱，由于朱由校生母早逝，就被交予她来抚育。

朱常洛继位几天就觉得身体不适。可是他不请太医请太监，让司礼秉笔兼掌御药房太监崔文升给他看病。崔文升懂点医道，但他并不是医生，只是一知半解。他摸摸光宗的脉，说道："陛下这是肝火郁积，没有什么大事。我给您开一服药，吃下就会好了。这药吃下去会泻肚，肝火泻下，病就好了。请陛下不要在意。"光宗吃了崔文升给他的药，病不但没好，又添了拉肚子这一项，身体更加虚弱。这时鸿胪(lú)寺丞李可灼来见光宗。他说："陛下这是阴阳两虚的症状。我这里有著名道人炼就的红丸，是大补的。它是以少女的第一次经血为主药炼成的，陛下不妨一试。”光宗吃了一丸，说：“我觉得确实精神一些。”李可灼说：“陛下那就再吃一丸。”光宗果然又吃一丸，便在御榻上睡了。身边太监一夜没有听见光宗有动静，还以为他睡得很甜。谁知第二天早晨一看，光宗已经断了气。这件事，刘向高、刘一燝等属于东林党人的大臣们怀疑也是郑贵妃所为，但是苦于没有证据，只好把崔文升和李可灼发配到远地了事。可惜朱常洛只当了一个多月的皇帝，年纪也只有三十九岁，便不明不白地死去了。这件事史称“红丸案”。

光宗的死讯传出后，李进忠对客氏说：“陛下驾崩，皇太子年幼，机不可失。”客氏一听，就明白了他的意思。她立即找到朱由校的母亲李选侍说：“皇太子年幼，理应立贵妃为太后，临朝听政。”客氏所称的贵妃就是指李选侍。李选侍早有此心。按那时的规矩，皇帝死前，太子是必须在场的。皇帝断气了，太子要在灵柩前举行仪式，继位当新皇帝。朱常洛死的时候，别人不知道，但在处理善后的时候，人们怎么也找不到太子朱由校。礼部尚书兼东阁大学士刘一燝逐个向太监们询问。太监们看刘一燝来问，有的拔腿就跑，有的只摇晃脑袋说不知道。后来东宫伴读、太监王安说：“皇太子被李选侍藏起来了。”刘一燝大笑道：“谁人敢把皇太子藏起来？他已经十五岁了，难道还需要垂帘听政吗？”李选侍无奈，只好交出朱由校。但她为了控制皇帝，一定要和朱由校一同住在乾清宫。以刘一燝为首的大臣们坚决不同意，强迫李选侍搬出乾清宫。第二天，朱由校才举行了登基仪式，后世称为熹宗，年号定为天启。李选侍被赶出乾清宫这件事被称为移宫案。

虽然李选侍的计划落空了，但李进忠和客氏毕竟是侍候熹宗的，熹宗对他俩有特殊的感情。他对李进忠说：“进忠啊，我看你同魏朝挺要好，我就赐你姓魏吧。”李进忠连忙跪下说：“谢陛下隆恩。还望陛下赐名。”熹宗说：“你这个人忠心耿耿，忠字可以保留。你还很贤达，就叫忠贤吧。”李进忠再次谢恩，从此更改姓名为魏忠贤。不久，又封客氏为奉圣夫人，把魏忠贤升为司礼秉笔太监。滑稽的是，魏忠贤一个大字也不识。熹宗还对魏忠贤在监督神宗陵墓中的功劳加以奖励，其实神宗的陵墓在他生前早已修好，魏忠贤不过是去看一下收尾工程而已。魏忠贤想，没有哪一个皇帝是不好色的，熹宗年纪小，更容易在这方面讨好他。他就从各地选来些歌伎舞娘，供熹宗玩乐，还安排熹宗打猎、玩狗、赛马。熹宗当然“乐此不疲”了。这时有东林党人要求把客氏赶出宫，刚刚完婚的熹宗说：“皇后还很年轻，需要有人照顾，怎能让客氏出宫呢？”没有同意。通过这件事，魏忠贤知道他和客氏在宫中的地位已经得到巩固了。

魏忠贤想，要想在后宫进一步取得独霸的地位，就得把那些有可能不向自己屈服或者可能与自己争权的人排斥掉。他为了避免客氏与魏朝的关系更密切，先把魏朝赶出宫。不久又谋杀了王安，并把与王安亲近的人也都赶出宫。那些太监们看魏忠贤得宠于熹宗，在宫内的势力越来越大，也就纷纷趋附于他。

这时，生活在东北的女真人在努而哈赤的领导下又逐渐走向统一，并在明万历四十四年（公元 1616 年）在赫图阿拉（今辽宁省新宾县）建立了后金国。后金国建立后不断扩大自己的势力，并在萨尔浒（在新宾西）大胜明军。明朝以熊廷弼为兵部右侍郎经略辽东。熊廷弼严明法纪，修缮守备，使辽东的局势稳定下来。熹宗继位后，魏忠贤觉得熊廷弼是东林党人，就向熹宗奏本，说熊廷弼作战不力，要求把他撤换下来。嘉宗听信魏忠贤的，就把熊廷弼罢了官，换袁应泰经略辽东。熊廷弼被召回京，魏忠贤鼓动熹宗治他的死罪，全靠叶向高等人极力谏止，熊廷弼才暂免于一死。袁应泰到辽东后，防守松弛。努尔哈赤见有机可乘，就在天启元年大举向明朝进攻，拿下了沈阳、辽阳等大小七十余座城池。袁应泰自焚而死。

熹宗刚当皇帝，又很年轻，对上朝视事还是很有兴趣的。这一天刚上朝，就见刑部主事刘宗周上前奏道：“陛下富于春秋，江山社稷仰凭陛下圣治，大臣左右理应辅佐陛下治理天下大事。然而，司礼秉笔魏忠贤只知引导陛下游玩逸乐，势必误国。”“富于春秋”就是年轻的意思。站在熹宗身边的魏忠贤看了一眼刘宗周，心想，你小子好大的胆啊。他悄悄地对熹宗说：“他这是指桑骂槐。”别看朱由校年轻，在这件事上可是一点就透。他把御案一拍，指着刘宗周大声说道：“放肆！你哪里是弹劾忠贤，分明是在攻击朕。朕政事这样繁忙,难道玩一会儿就不可以吗?”

大学士叶向高上前奏道:“陛下息怒。刘宗周所言虽有不当之处,但确实是为陛下着想,为社稷着想,断无指责圣上之意。”刘一燝也站出来说情。熹宗见多数人都站在刘宗周一边,也就放下火气,原谅了刘宗周。

散朝后,魏忠贤对熹宗说:“不知陛下刚才注意到没有,今天有人在朝上借题发挥,攻击陛下,可为他开脱的,都是东林邪党。陛下如不早作处置,日后必受其害。”

熹宗说:“你的意思是——”

“以臣之见,这些人如果再危言耸听,就免了他们的职,发配到远处去,免得他们总是给陛下捣乱。”

也巧,没过几日,给事中惠世扬、尚书王纪上疏,揭发有人勾结客氏和魏忠贤干坏事。熹宗看了他们的奏折,大发雷霆:“你们为什么总是攻击忠贤?他是朕身边的人,没有他,谁伺候朕?尚书台听旨,把这两个人给朕赶出朝廷!”

天启二年初夏,北京下了一阵雹子。周宗建又上疏说:“现在,天气运行,不以其时。这是天谴魏忠贤,是他的谗佞造成的。”还有不少人也都附和周宗建的说法。熹宗更加来火,说:“你们就是看朕身边的人不顺眼。把这几个胡说八道的人给朕赶出朝廷,免得他们看朕身边的人不舒服。”于是,周宗建等几个人也被免了官。

第二年,熹宗又让魏忠贤兼掌东厂,为东厂总督。东厂是明成祖朱棣时代设立的,与太祖朱元璋设立的锦衣卫一样,都是特务机关。东厂以宦官为头领,只对皇帝个人负责。魏忠贤负责东厂后,如虎添翼,对付东林党人就更有办法了。那些宦官和一些大臣纷纷投到他的麾下,他们想诬告谁就诬告谁,随便给人罗织罪名。东林党人和以后的史书都把他们叫作“阉党”,也就是以太监为主要力量的帮派。

在魏忠贤的支持下,客氏也更加跋扈。客氏听说张贵妃怀孕了,就对张贵妃说:“听说你有身孕了,这真是陛下的福分,当然更是你的福分了。我这里有宫中秘传的保胎药,你吃吃看,肯定好使。”张妃年轻,哪里会料到客氏暗藏杀机，吃药不久，就腹痛难忍，流产了。

东林党人对于阉党对他们的迫害和为所欲为忍无可忍。都御史杨涟上疏熹宗，弹劾魏忠贤，给他罗列了二十四条罪状。因为这些罪状有根有据，并且都很严重，魏忠贤还真有点害怕。他到后宫，见到熹宗，扑通一声跪下，眼泪噼里啪啦就掉了下来。熹宗问道："忠贤，你这是怎么啦？"

"陛下，你把我的东厂提督免了吧。"

"这是从何说起？莫非是朕亏待了你不成？"

"陛下待我恩重如山，我几辈子都忘不了，下辈子我还给陛下当牛作马。只是我当这东厂总督，得罪人太多。我都是为陛下做事，他们不敢把陛下怎么样，就拿我当箭靶子。这不，杨涟又捏造罪名弹劾我。我一个小小的太监，刑余之人，哪担当得起这个呀！陛下可得为小人做主啊！"

"你就为这个事啊？难道你还不相信朕吗？朕什么时候相信过他们的胡说？我根本就没把杨涟的奏疏当作一回事。"

魏忠贤听了皇帝这番话，心里的石头总算落了地。但他不肯放过进谗言的好机会，便说道："陛下，他们用的还是那一套老办法，名义上是指责我，实际上是攻击陛下。比如，他们说，现在是生民凋敝，国运衰微。陛下听听，这哪里是说我呀，这不分明是说陛下治国无方吗？"

熹宗说："是吗？我怎么没有见到？你不识字怎么反而记住了？"

魏忠贤一时有点语塞，停了一下，又立即说道："这是他们给我念的时候，我听到的。我对他们攻击陛下的事总是特别留心，自然就记住了。"其实，这句话倒是真话，他让识字的太监给他念，然后断章取义，把人家本来是反问的话给记下来，作为攻击他们的把柄。"杨涟自己并不干净。去年熊廷弼理应论死，可是杨涟受了熊廷弼的贿赂，那些东林邪党就都替熊廷弼讲情。"

"确有此事？"熹宗惊奇地问。

"那还假得了？我们东厂不是白吃饭的。"

第二天上朝时，魏忠贤宣布熹宗的旨意说："近日杨涟上疏弹劾忠贤。经查，其中多不实之词。自皇上登基以来，忠贤忠心耿耿，堪为楷模。虽屡受小人攻击，仍不改夙志，精神可嘉。皇上怎能因为有人攻击，就把忠贤赶走？皇上决意留忠贤于禁中。杨涟去年就接受熊廷弼贿赂，为熊廷弼开脱。现在又挟嫌诬告，实为不赦。今免官问罪。”

魏忠贤说罢，一下子就在熹宗面前跪下几个人，都想进言。魏忠贤一看势头不妙，就大声说道：“皇上疲倦，散朝。”熹宗巴不得赶快散朝好回后宫，听魏忠贤这么一说，果然站起来就走。但第二天就有七十多人联名上疏，指责魏忠贤不法。熹宗哪里听得进去！

杨涟被关进槛车，送往大狱。一路上有上万人挤在道路两边，他们边哭边喊：“杨大人无罪！”“杨大人为民请命！”还有人在路边立上佛龛，祈祷神佛保佑杨涟平安归来。杨涟见此情景，不觉泪流满面，坚信自己做得对。

审问杨涟的时候，判官徐大化是魏忠贤同党。魏忠贤在朝上替熹宗宣布的圣旨就是徐大化先写好了，然后一句一句教给魏忠贤的。为了讨好魏忠贤，他对杨涟狠下毒手。他问杨涟：“杨涟，你为什么罗织罪名，诬告魏总督？”

“我弹劾魏阉，所列二十四罪句句是实，绝无诬告。”

“你死到临头还嘴硬！大刑伺候。”接着，一顿大棒就向杨涟打去，直打得他昏死过去。

徐大化令人用凉水把他浇醒，又问他：“你挟嫌诬告，招也不招？”

“不招！”

“再打！”

就这样，杨涟在狱中被打得体无完肤，直到被活活打死。

没过几天，工部郎中万燝又上疏弹劾魏忠贤。魏忠贤当着熹宗的面就说：“皇上早已查明忠贤无罪，你又来诬告。这是抗旨！来人，给我打！”上来几个东厂的人，不由分说，把万燝按倒在地，抡起棒子就打，直打得万燝满地打滚，气绝身亡。

就这样，正直的大臣有的被迫害而死，有的被赶出朝廷。叶向高受不过他们的污辱和排挤，辞官归家。一时间，朝廷中的正人君子为之一空，而魏忠贤的爪牙却布满了重要的岗位。他们编写了《东林点将录》《缙绅便党》《东林同志录》等书，把东林党人或不肯依附于魏忠贤的人士都列在上面，寻找机会杀戮迫害或赶出朝廷。熊廷弼到底在天启五年(公元1625年)被他们杀害。而那些谄事魏忠贤的人，则被魏忠贤称为“义儿”，受到百般重用。

魏忠贤还把那些在“梃击”、“红丸”、“移宫”三案中受处分的人，除了已被处死的，其余的全都请回宫中，委以重任。因为他和客氏才是这三案的真正后台。

天启六年，魏忠贤又让人写成《三朝要典》，名义上是记录万历、泰昌、天启，即神宗、光宗、熹宗三朝的大事，实际上是诬蔑迫害东林党人的大全。接着，他们捣毁各地的书院，立“东林党人碑”，极尽迫害东林党人之能事。

魏忠贤又授意他的爪牙，要求给魏忠贤立祠堂，用今天的话来说，就是纪念馆。于是，四处都给魏忠贤修祠堂。他们还以修祠堂为名，随意拆毁霸占民房，强占百姓的墓地。这些祠堂都修得非常华丽精巧，花去大量银两。

到了这时，朝廷的大权已经完全控制在魏忠贤的手中。宫内宫外，包括地方官吏，都由他的党羽把持重要岗位。这些人成群结伙，有的号称“五虎”，还有的叫作“五彪”、“十狗”、“十孩儿”、“四十孙”等等。有些人想报复自己的仇人，就投靠阉党，然后就可以为所欲为。

魏忠贤还不断地示意熹宗给他记功奖赏，爪牙们更不断地称颂他的“功德”。不管是宫廷建设，还是守边战争，只要有了成绩，就都算是魏忠贤的功劳。而那些真正建功立业的人，有时反而要受到他们的迫害。有些人给魏忠贤颂功到了不知羞耻的地步，但魏忠贤还是给他们各种好处。这些人不敢直呼他的名字，把他叫作“厂臣”。就连熹宗也把他称作厂臣，在诏书中经常是“朕与厂臣”并列。他一直晋位到上公，有时一次就获赏赐庄田千顷，就连他的家人也接二连三地受赏受封，有的甚至刚刚出生，还在襁褓之中，也因为有“功”受了封赏。魏忠贤甚至还代替天子去祭天祭神祭祖，大有要夺取明朝天下的架势。他到哪里去，大臣官吏都要跪下喊他“九千岁”。

而熹宗这时却迷上了制作家具，整天在工房里玩斧弄刨。太监们向他禀事的时候，他正在刷油漆呢，就对太监说：“我都知道了，你们好好处理吧。”

天启七年（公元1627年）七月，二十三岁的熹宗得了一场急病，治不好，死了。由于他没有儿子，因为后妃中如有人怀孕，客氏就设法给打掉，这样，就由朱由校的五弟朱由检继位当皇帝，史称崇祯皇帝。

朱由检对魏忠贤的恶行了如指掌，对朝臣和百姓怎样痛恨他和以他为首的阉党也是知道得清清楚楚。所以，崇祯登基后，对魏忠贤和他的党羽分外小心，而魏忠贤的党羽们也觉得大势不妙。

朝臣们对朱由检的态度并不摸底，有人知道他对阉党不满，但谁敢保证他上台以后能不再依靠阉党？所以，朝廷里相对平静了一段时间。而后，有的大臣按捺不住了。有两个人，一个叫杨所修，一个叫杨维垣，试探着奏了魏忠贤爪牙崔呈秀一本，只是说他在宫内如何跋扈等等。崇祯听了，什么也没说，对双方都没怎么样。但双方也都摸不着头脑，既恐惧，又都抱着一线希望。

过了几天，崇祯上朝后，魏忠贤仍站在他的身旁，说道：“有事的奏事。”可是下边谁也不说话。朱由检说：“众卿为何沉默不语？”又经过一段长时间的沉默，主事陆澄原大着胆子对朱由检奏道：“禀陛下，天启朝以来，朝臣多惧厂臣擅权，言则获罪，故不敢言。”朱由检笑笑说：“忠贤就那样可怕？言过其实了吧。你说是不，忠贤？”朱由检转过身看着魏忠贤，脸上露出一种让人难以捉摸的笑。魏忠贤也只好点头说道：“是，是。”但话中也不敢带有任何色彩。

下边的朝臣当中，多数属于阉党，但也有几个杨所修、杨维垣、陆澄原这些心向东林的人。他们从朱由检的话中感觉到一点变化：他不再把魏忠贤称作“厂臣”，更不再把“厂臣”与“朕”并列。另一名主事也说：“魏忠贤十分霸道，望陛下圣察。”员外郎史躬盛也说：“禀陛下，只要魏忠贤在陛下身边，言路难开。”

崇祯皇帝说："朕总得知道忠贤到底如何，才能决定取舍。难道众卿连朕也不信？"

第二天，嘉兴贡生钱嘉征要求面见皇帝。崇祯想，靠这些朝臣打开言路是太不容易了。一是他们几年来受的压制和迫害太深，心有余悸。再一个是朝中正直之士所剩无几，阉党充斥各个要害岗位，盘根错节，互通消息，想说话的人难免顾虑重重。现在有朝外之人要来进言，不知他想说些什么，不妨听一听。便下令道：把钱嘉征请到朝上来。

那钱嘉征是个年轻后生，到殿上后，给皇帝跪下。朱由检问他："钱贡生，你求见朕，有什么要事吗？"

钱嘉征不认得魏忠贤，他也不知道魏忠贤这时是否在场。其实，魏忠贤这时还真没在，因为上朝之前，崇祯特意对他说："忠贤，今天朝上可能有人提到你，你不要在意。我看你就回避一下吧。"魏忠贤无奈，只好不上殿了。钱嘉征也顾不得这些，他拜过皇帝后，说："陛下，自天启朝以来，魏阉当道，陷害忠良，国家已经被他搞得危机四伏。如果陛下再不解决魏忠贤的问题，社稷不保，江山堪忧！"

"钱生，你这样笼统地说，让朕怎样信你？总得有点什么根据吧？"

"陛下，小民钱嘉征有条陈呈上。"说着，他把一本奏折交给身边的太监，太监只好给皇帝送上去。

崇祯说："你择其要者，说给朕听听。"

"魏忠贤有十大罪，小民在条陈中已有详述。第一，他竟敢与皇帝平起平坐，欺君罔上。第二，蔑视皇后，欺凌后宫。第三，玩弄兵权，以致防务屡败。第四，到处建生祠，把自己凌驾于当朝列祖列宗之上。第五，任意侵夺各地封藩。第六，不敬历代圣人。第七，任人唯亲，搞乱国家的官制。第八，贪天之功，把熊廷弼、袁崇焕等人的边功记到自己的账上求封赏。第九，欺压百姓。第十，利用各种关节，打通关系，借以营私。魏忠贤这十大罪状句句是实，根据全写在条陈上，望陛下过目。"

钱嘉征下去后，崇祯让人把魏忠贤叫来，并让一个识字的太监把钱嘉征的条陈读给他听。这时正是伏天，魏忠贤跪在陛阶旁边听人家读他的十大罪状，不但满脸的汗滴滴答答地往地下直掉，衣服也都湿透了。听罢，他叩头如捣蒜，说道："陛下，奴才确实有罪，但奴才所为都是奉先帝旨意。请陛下恕罪。"

"先帝在时，如在你魏忠贤股掌之中。现在你反说受他的指使，良心何在？"崇祯看也没看魏忠贤一眼，就说，"你先下去吧。"

第二天，有一个太监特意凑到崇祯皇帝身边，为魏忠贤说情。朱由检问他："你叫什么名字啊？"那人说："奴才姓徐，名应元，伺候先帝多年，颇得先帝爱护。"崇祯说道："你不就是那个总同魏忠贤在一起赌钱的徐应元吗？我知道你。你是他的好朋友吧？你来替他说情，收了他多少钱？"徐应元听话头不对，就没再敢往下说，因为魏忠贤确实派人给他送来许多贵重的礼物。

四个月后，就是崇祯元年（公元 1627 年）的十一月，魏忠贤的罪行基本查清，崇祯皇帝下诏，命人把魏忠贤先送到凤阳（即今安徽省凤阳县）看管起来。

魏忠贤被押走后，朝臣们敢说话了。有一些过去投靠魏忠贤的人，这时看魏忠贤大势已去，也开始揭发他的罪行。崇祯皇帝一听，远比他原来知道的还要严重得多，便下诏，正式逮捕魏忠贤治他的罪，觉得只有这样，才能得人心。

再说魏忠贤离开北京后，一路上，人们听说押送魏忠贤的车路过这里，几十里内的人都纷纷围上来。如果不是押送的人阻挡，他早就被人打死了。人们打不到他，就大声地骂。骂些什么，也听不清。看到这情形，魏忠贤知道自己的名声太臭，无地可容了。当走到阜城（即今河北省阜城县）住宿的时候，乘人不备，上吊自杀了。

崇祯皇帝接到魏忠贤自缢身亡的消息，下诏磔(zhé)其尸。"磔尸"就是陈尸示众的意思。并下令各地拆毁魏忠贤的生祠。

接着，崇祯皇帝又下诏笞杀客氏。在抄没她的家财时，发现她的儿子养了八名宫女。原来他们母子想学吕不韦，如果这些宫女中有人怀孕，就送回宫中，冒充皇帝的儿子。

魏忠贤的亲信也大多被捕被杀。第二年,凡是原来属于阉党的人全部被逐出皇宫,重新起用东林党人。可惜,这时的东林党人已经丧失了顾宪成时代那种要求改革朝政的志气。他们重新执掌朝廷大权后,一心只图报复,又形成了一股新的误国势力。崇祯皇帝虽然一心想使明朝复兴,但他这个人刚愎自用,治国无方,又身处末世,回天无力,眼巴巴地看着明朝在农民大起义的烈火中灭亡了。他自己也自缢身亡。这是后话。

# 贪求无厌　赐令自尽

## ——和珅

大学士阿桂的身体确实不好，眼窝深陷，面色发黄。和珅把他接下车，让进营帐之中，很客气地说："阿桂大学士旅途劳顿，请您休息一下吧。"

"我听说军事失利，颇感震惊，不知是何缘故？"阿桂一下车，就急着问这里的战事。

"说起来让人惭愧。苏贼十分狡诈。他占山为营，又在营地周围挖了两丈多深的壕沟，放满了水，很难突破，以致久攻不下。我军还受了一些损失。"和珅讲了很多失利的原因。

阿桂想了想，说："我来时，在马车上看了苏贼的壕沟。我看，还是可破的。"

"那还用说！其实破他的壕沟有何难哉，只是……"和珅故作踌躇，"只是诸将不听调遣，贻误了战机，所以未能取胜。"

"唔？"阿桂颇有些怀疑，"如果这样的话，有敢不听指挥者，就应立即问斩！"

"我第一次接触这支部队。如果他们下次还这样的话，我就不客气了。"

"哎，和大人，刚才在迎接的人中，我怎么没有见到总兵图钦保啊？"阿桂问。

和珅先是有点支支吾吾，但后来还是说了："图将军在强渡的时候，不幸阵亡。"

"那这么大的事情，你在给陛下的奏折中怎么也不禀报一下？"阿桂是看了和珅写给乾隆皇帝的折子的抄本后，才急匆匆赶来的。

"这是为了稳定军心。"和珅辩解道。

阿桂看和珅这个样子，心里也就明白了大半，没有说别的，只是说道：

“好吧，明日再战。我倒要看看哪一个敢不听指挥。”和珅也听出来了阿桂话中的不满，但他心想：看你个老不死的能有什么招。和珅对阿桂说：“请老将军早点休息。”便回自己军帐去了。

和珅走后，阿桂让人请来两位将军，没有说更多的话，只是问他们说：“你们有没有准备草袋子？”两位将军说：“图将军已经让我们准备了，只可惜……”“好，其他的话，我们以后再说。我来时看了一下，敌壕虽深，却是从河中引水，且引水口只有一处。这里是山地，上下落差很大。你们派一百人连夜到引水口处，用土装满一千个草袋子，然后堵死引水口。再派两百人到下游挖开一个放水口，把壕中的水放走。明早进攻敌寨。”

第二天早晨天还没亮，阿桂就把和珅和各部将领都请来，说：“现在，各部立即出发，趁夜埋伏在壕边，一旦河水退尽，便向敌寨冲杀，以鼓为号。各部按下列位置埋伏……”和珅有点纳闷：河水如何能够自己退去？是老家伙昨晚做了什么梦，今天成真了，还是他会什么魔法？但他也不好多问。只听那些将领们齐刷刷地说了一声：“是！”便分头执行去了。

营寨中的军队是由苏四十三率领的回民起义军。他们起义后，曾经逼攻兰州，让官军手足无措。他们料到官军肯定会来围剿，就在这里营建了营寨，营寨周围修起了工事壕沟。前几天官军多次强攻，久攻不下，损失惨重。这样一来，起义军就有些麻痹轻敌，以为他们的营寨坚不可摧。没想到阿桂会釜底抽薪，上断水源，下放河水，壕沟失去了作用。待早晨听到鼓响，他们竟不知是官军已经发起进攻。在毫无准备的情况下，起义军损失惨重。但他们无一人投降，活着的人退到一座大庙中顽强抵抗。看看寡不敌众，他们就放一把火，集体自焚，壮烈就义。

战斗结束后，阿桂问和珅：“和将军看哪个将领不听指挥，我们立即斩首，如何？”

和珅嘴里没说什么，连表情也没有，但心里却说：老不死的，看你还能张狂到几时？是的，与和珅比起来，阿桂是老多了，已经六十五岁了，差不多是和珅年纪的两倍。他看和珅这样盛气凌人，争功诿过，心里很反感。但又一想，他年轻，又是皇帝看好的人，也就不同他计较了。

和珅可不这样想。这老家伙让他大大丢了面子。君子报仇，十年不晚，他将来是一定要给阿桂一个好看的。他和珅什么时候受过这份窝囊气？

是的，和珅这十几年来可是一帆风顺，平步青云。他本是满洲正红旗人，自小家贫，却戴着八旗子弟的桂冠，因此游手好闲，虽然表面上是个生员，也就是学生，实际上却成了本地有名的一个小无赖。乾隆三十四年(公元1769年)，他十九岁的时候，父亲死了，他世袭了一个三等轻车都尉的小官当。后来，又进京当上了皇宫的三等侍卫。到了乾隆四十年，熬到了御前侍卫兼副都统，相当于副侍卫队长。但这个差使能直接接触皇上。那时的用人制度，虽有科举之类的选拔官员的办法，但实际上是个人说了算，特别是皇帝，金口玉牙，说啥算啥。他说你行你就行。和珅凭着他的机灵和看风使舵的本事，赢得了乾隆皇帝的欢心，第二年就被授予户部侍郎、军机大臣兼内务府大臣，又兼步军统领、崇文门税务监督并总理行营事务。这里说的崇文门，可不是说他只管收今天北京崇文门那一带的税，而是说他的这个衙门设在崇文门。用那时的话来说，这是个肥缺，用今天的话说，这是一个很能搂钱的官衔。

乾隆四十五年(公元1780年)，发生了云南总督李侍尧贪污案件，乾隆皇帝让和珅去查办。和珅通过审问李侍尧的仆人，弄清了案情。但和珅心里明白，李侍尧是乾隆皇帝看中的人，处理得不好，会惹恼皇帝。他就在皇帝面前说得很委婉。后来他看出皇帝是真心要惩治变腐败的李侍尧，就又把云南吏治如何废弛、府库亏空之类的事添油加醋地讲了一遍。乾隆觉得和珅确实很能干，自己没有看错人，就说："李侍尧被罢官后，云南总督空缺，朕派你去怎么样？"和珅知道，这个差使官也够大，搂钱也容易。李侍尧之所以暴露，是因为他太过分、太不谨慎了。但它还是没有在皇帝身边干实惠多。就对乾隆说："奴才谢陛下隆恩。不过，奴才刚刚查办过李侍尧就去接替他的职位，恐怕会有人有看法的。"乾隆觉得他说得有道理，就改派了别人。和珅被提升为户部尚书、议政大臣兼都统。乾隆一时高兴，还把自己的女儿和孝公主许配给和珅的儿子，等到成年后完婚。这一下，和珅不但是国家重臣，而且还成了皇亲国戚。

乾隆四十六年，甘肃回民在苏四十三的领导下举行起义，声势浩大。乾隆皇帝派和珅为钦差大臣，与大学士阿桂一起去镇压。但当时阿桂正在领导一项治河工程，不能马上脱身，又患了感冒，六十多岁的人了，一时走不了。和珅立功心切，便自己先去了，结果反而暴露了自己在军事上的无能。乾隆下诏责备了和珅隐匿图钦保阵亡和指挥不当，并指出阿桂到前线后，军事上才见转机。因此，有阿桂一个人在前线指挥就可以了，两个人都在反而不方便，让和珅速速回京。

和珅觉得阿桂让他大大地丢了面子，心里恨透了他。

但乾隆皇帝也没有亏待和珅。在让他担任兵部尚书的同时，把户部的三个库也交给和珅管理。和珅觉得这是个很有实惠的美差，也就乐滋滋地接受了。

和珅接受新职不久，御史钱沣上疏弹劾山东巡抚国泰和布政使于易简贪得无厌、营私舞弊、吏治废弛，搞得各州县府库空虚。乾隆便派和珅和都御使刘墉带着钱沣去查办。和珅一面表示："像这样贪赃枉法的不法之徒，不惩治如何了得？"一面秘密派心腹去山东给国泰送信，让他预作准备。因为和珅以前受过人家大量的礼物，这时不保护人家，还等何时？

和珅、刘墉率领着钱沣和查库查账人员，首先来到山东历城。一行人在县里的馆驿安排好后，便到县衙的银库验看。司库打开库门，只见银库干净整洁，银子都在大红纸中包着，整整齐齐地码成垛。司库指着银垛说："我县全部存银都在这里，每包是五十两。请诸位大人验视。"说着，他递过来银库的账目。和珅让人读出数量，然后让人清点包数，再让人从垛上面拿下几包，逐一核对重量，竟无一丝差错。和珅说："怎么样，都清点过了吧？没有差错吧？"他又转过身对司库说："我们还要到别的县去，你把库门锁好吧。"

这时，钱沣注意到有两个问题：第一，这库房一尘不染，银包也都是新的，显然刚刚清理过。就是说，他们已经有所准备。第二，银包的形状上下不同。这时他注意到刘墉也在给他递眼色。他就说："和大人，今天我们都很累了，回馆驿休息也可以，不过要把库门封好，今晚任何人都不能进来。

我们明天还要再看一下。”和珅无奈，只得同意。

第二天，钱沣先让司库把上面的银包搬下去，一直搬到形状有变化的银包为止。然后，钱沣打开几包，仔细看过后，问司库道：“这银子是哪里来的？”

“这是我们库存的呀！”司库说得很干脆。

“不对。”钱沣顺手打开一包原来摆在上面的银包，“你看，这才是你库中的存银，一律是五十两一锭。这几包虽然总重量也是五十两，却是由大小不等的几块组成。你看这块，还铸着‘万利银庄’的印记。这显然不是你库中的存银。”

刘墉这时对和珅说：“既然有万利银庄的印记，是不是去看一看万利银庄的账目？”和珅不好说别的，就派几个人去查万利银庄的账目。没多久，去查账的人回来说：“万利银庄前日借给县衙白银三千两。”这时，司库只好承认说，几天前，山东巡抚令我们从县内各银庄暂借银两，把账上的数目补齐。

他们又走了几个县，情况大同小异。钱沣对国泰和于易简的弹劾被证实，和珅眼巴巴地看着自己的两个朋友被处斩，也无可奈何。

回京复命时，和珅以查办国泰、于易简案有功之臣的面目出现，乾隆皇帝又给他加封了太子太保、国史馆正总裁、轻车都尉、吏部尚书、协办大学士等官衔，还把他的三等男爵晋升为一等男爵。

转眼到了乾隆五十一年(公元1786年)。有一天，御史曹锡宝骑马闲遛。走到一个去处，忽见前面有片金碧辉煌的建筑，就是与皇宫相比，也不差几分。他问过路人：“这是谁家的邸宅？”被问的人看都不看他一眼，摇着头说：“不知道，不知道。”便逃命似的走开了。曹锡宝觉得蹊跷，接连问了数人，都是这般。后来他问到一个乞丐，那乞丐说：“你这个人哪！这你都不知道？这是当今吏部尚书和珅……”

曹锡宝惊奇地问：“什么，和珅家盖这么漂亮的私宅？”

“和珅？我话还没说完呢，是和珅家奴刘全家的私宅。”话没说完，刘家院内驶出一辆马车，饰金带银，好不气派。车上的女人，穿戴也如宫女一般。

在封建社会，人是分等级的。人的住宅、车马、衣服等等也是分等级的，这都是明明白白写在律法上的。谁超过了自己等级限定的标准，就是犯法。而有敢同皇帝的标准相比的，就是杀头的罪。

曹锡宝这个人有个毛病：肚子里装不住话。他是南汇（今上海市南汇区）人，有个同乡名叫吴省钦，两个人经常在一起谈天说地。这天吴省钦又来了，曹锡宝看朋友来了，就搬出酒坛子，两个人对饮起来。两杯酒下肚，他就把话匣子打开了，对吴省钦说道："吴兄，你说这和珅还有点王法没有？连他的家奴刘全的家宅、车马、衣服都逾制，他和珅好得了吗？跟你说，现在和珅势大，弹劾和珅不是时候，我就从刘全身上下手，弹劾刘全。这也够和珅好受的。我现在正在考虑这份奏疏怎样写才好。"

那吴省钦见和珅势力大，正想巴结和珅。他在曹锡宝酒席上应酬一番，告辞出来后，就直奔和珅家。和珅家人告诉他，和珅正在热河。他就回家找一匹快马，日夜兼程赶到热河，把曹锡宝即将弹劾刘全的事告诉给和珅。和珅听后，觉得事不宜迟，急忙派人回京，要刘全把新盖的房子立即全部扒掉，最好能在原处盖起一些简陋的房子，把逾制的车马、衣服全都藏匿起来。

曹锡宝哪里知道这些事情，等他按部就班地把奏疏写好，他还想：我要等和珅回来后再递上这份奏疏，这样才能起更大的作用。

乾隆皇帝接到曹锡宝的奏疏后，心想，这一定是曹锡宝不敢弹劾和珅，才在刘全身上下手。不过，如果刘全果真这样逾制的话，问题确实是够严重的了。他找来和珅，问他道："有人奏你的家奴刘全住宅、车马、衣服均逾制，不知是否有此事？"

和珅装模作样地说："我对家人的要求一向都是很严格的，以前肯定不会有这样的事情。也许最近我对他们的要求放松了，他们做了什么出格的事情？既然有人弹劾，就请陛下核查一下。"乾隆就派人同曹锡宝一起去调查。

当曹锡宝一行人刚刚进入刘全家街口的时候，曹锡宝就被惊呆了。几天前还看得真真切切的那些殿宇,今日却无影无踪。难道以前看到的是海市蜃楼,是做梦?不会的,那才是几天前的事情,宛如就在眼前。他无奈,只好硬着头皮带领这几个人进去看刘家人的车马和衣服。进去一看,人们虽然穿得华丽,却并不逾制。旁院的一个角落里停着一辆破旧的马车,几乎是无法乘坐的。

无奈,曹锡宝只好领着几个人回去向皇帝复命。"臣今日所见与上次大不相同。原来金碧辉煌的楼阁,今日忽然不见。请陛下恕臣冒昧之罪。"

乾隆皇帝也觉得纳闷。如果曹锡宝是编造的话,他怎么会拿自己的脑袋做代价?如果不是编造,为什么领人去看又没有?他对曹锡宝说:"你先下去吧。"然后,他又对和珅说:"锡宝奏你家家奴房屋、车马、衣服逾制,但查无实据,你就以此作为防微杜渐的警惕吧。"和珅倒是没有说什么,可是几个平时与和珅关系密切的大臣却说:"曹锡宝随便诬人有罪,一个防微杜渐如何可以了结?以后我们做大臣的,还有什么安全可言?"乾隆皇帝无奈,便下诏说:"曹锡宝把毫无根据的猜测当作证据弹劾别人,这会使臣僚之间互相猜忌,彼此踵足而立,侧目而视。但念及曹锡宝本是出于书生迂腐之见,暂且从宽处理,免去现职,仍在原部从事一般工作。"

曹锡宝一直搞不清楚是怎么回事,心里窝囊,不久就得了一场大病而死。而和珅却得了理,不断加官晋爵,被授予文华殿大学士的官职。但乾隆也明白,曹锡宝的弹劾不会毫无根据。就以和珅担任税务监督已经八年为由,免去了他的这个职务。为了避免和珅多心,不久又把他从一等男爵升为三等伯爵。但乾隆皇帝对他的信任实际上有所下降,有几次还驳回了他的意见,甚至批评了他。

乾隆五十五年(公元1790年),乾隆过八十大寿,由和珅主持这次寿诞的庆典。乾隆皇帝这时虽然年事已高,但心情很好。他觉得自己当了五十多年的皇帝,使得国家富强、社会繁荣,人民都会感戴他的。

可就在这时,内阁学士尹壮图却上了一份奏疏,说近年来贪官污吏贿赂公行,侵夺国家财产。他到各省巡查时,发现各省的吏治松弛,府库空虚。这令乾隆皇帝大感意外。他要求尹壮图说得具体些,而尹壮图却要求派人同他一起去调查。乾隆皇帝对和珅说:“既然有人上疏揭发这个问题,我们就应该调查一下。和爱卿看派谁去好呢?”

和珅心里犯了嘀咕。说各省府库空虚,他是相信的。每年各省都有人给他送来金银财宝,成箱盈箧,车载斗量。他们自己搂的公家财富如果不在这个数的几倍以上,他们何苦给他送这么多的礼?但既然吃了人家的礼,在这关键时刻就得保护人家,否则还算什么朋友?再说,那些人如果都被抖搂出来,还能有他和珅的好吗?现在皇帝要派人去调查,这个人选非常重要。他思忖半天,说:“我看庆成这个人能够秉公办事,又善于发现问题,派他去还是比较合适的。”

“那就按你的意思办,让庆成快快带领人员同尹壮图前去各省调查。”

庆成接到这个任务后非常高兴,这确实是个美差。他明白,这种调查有两种方法。一种是真查,这是很容易的。因为这些人肯定有问题。但这样做,既得罪了各省的要员,又得罪了权势大得炙手可热的和珅。另一种就是假查。保护了各省的要员,保护了和珅,各种贵重的礼物就会源源不绝地送到他的家里来。至于他用哪种方式,那是不言而喻的。为了让和珅放心,他当晚就到和珅家拜访。

“谢谢和大人对我的栽培和信任。下官一定不辜负大人的重托,完成这次使命。不知大人还有什么吩咐?”

和珅一本正经地说:“有些人利用职务,中饱私囊,不查处是不行的。但尹壮图的奏折也不一定准确。陛下多次要求他指明具体的人和事,他都指不出来,只是要求进行调查。我看,对那些清廉的官员还是要加以爱护的。你到了那里,要注意给他们一定的时间,让他们有所准备。”其实,和珅派往各省报信的人早已出发了。

“是,是。下官明白。”庆成对和珅的话已经心领神会。

庆成以未作好准备和挑选合适人员为由,拖延了几天,然后就领着调查组和尹壮图直奔山西大同府而去。在馆驿住下的第二天,尹壮图就要求去查银库。但庆成却说:“我的头痛得厉害,今天去不了。”直到第三天,府衙派人来请时,他们才去。他们查了几天,又是查账,又是对库,哪里查得出问题!

“尹大学士,你看还要不要查下去了?”庆成问尹壮图。

“这里没查出问题。我们是不是再到其他州县?”

“既然没有查出问题,你是不是向陛下禀报一下,听听陛下的意见,看是不是还要查下去?”庆成是希望查下去的。查的地方越多,他的“收获”也就越多。但为了拖延时间,他才向尹壮图提出了这样的要求。

尹壮图只好上疏皇帝,承认山西没有查出问题,表示愿意回京接受处分。皇帝回话说,那就再到山东、直隶及江南各省查一查。

每到一处,庆成都以旅途劳顿为由,先去那里的好去处游玩几天,直到得到当地官员的暗示,知道已经准备妥当,才开始查账查库。这种查法,能查出毛病才怪。尹壮图只好承认弹劾不实。回京后,被以挟诈欺公、妄生异议的罪名下到刑部的大狱中,刑部要以死罪问斩。乾隆皇帝说,尹壮图只是凭空想象,并没有造成大的危害,就不要治他这样重的罪了。尹壮图总算保住性命,被降了职,担任内阁侍读。

这几次调查都以和珅的胜利结束,他就更加肆无忌惮,更加霸道。

乾隆五十六年(公元1791年),皇帝命令在辟雍刻石经,就是把一些重要的经典刻在石碑上。“辟雍”是古代对皇家大学或称太学的称呼。这个任务由和珅担任正总裁,带人完成。加上副总裁,共有八名总裁。其中尚书彭元瑞独任校勘。皇帝让彭元瑞撰写《石经考文提要》。“考文”就是考证图书或者书名。这本书完成后,乾隆皇帝对彭元瑞大加称赞和奖赏。这使和珅心里很不痛快。他找个机会对乾隆皇帝说:“彭元瑞搞的这个《石经考文提要》错误百出。再说,《礼记》中说过,非天子不考文。彭元瑞编写考文,那不是写私书吗?”乾隆说:“这本书是朕命他编写的,怎么能说是私书呢?”

和珅见皇帝不买他的账,就组织一拨手下的文人编写了一本《考文提要举正》,专门挑《石经考文提要》的毛病。并说这是他自己撰写的,进献给乾隆皇帝。可是乾隆还是不加理会。这时,有人上疏要求刊行《石经考文提要》,和珅私自把奏折给扣压了,这本书到底没有出成。后来,他又找人把石碑上的字大部分都给磨掉了。

这时和珅的主要职务是军机大臣。另外还有几位军机大臣，其中有大学士阿桂、大学士王杰、尚书董诰、福长安等。军机大臣理应都在军机处上班。前几年，阿桂经常在外监修水利工程，不常在京里。如今，阿桂已经年近八十，不能总在外面工作，便经常到军机处上班。可和珅看见阿桂，就想起同苏四十三作战的经历了。那一次，阿桂让和珅大大地丢了面子。现在，他也当了军机大臣，便总想报复阿桂，但无处下手。阿桂功劳卓著，很受皇帝的信任和同僚们的拥戴，这就使和珅更加妒火中烧。所以，当阿桂到军机处上班的时候，和珅便走开。渐渐地，他就不到军机处上班，而到隆中门外等处上班。另外几位军机大臣也都不到军机处上班了。

户部员外郎钱沣觉得这样会严重影响户部的公务，就给皇帝上疏，指出他们不合作的危害和后果。皇帝批准了钱沣的意见，并责成钱沣督办这件事情。可是和珅不但没有把钱沣看在眼里，而且还很忌恨他。钱沣要求他到军机处上班，他根本就不理睬。就在这时，钱沣却突然得急病死了。人们怀疑钱沣的死可能是和珅加害的结果。

乾隆六十年（公元 1795 年），和珅又任殿试读卷官、教习庶吉士。“庶吉士”是官名，当上这种官，就无异于被选为宰相。由此可见和珅的地位之高了。但是和珅自知在“文”的方面差得太远，就想在“武”的方面露两手。所以，他就建议进行武试。乾隆皇帝说：“你查一查大清历朝实录，看看大清历史上有没有先例？”和珅哪里懂得什么历史，就瞎说了一通。可是乾隆皇帝的学问不浅，一听就听出来他是胡说八道，就对他说：“你这个人怎么胡说起来，这是在掩饰你的无知。冲你今天的表现，朕免去你殿试读卷官的职务。”

这时的乾隆皇帝已经八十多岁了。这一年，他退位，把帝位让给了儿子颙琰（yóngyǎn），史称仁宗，年号嘉庆。而乾隆皇帝则当了太上皇。嘉庆皇帝对和珅的恶行是颇有了解的，但考虑到他是父皇的宠臣，也就暂时没把他怎么样。可他的心里明白，和珅结党营私，对于他反对的人，他设法激怒父皇，从而使人家受到重处；而对于他的同党，即使皇帝要重处，他也拖延不办，等皇帝消气了，他再为之解脱。那时盐实行专卖，是一项利益很高的买卖。和珅就勾结四川等产盐省的官员，盘剥盐民，甚至由此激起了四川、湖北等地的农民起义。

嘉庆二年（公元1797年），阿桂去世了。从这以后和珅便到军机处上班了，并且独断专行，排挤和压制其他几位军机大臣。一些重要文件只签署他一个人的名字。报送给皇帝的文件，也要先把副本送到军机处，他看过后再呈给皇帝。有些人对和珅敢怒不敢言，这些事，嘉庆帝都看在眼中，记在心里。

嘉庆四年（公元1799年）正月，乾隆皇帝去世。这时四川、湖北的农民起义愈演愈烈。吏科给事中王念孙上疏，陈述剿匪（就是镇压农民起义）的六条策略，其中的第一条，就是要求惩办和珅。嘉庆皇帝立即宣布逮捕和珅，进行审讯。和珅见大势已去，无法挽回，并且他本来就没有什么大能耐，因此审讯开始不久，他就承认了大家对他的指控。审讯完毕，嘉庆皇帝宣布了和珅的二十条罪状后说："和珅罪大恶极，当以大逆罪论斩。大臣们纷纷上疏控告他的罪行。但朕念及和珅任宰相多年，不忍心将他在街市上斩首，决定赐死。""赐死"就是让他自杀。

与此同时，嘉庆皇帝下令抄没和珅家产。和珅的房屋，很多都用只有皇宫才能使用的名贵的楠木建成，在形式上，有的仿照宁寿宫，有的模仿圆明园。他家修的坟墓也依照皇家陵园的形式，还建有隧道，被周围百姓称为"和陵"。从他家抄出的手串有两百多串，是皇宫收藏量的几倍。他家的大珍珠，比皇冠上的还大。连皇宫里也没有的大宝石，他家都有几十块。库内的银子和衣服折合银子共有千万两以上。在他家的夹壁中藏有黄金两万六千多两，私库藏银六千多两，地窖里埋藏白银三百多万两。他在各地的当铺、钱庄资本十余万两。仅他的家奴刘全的家产就有二十多万两。有人统计，和珅的这些家产加到一起，有十亿两白银，全部被没收充公。当时有民谣说："和珅跌倒，嘉庆吃饱。"

附录

# 历代被杀大臣统计表

由于历朝历代官制不同，史料不同，难以编制成一个统一格式的表格，所以这里将不同的朝代以不同的格式表示。这样做，也便于从不同的侧面反映各朝代的情况。

先秦时代，多数史料没有官位总数的资料，也就是说没有分母，所以没有统计比例。

对于史料比较丰富的朝代，我们还统计了被贬斥罢免的官员数。

为了从不同的侧面反映问题，有的朝代(如西汉、明)还列了两种表格。

这项统计工程甚大，加之时间仓促，只能说是个粗略的统计。还望学者专家们予以订正补充。

## 先秦各朝代被杀重臣表

| 朝代 | 君王 | 被杀重臣 |
|---|---|---|
| 夏 | 舜 | 殛鲧于羽山 |
| | 启 | 戮有扈氏 |
| | | 伯益与启争王位被杀 |
| | 桀 | 关龙逢因谏被杀 |
| 商 | 汤 | 伐葛伯 |
| | 太甲 | 杀伊尹 |
| | 纣 | 杀九侯、鄂侯 |
| 西周 | 成王 | 诛武庚、管叔 |
| 东周 | 庄王 | 杀周公黑肩 |
| | 襄王 | 翟人诛杀谭伯 |

| | | |
|---|---|---|
| （秦） | 穆公 | 从葬者177人，其中包括子车氏三良：奄息、仲行、针虎 |
| | 惠文王 | 车裂商鞅 |
| | 武王 | 孟贲与武王举鼎，武王绝膑而死，孟贲被族诛 |
| | 昭襄王 | 武安君白起有罪死 |
| （吴） | 夫差 | 伍子胥因太宰伯嚭进谗被赐死 |
| | | 太宰伯嚭被越王所杀 |
| （越） | 勾践 | 大夫文种被赐死 |
| （齐） | 桓公 | 召忽自杀 |
| | | 苏秦被杀 |
| （鲁） | 定公 | 孔子诛少正卯 |
| （燕） | | 史料未见斩杀重臣 |
| （晋） | 孝侯 | 潘文因弑君（昭侯）被杀 |
| | | 杜原款被太子傅诬杀 |
| | | 荀息死于争立之中 |
| | | 里克死于争立之中 |
| | 惠公 | 大夫厌郑被诛 |
| | 怀公 | 狐突因子从重耳亡秦被杀 |
| | 文公（重耳） | 怀公大臣吕郤因欲加害文公被杀 |
| | | 介子推因文公未封赏隐入山中被烧死 |
| | 襄公 | 太傅阳处文被贾季所杀 |
| | 灵公 | 先縠因兵败欲叛被诛 |
| | 厉公 | 伯宗因直谏遭谗害被诛 |
| | | 三郤（郤锜、郤郤、郤至）因进谗被杀 |
| | 悼公 | 厉公卿胥童在推翻厉公的政变中被杀 |
| （楚） | 共王 | 将军子反被共王射杀 |
| | 平王 | 太子太傅伍奢遭费无忌谗害被杀 |
| | 昭王 | 费无忌因进谗被杀 |
| | 惠王 | 令尹子西被袭杀于朝堂 |
| | 怀王 | 三闾大夫屈原被流放自杀 |
| （郑） | 厉公 | 雍种谋杀祭仲，因泄于妻而被杀 |
| （赵） | 成公 | 公孙杵臼为保护赵氏孤儿（武公）被杀 |

| | | |
|---|---|---|
| | 武公 | 程婴与公孙杵臼共保赵氏孤儿，事成自杀 |
| | 简子 | 董安于因参与谋反自杀 |
| （魏） | 惠王 | 马陵之战庞涓兵败而死 |
| （韩） | 列侯 | 相国侠累为聂政所杀 |

## 秦朝被杀重臣表

| **君王** | **被杀重臣** |
|---|---|
| 始皇帝 | 长信侯嫪毐谋反被夷三族，卫尉竭、内史肆、佐弋竭、中大夫令齐等二十人皆被枭首、车裂 |
| | 相国吕不韦自杀 |
| | 韩非被杀 |
| 二世 | 听赵高计诛杀大臣，以至“三郎（中郎、外郎、散郎）无得立者” |
| | 杀大将军蒙恬、蒙毅 |
| | 左丞相李斯被杀 |
| | 右丞相冯去疾、将军冯劫被逼自杀 |
| 子婴 | 丞相赵高被杀 |

## 西汉重臣被杀、被贬统计表

| 官　职 | 人数 | 被免 | 比例 | 被杀 | 比例 |
|---|---|---|---|---|---|
| 丞相、相国、大司徒、太师、太傅、大保 | 49 | 19 | 38.7% | 7 | 14.2% |
| 太尉、大司马 | 32 | 8 | 25% | 1 | 3.1% |
| 御史大夫、大司空 | 72 | 21 | 29.1% | 9 | 12.5% |

| **皇帝** | **被杀（含自杀）大臣** |
|---|---|
| 高祖刘邦 | 秦将章邯自杀 |
| | 赵相国贯高等谋弑被夷三族 |
| | 赵相国陈豨谋反被诛 |
| | 淮阴侯韩信谋反被夷三族 |
| | 梁王彭越谋反被夷三族 |

| | |
|---|---|
| | 淮南王黥布谋反被杀 |
| 惠帝刘盈 | |
| 吕后吕雉 | 杀赵隐王刘如意、赵幽王刘友、赵恭王刘恢 |
| 文帝刘恒 | 相国梁王吕产、上将军赵王吕禄、燕王吕通等因危刘氏天下被斩(诛诸吕) |
| | 济北王刘兴居谋反,兵败被杀 |
| | 淮南王刘长谋反,饿死道上 |
| | 将军薄昭被迫自杀 |
| 景帝刘启 | 御史大夫晁错被斩 |
| | 吴王刘濞谋反被斩 |
| | 胶西王刘印、楚王刘戊、赵王刘遂、济南王刘辟光、淄川王刘贤、胶东王刘雄渠谋反(七国之乱),兵败自杀 |
| | 楚王刘礼相国袁盎被梁王刘武派人刺杀 |
| | 临江王刘荣因犯太祖庙被令自杀 |
| | 条侯周亚夫被诬,绝食自杀 |
| 武帝刘彻 | 御史大夫赵绾、郎中令王臧因请勿向太皇太后奏事,被令自杀 |
| | 将军王恢抵抗匈奴不利,下狱死 |
| | 魏其侯窦婴有罪弃市 |
| | 燕王刘定国有罪自杀 |
| | 淮南王刘安、衡山王刘赐谋反被诛,死者数万人 |
| | 江都王刘建有罪自杀 |
| | 前将军李广因误军期被逼自杀 |
| | 丞相李蔡有罪自杀 |
| | 大司农颜异因“腹诽”被杀 |
| | 御史大夫张汤有罪自杀 |
| | 丞相庄青翟下狱死 |
| | 丞相赵周下狱死 |
| | 乐通侯栾大因“诬妄”被腰斩 |
| | 左将军旬彘因争功坐罪弃市 |
| | 御史大夫王卿有罪自杀 |
| | 将军公孙敖因妻巫蛊被腰斩 |

| | |
|---|---|
| | 丞相公孙贺因子巫蛊下狱死 |
| | 御史大夫暴胜之被令自杀 |
| | 丞相司直田仁被腰斩 |
| | 丞相刘屈氂下狱被腰斩 |
| 昭帝刘弗陵 | 济北王刘宽有罪自杀 |
| | 廷尉李种坐故纵死罪弃市 |
| | 左将军上官桀、桀子骠骑将军上官安、御史大夫桑弘羊谋反伏诛 |
| | 少府徐仁坐纵反者自杀 |
| | 左冯翊贾胜胡、廷尉王平坐纵反者被腰斩 |
| 宣帝刘询 | 祁连将军田广明、虎牙将军田顺有罪自杀 |
| | 广川王刘吉有罪自杀 |
| | 京兆尹赵广有罪被腰斩 |
| | 楚王刘延寿谋反自杀 |
| | 河南太守严延年有罪弃市 |
| | 左冯翊韩延寿有罪弃市 |
| | 平通侯杨恽有罪不悔过被腰斩 |
| 元帝刘奭 | 魏郡太守京房有罪弃市 |
| 成帝刘骜 | 京兆尹王章有罪下狱死 |
| | 定陵侯淳于长大逆不道下狱死 |
| 哀帝刘欣 | 宜乡侯冯参等有罪自杀 |
| | 丞相朱博有罪自杀 |
| | 东平王刘云有罪自杀 |
| | 丞相王嘉有罪下狱死 |
| 平帝刘衎 | 梁王刘立有罪自杀 |

## 东汉被贬、被杀重臣统计表

| 官　职 | 人(任)数 | 被免、被罢、下狱 | 比例 | 被杀 | 比例 |
|---|---|---|---|---|---|
| 太傅 | 16 任 | | | 2 | 12.5% |
| 太尉<br>(大司马) | 62 任 | 29 | 46.7% | 7 | 11.3% |

（接上表）

| | | | | | |
|---|---|---|---|---|---|
| 司徒 | 63任 | 28 | 44.4% | 6 | 9.5% |
| 司空 | 75任 | 31 | 41.3% | 2 | 2.6% |
| 总计 | 216 | 88 | 40.7% | 17 | 7.8% |

注：任数系一任一计；人数指任数去掉重复任职数。所以，如果按人数计算，比例要高于此表。

"被免、被罢、下狱"一栏，还包括降职、贬斥、废黜、削职为民等，但不包括因病、丁忧等原因的免职。以下各表均同此例。

"被杀"一栏，包括阵亡、自杀、赐死、被害等非正常死亡。

## 三国、两晋被杀重臣统计表

| 朝代 | 国 | 官职 | 人数 | 被杀 | 比例 |
|---|---|---|---|---|---|
| 三国 | 魏 | 司徒 | 9 | 1 | 11.1% |
| | | 司空 | 12 | 1 | 8.3% |
| | | 太尉 | 11 | 2 | 18.1% |
| | | 大司马 | 4 | 1 | 25% |
| | | 大将军 | 6 | 1 | 16.6% |
| | | 总计 | 42 | 6 | 14.2% |
| | 蜀 | 丞相、司徒、大司马、大将军、车骑将军 | 7 | 2 | 28.5% |
| | 吴 | 丞相、太傅、大司马、将军、大将军 | 23 | 8 | 34.7% |
| 两晋 | | 太傅、太保 | 15 | 2 | 13.3% |
| | | 太尉、司徒、司空、大司马 | 77 | 11 | 14.2% |
| | | 大将军、骠骑将军、车骑将军 | 16 | 4 | 25% |
| | | 总计 | 108 | 17 | 15.7% |

注：蜀国刘备称帝前阵亡被杀的关羽、张飞、马超、庞统、黄忠、赵云等未计在内。

### 南朝被杀重臣统计表

| 朝代 | 官　职 | 任数 | 人数 | 被杀 | 比例 |
|---|---|---|---|---|---|
| 宋 | 太宰、太傅、太保、相国、丞相 | 5 | | 1 | 20% |
| | 太尉 | 5 | | 1 | 20% |
| | 司徒 | 9 | | 3 | 33.3% |
| | 司空 | 11 | | 2 | 18.1% |
| | 总计 | 30 | 22 | 7 | 31.8% |
| 齐 | 太傅、大司马、太尉、司徒、司空 | 19 | 10 | 4 | 25% |
| 梁 | 太傅、大司马、太尉、司徒、司空 | 31 | 22 | 3 | 13.6% |
| 陈 | 太傅、大司马、太尉、司徒、司空 | 12 | 9 | 2 | 22.2% |

注:在陈朝的9人中,有1人后来称帝,1人降隋。

### 北朝被杀重臣统计表

| 朝代 | 官　职 | 任数 | 人数 | 被杀 | 比例 |
|---|---|---|---|---|---|
| 北魏 | 三师(太师、太保、太傅) | 30 | | 7 | 23.3% |
| | 三公(太尉、司徒、司空) | 107 | | 15 | 14% |
| | 仪同三司 | 114 | | 9 | 7.8% |
| | 大司马、大将军、三将军(骠骑、车骑、卫将军) | 38 | | 5 | 13.1% |
| | 总计 | 279 | 195 | 36 | 18.4% |
| 北齐 | 三师(太师、太保、太傅) | 22 | | 5 | 22.7% |
| | 三公(太尉、司徒、司空) | 51 | | 3 | 5.8% |
| | 仪同三司 | 6 | | 1 | 16.6% |
| | 大司马、大将军、三将军 | 22 | | 2 | 9% |
| | 总计 | 101 | 50 | 11 | 22% |
| 北周 | 三师、三公、大司马等二品以上 | 71 | 55 | 5 | 9% |

注:本表所列官职均系正二品以上。

## 隋朝被贬、被杀重臣统计表

| 官　职 | 任数 | 人数 | 被贬 | 比例 | 被杀 | 比例 |
|---|---|---|---|---|---|---|
| 上柱国 | 26 | 23 | 1 | 3.8% | 7 | 30.4% |
| 三师、三公 | 46 | 30 | 3 | 6.5% | 2 | 6.6% |
| 尚书令、左右仆射、六部尚书、大将军 | 38 | 34 | 4 | 10.5% | 4 | 11.7% |
| 总计 | 110 | 87 | 8 | 7.2% | 13 | 14.9% |

注：比例计算方法：贬$=\frac{\text{被贬人数}}{\text{任数}}$　　杀$=\frac{\text{被杀人数}}{\text{人数}}$

## 唐朝被贬、被杀重臣统计表

| 官　职 | 任数 | 人数 | 被贬 | 比例 | 被杀 | 比例 |
|---|---|---|---|---|---|---|
| 三师 | 22 | 22 | 2 | 9% | 2 | 9% |
| 三公<br>（以上正一品） | 150 | 125 | 9 | 7.2% | 17 | 13.6% |
| 王 | 209 | 209 | 6 | 2.8% | 29 | 13.8% |
| 纳言、内史令、各部尚书<br>（以上沿用旧管制） | 358 | 278 | 11 | 4% | 20 | 9.6% |
| 开府仪同三司、太子三师、骠骑大将军<br>（以上从一品） | 115 | 103 | 4 | 3.9% | 7 | 6.8% |
| 特进、辅国大将军、上柱国<br>（以上正二品） | 44 | 37 | 8 | 21.6% | 3 | 8.1% |
| 尚书左右仆射、左右丞相<br>（以上沿用旧官制） | 106 | 67 | 5 | 7.4% | 14 | 20.9% |
| 总计 | 1004 | 841 | 45 | 4.4% | 92 | 10.9% |

注：本表根据《旧唐书·帝纪》编制，一人身兼数职者，只统计一职。

被杀王子有的统计在其他官职中，因此实际比例高于此表。

不包括死后赠官。

### 五代被杀重臣统计表

| 朝代 | 人数 | 被杀 | 比例 |
|---|---|---|---|
| 梁 | 78 | 54 | 69% |
| 唐 | 131 | 60 | 45.8% |
| 晋 | 112 | 33 | 27% |
| 汉 | 27 | 16 | 59.3% |
| 周 | 79 | 11 | 13.9% |

注:此表所指人数,指《旧五代史》有传者(不含儒学、方伎、列女等非官员列传)。

### 宋代至元代被贬、被杀重臣统计表

| 朝代 | 人数 | 被贬 | 比例 | 被杀 | 比例 |
|---|---|---|---|---|---|
| 宋 | 2152 | 265 | 12.2% | 399 | 18.5% |
| 辽 | 288 | 13 | 4.5% | 73 | 25.3% |
| 金 | 601 | 31 | 5.1% | 206 | 34.2% |
| 元 | 637 | 14 | 2.2% | 123 | 19.3% |

注:此表分别根据《宋史》《辽史》《金史》《元史》中的大臣列传统计。

### 明朝被贬、被杀功臣统计表

| 皇帝 | 受封功臣数 | 被贬 | 比例 | 被杀 | 比例 | 死后除爵 |
|---|---|---|---|---|---|---|
| 朱元璋 | 139 | 1 | 0.7% | 76 | 54.7% | 4 |
| 朱允炆 | 3 | | | 1 | 33.3% | |
| 朱　棣 | 54 | 1 | 1.8% | 14 | 25.9% | |
| 朱高炽 | 4 | | | 1 | 25% | |
| 朱瞻基 | 4 | 1 | 25% | | | |

（接上表）

| | | | | | | |
|---|---|---|---|---|---|---|
| 朱祁镇 | 25 | | | 3 | 12% | |
| 朱祁钰 | 6 | 1 | 16.6% | | | |
| 朱见深 | 8 | | | 1 | 12.5% | |
| 朱祐樘（此后未封功臣） | 7 | 1 | 14.2% | | | |
| 总计 | 250 | 8 | 3.2% | 96 | 38.4% | 4 |

注：此表按《明史·功臣世表》编制。

表内功臣指受封爵者本人，不包括死后追赠和世袭者。

## 明朝宰辅、七卿被贬、被杀统计表

| 官　职 | 人数 | 被贬 | 比例 | 被杀 | 比例 |
|---|---|---|---|---|---|
| 中书令（含洪武初年左右丞相、平章政事、左右丞和参知政事） | 179 | 37 | 20.6% | 9 | 5% |
| 吏部尚书 | 86 | 30 | 34% | 6 | 6.9% |
| 户部尚书 | 77 | 16 | 20.7% | 4 | 5.1% |
| 礼部尚书 | 92 | 12 | 13% | 1 | 1% |
| 兵部尚书 | 112 | 24 | 21.4% | 10 | 8.9% |
| 刑部尚书 | 111 | 23 | 20.7% | 4 | 3.6% |
| 工部尚书 | 95 | 14 | 14.7% | 3 | 3.1% |
| 左右侍御史 | 117 | 19 | 16.2% | 7 | 4.1% |
| 总计（扣除同级调动99人次） | 770 | 138 | 17.9% | 44 | 5.7% |

## 清代被贬、被杀功臣统计表

| 受封爵位 | 人数 | 被贬 | 比例 | 被杀 | 比例 |
|---|---|---|---|---|---|
| 王 | 6 | 1 | 16.6% | 1 | 16.6% |
| 公 | 36 | 1 | 2.7% | 8 | 22.2% |
| 侯 | 25 | 5 | 20% | 3 | 12% |
| 伯 | 33 | 2 | 6% | 6 | 18.1% |

（接上表）

| | | | | | |
|---|---|---|---|---|---|
| 子 | 101 | 9 | 8.9% | 11 | 10.8% |
| 男 | 181 | 11 | 6% | 22 | 12.1% |
| 总计 | 382 | 29 | 7.5% | 51 | 13.3% |

注：此表根据《清史稿·诸臣封爵世表》编制，不包括世袭者。

清代大学士（官名）共 213 人，被贬 41 人占 19.2%，被杀 8 人，占 3.7%。军机大臣 150 人，被贬 61 人，占 40.6%，但无一被杀。清代吏、户、礼、兵、刑、工各部，均设满、汉尚书各一人，终清之世，总数不下千人，但只有 2 人被弃市，2 人阵亡，1 人遇害，1 人殉难，1 人论斩，非正常死亡总计仅 7 人，故不另列表。

# 历史上大批诛杀大臣案件表（部分）

| 公元 | 朝代 | 事件名称 | 事件内容 |
|---|---|---|---|
| 前11世纪 | 商 | 纣王无道 | 醢九侯，脯鄂侯，剖比干 |
| 前212 | 秦 | 焚书坑儒 | 坑儒生四百六十余人于咸阳 |
| 前180 | 汉 | 诛诸吕 | 周勃、陈平诛吕后宗族，“无少长皆斩之” |
| 前91 | 汉 | 巫蛊狱 | 坐而死者前后数万人 |
| 71 | 汉 | 楚王刘英案 | 坐死、徙者以千计 |
| 169 | 汉 | 二次党锢 | 李膺等党人死者百余人，受诬指而死、徙、废、禁者六七百人 |
| 746 | 唐 | 李林甫专权 | 数兴大狱，缘坐数百人相继被诛 |
| 835 | 唐 | 甘露之变 | 李训、郑注等谋诛宦官，事泄被杀，受株连者千余人 |
| 906 | 唐 | 朱全忠专权 | 杀独孤损、裴枢等三十余人 |
| 1126 | 宋 | 六贼 | 徽宗重用蔡京、朱勔、王黼、李邦彦、童贯、梁师成六奸臣，钦宗继位后将其处死 |
| 1147 | 金 | 朋党案 | 杀王珏等汉官多人 |
| 1380 | 明 | 胡惟庸狱 | 以谋反罪杀胡惟庸，诛其同党三万余人 |
| 1393 | 明 | 蓝玉案 | 杀蓝玉，诛其同党一万五千余人 |
| 1402 | 明 | 靖难之役 | 燕王（成祖）“清君侧”，败建文帝，杀建文帝近臣齐泰、黄子澄、方孝孺等，株连甚众 |

（京）新登字 083 号

**图书在版编目（CIP）数据**

解读王朝．重臣卷 /韶华，亚方，邓荫柯主编；孙宝镛著．—北京：中国青年出版社，2011.1

ISBN 978-7-5006-9746-6

Ⅰ.①解… Ⅱ.①韶… ②亚… ③邓… ④孙… Ⅲ.①大臣-人物研究-中国-古代 Ⅳ.①K827=2

中国版本图书馆 CIP 数据核字（2010）第 244775 号

策　　划：庄志霞
责任编辑：杜海燕
出版发行：中国青年出版社
社　　址：北京东四 12 条 21 号
邮　　编：100708
网　　址：www.cyp.com.cn
编辑电话：010-57350503
门市电话：010-57350370
印　　刷：三河市君旺印装厂
经　　销：新华书店
开　　本：700 × 1000　1/16
印　　张：18.75
插　　页：4
字　　数：255 千字
版　　次：2011 年 1 月北京第 1 版
印　　次：2011 年 1 月河北第 1 次印刷
印　　数：1—6000 册
定　　价：27.00 元